京都ミュージアム探訪

アートで知る・感じる
京都市内の美術館・
博物館・科学館・宝物館

京都市内博物館施設連絡協議会
京都市教育委員会

京都のミュージアムは日本の宝

千年を超える歴史の中で，多くの文化財をはじめ華道・茶道などの多様な文化を育んできた「日本文化のふるさと」・京都。

そんな京都のまちでは，国や自治体，寺院や神社，大学，企業など様々な主体がミュージアムを開設し，文化，芸術，科学，歴史など，実に幅広いテーマを扱っています。そして，それらが「京都市内博物館施設連絡協議会」というネットワークを形成し，「まち全体が博物館」となって京都の文化の発展を力強く索引しておられます。

そうした京都のミュージアムの魅力を，余すところなく御紹介するのが本書です。平成6年の初版以来7度目となる今回の全面改訂は，国際博物館会議（ICOM）が日本で初めて京都で開催される年に発刊し，web配信も行うなど，その魅力を世界に広く発信していきたいと思います。

ぜひ本書を片手に京都のミュージアムに足を運び，京都に息づく日本の奥深い文化を心ゆくまで堪能していただきたいと思います。

京都市長　門川 大作

文化都市京都の過去と未来を体感して下さい

京都市内博物館施設連絡協議会が平成4年に101館で発足して今年で27年目を迎えました。今では200館を超える大所帯となりましたが、1つの市にこれだけ多くの、しかも多種多様な博物館・美術館が所在しているのは世界的に見ても珍しいことです。

博物館・美術館は文化を支える重要な柱であり、文化都市、文化国家の顔でもあります。人間はより良く生きるために、またより楽しく、より美しく生きるために様々な文化を生み出してきました。その多種多様な文化の証（あかし）を大切に守り、またそれが新たな文化を生み出す力となるよう、過去と未来を結ぶところに博物館・美術館の存在意義があります。京都は正にそうした博物館・美術館で織りなされた文化都市です。

国内外の方々が本書を手にとって各施設をご覧頂き、京都が歩んできた1200年の歴史と、これから京都が向かおうとする未来へのエネルギーを感じ取って頂けたら幸いです。

京都市内博物館施設
連絡協議会会長　佐々木丞平

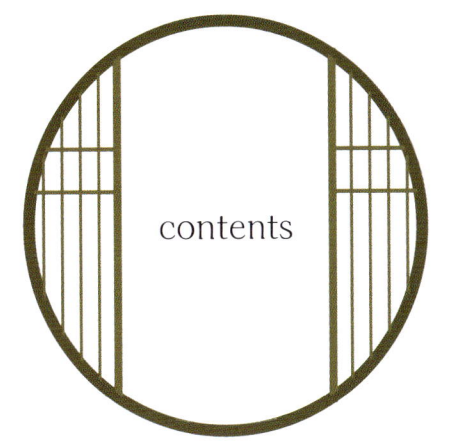

contents

東エリア 133

西エリア

南エリア

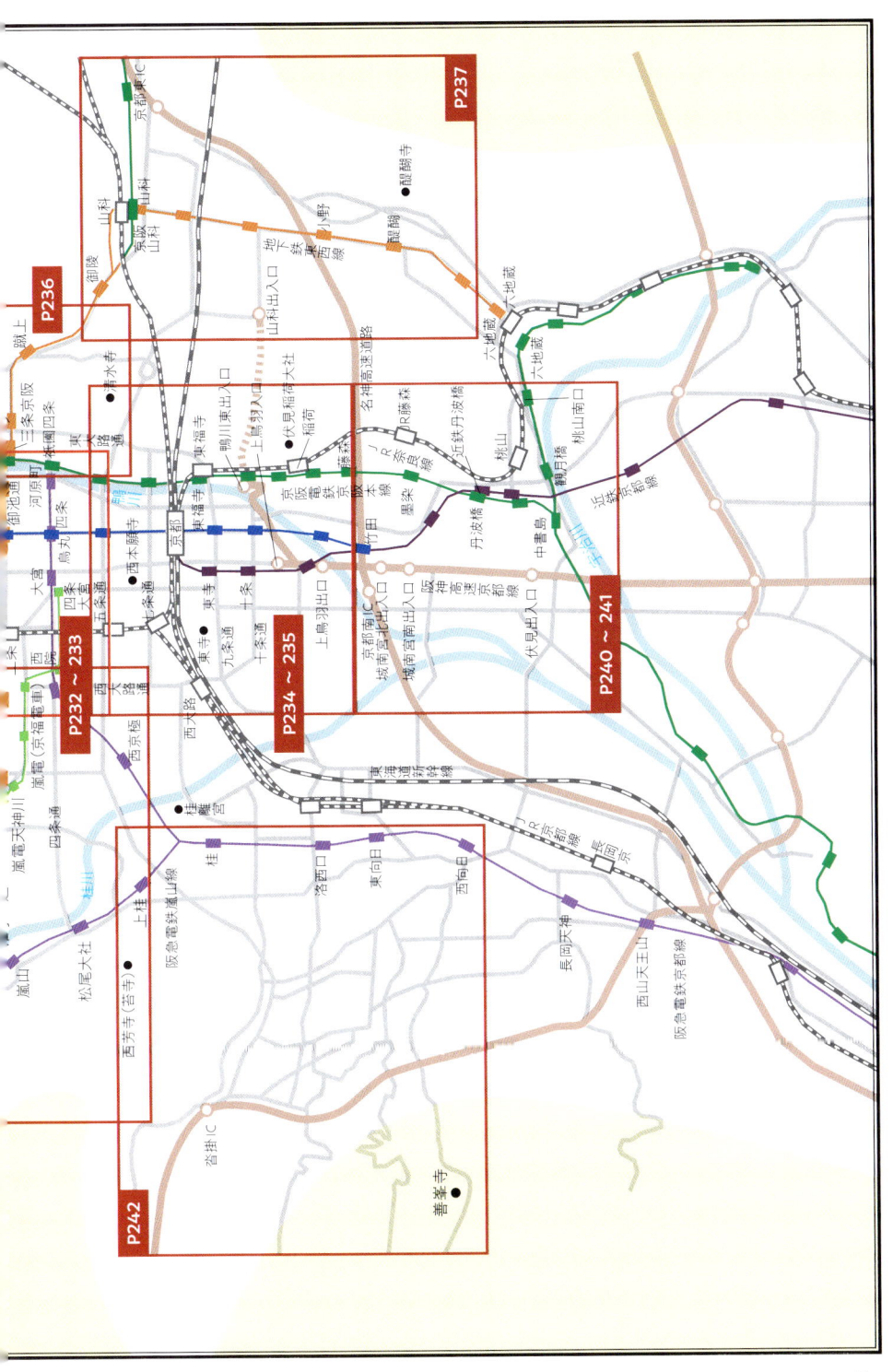

―――――― 凡例 ――――――

※色の区別は下記のとおり。
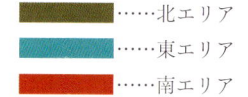……北エリア 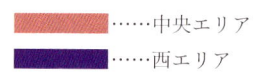……中央エリア
……東エリア ……西エリア
……南エリア

※交通機関は最寄りの駅またはバス停を表示しています。
※展示替え等のため、掲載作品が観られない場合があります。
※展示替え期間中・夏季・年末年始・その他臨時に休館する場合があります。
※駐車場のある施設のみ、あり（有料）／ あり（無料）で表記しています。
※施設紹介ページの地図の赤い三角は、施設の位置を示しています。
　三角の頂点は、建物・敷地の出入口、または受付所を指しています。
※本文中のデータは原則として2019年（平成31年）1月現在のものです。今後
　の消費税率変更及びその他の事情により、料金等が変更となる場合がありま
　す。また、開館時間、休館等の開館情報が変更となる場合がありますので、
　事前にご確認ください。

特集

京の美を
たずねて

庭園文化

貴族の邸宅や寺院の庭。
そこには作庭した人の想いが込められている。
何故、ここに灯籠があるのか。
石が置かれたのか。考えてみたい。

庭園を眺めていると、京都の土、風、匂いには今も千年の時間を肌で感じる事ができる。

上賀茂神社の社家である西村家の庭園は明神川沿いにあり、代々神職を支えてきた。1181（養和元）年に当時の宮司が作庭した庭には神山になぞらえた降臨石が配され、神官が神社に赴く前に水垢離を行った場も作られている。明神川の清らかな流れと四季折々の花々が、自然と一体となった信仰を支えている。

西山西麓にある山口家は、平安時代の公家・葉室家に仕え、400年以上にわたってこの地に暮らしてきた。その庭園苔香居は、茶人が名付けたといわれ、現在は茶会も多く開かれている。その名の如く、杉苔をはじめとした数十種類の苔を見る事ができ、桜、ツツジ、楓などが植栽され、苔の緑と美しいコントラストを見せている。

鎌倉時代以降、禅宗の台頭とともに、石と砂で構成した枯山水庭園が出現する。枯山水庭園で有名な龍安寺の石庭は室町時代に作庭された。幅約25メートル、奥行約10メートルに白砂を敷き詰め、そこに大小15個の石を配置している。簡素な石庭は凛としていて、観る者の心の中に様々な風景や情景を呼び覚ます。

1894年～1896年、明治の元勲・山縣有朋の別邸「無鄰菴」の庭園は、国指定の名勝で7代目小川治兵衛が作庭した。東山を借景に、琵琶湖疏水を引き込んだ芝生の庭園は、清新で明るい。明治という新時代にふさわしい明るさがある。1890年に完成した琵琶湖疏水の存在がなくしてはできないものだった。煌めきながら流れる小川と鮮やかな芝生は時代の最先端だった。

同じ時代に作庭された並河靖之七宝記念館の庭園も7代目小川治兵衛によるものだ。琵琶湖疏水を使った最初の個人庭園とされ、躍動的な水の流れも見どころである。灯篭、手水鉢などが配置され、石と古瓦をふんだんに用いた造りとなっている。

多くの寺院等で「仏像」を鑑賞することができるが、その姿や持ち物などでも表わす意味が変わってくる。

「如来」は悟りを開いた釈迦の姿をイメージした像で、巻毛のような螺髪が特徴。衣はシンプルだ。「菩薩」とは悟りを開くために修行中の釈迦の姿をイメージした像で、様々に姿を変え、衆生を救う。王族の皇太子であった釈迦が出家した名残もあるのか、装飾品を身に着け、衣裳も優雅。観音菩薩、地蔵菩薩、文殊菩薩、普賢菩薩、虚空像菩薩などその種類は多い。その中でも観音菩薩（観世音菩薩）は三十三観音といい、三十三の姿に変化して衆生を救うという。

「明王」は忿怒の形相に火炎を背負っているが、この恐ろしい姿はともすれば悪の道に入りがちな人間を叱咤激励するためだといわれる。大覚寺には三組の五大明王像があり、日本最初の五大明王祈祷所として知られている。

「天部」はインドやその周辺の神々が仏教に取り入れられた仏で、貴顕天部と武人天部がある。貴顕天部は梵天王、帝釈天、吉祥天、弁財天、伎芸天、鬼子母神、大黒天など。武人天部は毘沙門天、などの四天王、仁王（金剛力士）、韋駄天、深沙大将、八部衆、十二神将、二十八部衆（一部を除く）など。人間的な姿や表情がより身近に感じられる。東寺宝物館では平安京を護っていた兜跋毘沙門天を見ることができる。

仏像の光背は後光ともいわれ、三界のあらゆるところまで届く光を表現している。

仏像の美しい姿は「極楽浄土」におられる姿を表現するために、優れた匠が最高の技術によって創り出し、理想の姿が顕現された。

素材としては木像の他、金属で作られた金銅仏、石仏、土で作られた塑像、漆を使った乾漆像などがあるが、いずれも「この世ではない」浄土の世界を表現している。仏像には浄土の幸せを希求する思いが込められている。

右ページ／千本釈迦堂大報恩寺霊宝殿
　　　　（重要文化財　千手観音菩薩立像）P27
1.清凉寺霊宝館（国宝　阿弥陀如来三尊像）P198
2.大覚寺霊宝館（五大明王像）P199
3.東寺宝物館（国宝　兜跋毘沙門天立像）P122

仏教を荘厳する

仏像の美しい姿は、
彼岸と此岸の「あわい」にある。
手を合わせるとタイムマシンで
その時代に遡り、当時の人々と
同じ思いを感じる事ができるようだ。

京都の祭

何百年、千数百年続く祭りには、
当時の町衆の魂が今も生きている。
今も昔も変わらない祭りの躍動。
「疫病退散」や「五穀豊穣」を祈る行列。
祖先の祈りが今も私たちの魂に刻まれている。

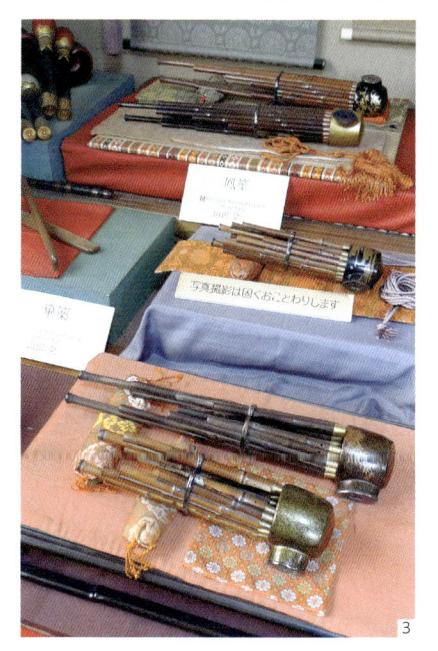

左ページ／風俗博物館（祇園祭の巡行を再現）　P124
1. 風俗博物館
　（葵祭の時代である平安時代の風俗を再現）　P124
2. 井伊美術館（時代祭でもみられる鎧の数々）　P153
3. 雅楽器博物館
　（さまざまな祭りで耳にする雅楽器）　P187

　京都の三大祭、葵祭、祇園祭、時代祭はまさに動くミュージアム。その時代の最先端の技術によって加飾され、非日常の美を表現している。眼福だけでなく、横笛や鉦の音など邦楽の響きも私たちを異世界にいざなう。

　葵祭は、欽明天皇の時代（539-571）、風雨が激しく五穀が実らなかったため、神託により祭礼を行ったところ五穀が実った、というのがはじまりである。賀茂別雷神社（上賀茂神社）と賀茂御祖神社（下鴨神社）の例祭となり、平安時代からは国家的祭事となった。現在では5月15日に御所から下鴨神社、下鴨神社から上賀茂神社へと行列が向かう。参加者は葵（フタバアオイ）と桂で作った「葵桂」を飾る。斎王代列の斎王代は垂髪で腰輿に乗る。平安風俗や乗物などもすべて復元し、「動く王朝絵巻」と称される。

　祇園祭は、869（貞観11）年、都をはじめ全国で流行した疫病は、荒ぶる神・牛頭天王（ごずてんのう・スサノオノミコト）のたたりと考え、これを鎮めるために、神泉苑に当時の国の数である66本の矛を立てたのがはじまりとされる。矛は時代とともに装飾された巨大な鉾に変化。長刀鉾は一番鉾であり、前祭の先頭を行く。それ以外の32基の山鉾は前祭と後祭に分かれて巡行する。鉾の装飾は町内ごとに競ったため、16世紀のヨーロッパのタペストリーや江戸時代の名だたる画家の作品、近現代の作家の作品などが使われており、「動く美術館」ともいわれている。

　時代祭は、平安遷都1100年を記念して桓武天皇を祭神として創建された平安神宮の祭礼で、1895（明治28）年に始まった。京都市民で組織された「平安講社」によって運営されている。現在は延暦～維新列まで20列あり、市内の町内で各時代を担当している。装束から乗物、装飾品まで忠実に復元し、縫い方も時代によって変えるなど、まさに熟練した伝統の技を代々受け継ぐ京都だからこそ続く祭りだといえる。

日常の中で特別な空間を楽しむ文化が京都にはある。数多くある「道」を究める文化のうち、三つの道を紹介したい。

「香道」は東南アジアの天然香木の香りを鑑賞する芸道のことで、香は飛鳥時代に仏教とともに入り、仏教の供え香として広まった。平安時代には薫物合せなどが宮中で流行し、貴族の生活必需品になるとともに教養、芸術に欠かせない存在になっていく。東山文化が発展する室町時代に芸道として確立され、江戸時代になると、一般の人々にも広まった。単に香りを楽しむだけでなく、古典や日本の歳時を利用しゲームとして香りを楽しむ「組香」と、一つの香りを鑑賞し香りを当てる「聞香」がある。

「茶道」は1214年に栄西が『喫茶養生記』を著し、喫茶の習慣を薦めたことから始まる。鎌倉時代末期以降から茶の産地、品種を飲み当てる「闘茶」が流行。中国の茶器がもてはやされ、盛大な茶会を開催することが行なわれた。足利義政の茶の師匠とされる珠光が茶会での博打と飲酒を禁じ、亭主と客との精神交流を重視することを説いた。その後、千利休が極限まで無駄を省いた「わび茶」を大成。「わび・さび」（簡素なものの中に美しさを見出す心）、「一期一会」（一度の出会いを大切にする心）、客人をもてなす心など、茶の精神は「茶道」に留まらず、今もなお人の心に響いている。

「華道」は仏教伝来に際し、仏像などに花を供える供花がはじまりという説がある。現在のいけばなの理念は、室町時代、六角堂（頂法寺）の僧侶であった池坊専慶が確立し、仏前供養の供花から鑑賞用の立花への展開をもたらした。専慶は武家に招かれた席で客をもてなすために花を挿し、京都の文化愛好家が競い合って見に来たという。花器も唐物から、和物など多様になっていった。江戸時代になると、四季が豊かな京都では、花を生けることが嗜みとされ、「華道」は庶民にも広まった。現在では洋花なども用い、より芸術的な作品も見られる。

右ページ／福寿園京都本店（福寿園京都ギャラリー）　P103
1.香老舗 松栄堂（香の製作風景）　P97
2.北村美術館（茶苑・四君子苑内茶室）　P84
3.京菓子資料館（菓子木型などの展示）　P36
4.いけばな資料館（いけばなの絵図）　P98

京都で育まれた"道"

千利休が大成した茶の湯。
茶庭、数寄屋建築、茶碗をはじめとする茶道具など、
そこには日本のあらゆる文化の粋が凝縮されている。
それに触れることで、祖先の心の佇まいを感じたい。

日本画の都・京都

日本画の都・京都。
明治になっても京都は工芸美術
の都であり、芸術の都だった。
今も見る事ができる多くの美術
作品を是非観てみたい。

上／【上村松園 晴日（1941年）】
　京都市美術館　P141
1.【岡本神草 口紅（1918年）】
　京都市立芸術大学芸術資料館　P207
2.【菊池契月 散策（1934年）】
　京都市美術館　P141

　膠などで岩絵具を溶き、和紙や絵絹に描かれた「日本画」。この言葉は、明治以降、「西洋画（油絵）」と区別するために生まれた。

　日本の美術は仏教とともに発展し、平安時代には「唐絵」の影響を離れて和様化した「やまと絵」の時代になる。安土桃山時代には、華やかな金碧障壁画の時代になり、狩野派が活躍、それに対して長谷川等伯や海北友松などが台頭した。江戸時代になると、琳派が人気を集める一方で、池大雅、伊藤若冲、曽我蕭白など個性豊かな絵師も注目される。円山応挙は写生画に装飾画様式を融合させた新しい画法の円山派を形成し、町衆から支持された。また呉春を祖とし、松村景文、岡本豊彦などが四条派を形成した。四条派は、円山派の画風に南画の技法を加えた作風で、京都画壇の中心的な存在となった。祇園祭の山鉾の装飾品には、呉春や景文の絵や図案によるものも多い。

　明治に入っても、京都は数多くの日本画家を輩出してきた。明治13（1880）年には日本最初の京都府画学校（現・京都市立京都芸術大学）が創設され、京都画壇を担う若き日本画家を育成した。

　竹内栖鳳、上村松園などの京都画壇を代表する近代日本画家たちの作品には、当時の京都も描かれている。絵画から見える京都の姿にも注目したい。

北エリア

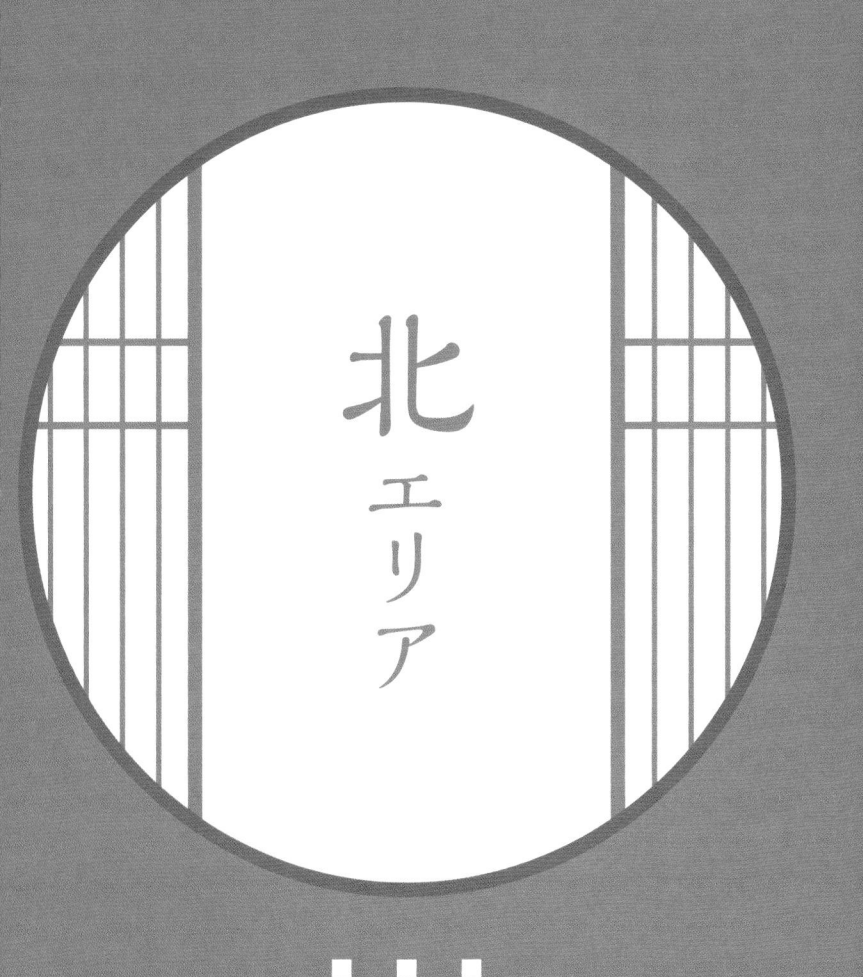

- 上賀茂〜金閣
- 北山〜銀閣
- 鞍馬〜大原

京都府立
堂本印象
美術館

きょうとふりつ
どうもといんしょう
びじゅつかん

見どころ

右は帝展第1回展に初出品・初入選を果たした、印象の画壇デビュー作「深草」

変幻自在に表現する芸術家

　大正〜昭和に活躍した京都画壇の中心画家・堂本印象が、1966（昭和41）年に設立した美術館。外装から内装にいたるまですべて印象自らが設計。船をイメージしたというユニークな形で、大胆なレリーフが施され、個性的な存在感を放つ。2018（平成30）年3月のリニューアルオープンに伴い、レリーフや外壁など、かつてに近い輝きを取り戻し、エントランス周辺も開放的になった。

　画壇デビュー作「深草」（1919年）から「或る家族」（1949年）、後年の「解脱垠」（1967年）など、生涯にわたる作品を所蔵。60年におよぶ芸術活動において、一定の作風や対象にとどまらず、変幻自在に表現を変化させ続けており、作品を並べてみるとその変遷をたどることができて面白い。

　所蔵品は伝統的な日本画や抽象画をはじめ、洋画・彫刻・陶芸・染織・工芸品など約2600点。企画展ごとにテーマを設けて紹介している。また、年に一、二度開催する特別企画展では、ゆかりのある作家や作品が取り上げられ、幅広く京都の美術を鑑賞できる。

住 北区平野上柳町26-3
電 075-463-0007
FAX 075-465-3099
http://insho-domoto.com
時 9:30〜17:00（入館は16:30まで）
休 月曜（祝日の場合は翌日）・12/28〜1/4
料 一般500円・高〜大学生400円・小〜中学生200円
交 市バス 立命館大学前からすぐ

MAP<P230・D-1

或る家族（部分）

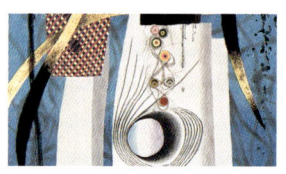

解脱垠（部分）

クイズ Q

堂本印象美術館のある、金閣寺から仁和寺に至る道の名前は？
―― 答えは現地で発見！

20

立命館大学国際平和ミュージアム

りつめいかんだいがく
こくさいへいわ
みゅーじあむ

B1階「平和をみつめて」展示室

大学初の総合的な平和博物館

　世界にある110館以上の平和博物館の中でも初となる、大学による平和博物館。20世紀の2度の世界大戦をはじめ、戦争・紛争について歴史や実態に迫る。また貧困、飢餓、人権抑圧、環境破壊といった今日の平和を巡る課題とそれに取り組む活動を盛り込んでいる。

　各階ごとにテーマを設けて展開。B1階は「平和をみつめて」として、満州事変〜第二次大戦終結の「一五年戦争」とそれ以降の「現代の戦争」を柱に戦争の傷跡を残す歴史資料などを展示。2階は「平和をもとめて」で、世界のさまざまな問題や平和活動について取り上げている。1階は「平和を調べる」で、無料の図書室・国際平和メディア資料室がある。

　ボランティアガイドによる展示案内（2週間前までに申込・無料）や、学校向けの教材キット貸し出しも行っている。年に3回の特別展も開催。

住 北区等持院北町56-1
電 075-465-8151
FAX 075-465-7899
http://www.ritsumei.ac.jp/mng/er/wp-museum
時 9:30〜16:30（入館は16:00まで）
休 日曜・年末年始・夏期休暇中の一定期間
料 一般400円・中〜高校生300円・小学生200円
交 市バス 立命館大学前から徒歩約5分
駐 あり（団体バス専用・要予約・無料）

MAP<P230・D-1

無言館／京都館

大将軍八神社 方徳殿

だいしょうぐんはちじんじゃ
ほうとくでん

大将軍神像郡

見どころ

所蔵する神像の多くは、大将軍信仰の最盛期である平安中期～鎌倉時代に造られている

星の神々が表す立体曼荼羅

　平安京造営時、方位の厄災から都を守るため、桓武天皇の命によって大内裏の北西の角地（天門）に創建された。方位を司る陰陽道の星神「大将軍」を祀り、引っ越しや移動、旅立ちの際の方位守護・厄除けの神として信仰されてきた。創建当初は、御堂の中に大将軍神のお姿を立体星曼荼羅に安置し、そこで護摩を焚いて祈祷していたという。

　方徳殿には100体以上の神像が納められており、このうち80体が重要文化財で、1階に立体星曼荼羅を再現している。その姿・数ともに圧巻で、全国的にもたいへん珍しく、神道には少ない星の信仰について認識できる展示となっている。陰陽道と強い関わりを持っていたため、2階には安倍晴明の子孫が伝えてきた貴重な陰陽道・天文学資料も多数展示している。

住 上京区一条通御前西入ル
電 075-461-0694
FAX 075-461-0684
URL http://www.daishogun.or.jp
時 5/1～5・11/1～5のみ開館10:00～17:00（入館は16:00まで・その他の期間は要問い合わせ）
休 神社祭礼日・12/31～1/7
料 500円
交 市バス 北野天満宮前、北野白梅町から徒歩約3分

MAP<P230・E-1

方徳殿（宝物庫）

大将軍神像（武装像）

クイズ Q
大将軍八神社の社紋とは？
——— 答えは現地で発見！

高津古文化
会館

こうづこぶんか
かいかん

コレクションには甲冑が多く
含まれている。右は「金唐韋
襴掛南蛮具足」

🏠 上京区天神筋今出川下ル大上
之町61
☎ 075-461-8700
📠 075-881-3243
🖥 http://www1.odn.ne.jp/
kozu-kobunka/
🕐 春・秋の会期中10:00〜17:00(入
館は16:30まで)・展覧会以外の
時期は要問合せ
🈳 会期中無休／12/28〜1/5
※現在休館中、再開時期未定
💰 一般500円・高〜大学生300円
🚃 嵐電 北野白梅町駅から徒歩約5
分／市バス 北野天満宮前、北野
白梅町から徒歩約3分
🅿 あり(無料)

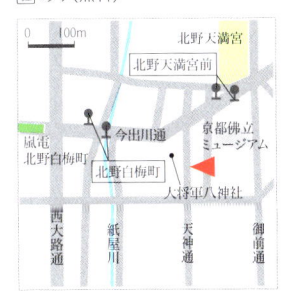

MAP<P230・E-2

時代劇映画のためのコレクション

　時代劇映画全盛の頃、初代館長・高津義家が日本映画の父・
牧野省三から映画に使う「本物の」小道具収集を依頼された
のがきっかけ。全国から集めていくうち、いつしか膨大な量
とレベルの高いコレクションとなっていった。この一部を文
化財として保存・公開するための博物館である。

　所蔵品には、重要文化財を含む甲冑・刀剣を筆頭に、江戸
時代の大名家の豪華絢爛な婚礼調度の大揃え、近世初期風俗
画、円山派・四条派の絵画、茶の湯道具や京焼、友禅染の小
袖などの染織品があり、多種多彩である。いずれも質の良い
貴重な作品で、春と秋の年2回、さまざまに組み合わせてテー
マを設定し、特別展を開き、
披露している。

　会館周辺はかつての映画
の撮影所のひとつ「法華堂
撮影所」があった映画ゆか
りの地でもある。

京都佛立ミュージアム

きょうとぶつりゅう
みゅーじあむ

見どころ

日本の歴史や芸術、文化の根底に流れる仏教の思想を知ることができる

千年の都　京都の町で　生きた仏教に出会う

2012（平成24）年7月、京都北野に誕生した小さな仏教のミュージアム。歴史・文化・時事問題など、さまざまなテーマの企画展を随時開催。今を生きる人びとのための「生きた仏教」を紹介する展示も見ることができる。

ほかにも21世紀の寺子屋を目指し、生涯学習支援プログラム「テラコヤスコラ」講座を開講。子育て支援プロジェクトの推進や、構内では毎月25日に「ほんもんさんアート市」という手作り市を開催し、地域活性化の拠点としてにぎわっている。

母体となる本門佛立宗は京都で活動し「幕末・維新の仏教改革者」と称される僧侶・長松清風が開いた。京都佛立ミュージアムも幕末のような混乱期を迎えた現代だからこそ、「生きた仏教」を体現した清風の視点を通して、古くて新しく、シンプルな幸せの価値観を紹介している。日本人であっても仏教のことを知らない人が増えつつあるなか、観光ではない躍動する仏教を学ぶことができる。

住 上京区御前通一条上る東堅町110
電 075-288-3344
FAX なし
URL http://www.hbsmuseum.jp/index.html
時 平日10:00〜16:00、土・日・祝10:00〜17:00
休 月曜・展示替期間
料 無料
交 嵐電 北野白梅町駅から徒歩約5分／市バス 北野天満宮前から徒歩約2分

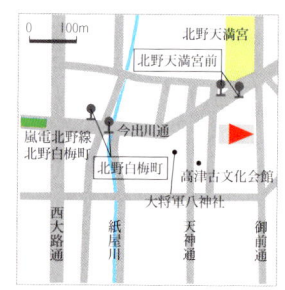

MAP<P230・E-2

クイズ Q

明治初めに京都から東京へ都が移った時の天皇はだれか。
―― 答えは現地で発見！

北野天満宮
宝物殿

きたのてんまんぐう
ほうもつでん

天神さんを崇め信仰あつい人々の奉納の数々

「北野の天神さん」と親しまれている全国天満宮の総本社、北野天満宮。平安時代に学者・政治家として活躍した菅原道真公を祀り、全国の天満宮・天神社の宗祀（本社）であり、天神信仰の中心的な神社である。国宝に指定されている現在の社殿は豊臣秀頼公によって造営されたもので、桃山文化の豪華さを現代に伝えている。

皇室をはじめ公家や商人たちからの信仰もあつく、また文武両方に秀でていた道真公にあやかろうとした武士たちが納めた刀や鎧、灯籠、絵馬など数多くの奉納品を所蔵している。その中には菅原道真公の生涯と、北野に神社が創祀される経過とその霊験を描いた国宝「北野天神縁起絵巻」（展示は平成記録本）を筆頭に、重要文化財「日本書紀」、太刀「鬼切丸（おにきりまる）」など多数の刀剣、武具、長谷川等伯が描いた絵馬などがあり、幅広く展示されている。

住 上京区馬喰町
電 075-461-0005
FAX 075-461-6556
URL http://kitanotenmangu.or.jp/
時 毎月25日・1/1・4月中旬〜5月中旬（青もみじシーズン）・11月上旬〜12月上旬（紅葉シーズン）・12/1・2月上旬〜3月下旬（観梅シーズン）のみ開館9:00〜16:00（入館は15:30まで）
休 会期中無休
料 一般500円・中〜高校生300円・小学生250円
交 嵐電 北野白梅町駅から徒歩約6分／市バス 北野天満宮前からすぐ、上七軒から徒歩約4分
駐 あり（無料）

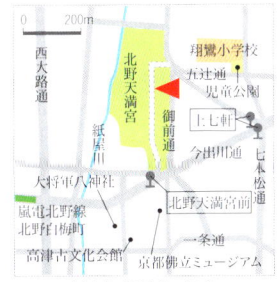

MAP<P230・D-2

クイズQ
北野天満宮は○○の神様として有名である。
——答えは現地で発見!

25

ツラッティ千本

（京都市人権資料展示施設）

つらってぃせんぼん
（きょうとししじんけん
しりょうてんじしせつ）

見どころ

住民の生活向上と、子どもたちの教育のために尽力した益井茂平の資料が展示されている

人権を手に入れるための努力の証し

館名は「一緒に連れ立って」を意味する「つらって」から。

ツラッティ千本は、同和問題をはじめ、広く人権問題を学習する資料館として1994（平成6）年に開設。京都市北西部の千本地域では、長年にわたり、同和問題解決への取り組みが進められていた。同館では歴史・文化・生活・先人たちの歩みや活動・取り組みなどを古文書や写真パネルを使って紹介している。

第1展示室は「京都市の都市整備と同和行政の展開」、第2展示室では「千本のあけぼのと村の改善事業」、第3展示室は「野口村のくらしと全国水平社」、第4展示室は『『共生・永住・自治』のまちづくりをめざして」として、町並みの復元模型や古地図などの貴重な資料を展示、第5展示室では子どもたちへのメッセージとなる絵本「千本の赤」を紹介している。

住 北区紫野花ノ坊町23-1
電 075-493-4539
FAX 075-493-4539
URL http://www.city.kyoto.lg.jp/bunshi/page/0000049462.html
時 10:00～16:30
休 月・日曜・祝日・12/29～1/3
料 無料
交 市バス 千本北大路からすぐ

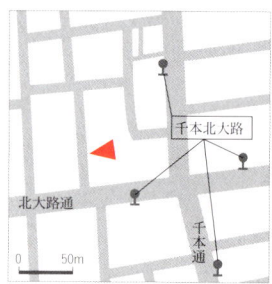

MAP<P230・C-2

千本釈迦堂
大報恩寺
霊宝殿

せんぼんしゃかどう
だいほうおんじ
れいほうでん

六観音菩薩像

慶派の優れた仏像がズラリ勢ぞろい

　本尊である釈迦如来像にちなんで釈迦堂と呼ばれる大報恩寺。嵯峨の釈迦堂（清凉寺）と区別するため、千本釈迦堂と呼ばれている。1221（承久3）年に創建。応仁の乱などの戦禍を逃れた寝殿造の本堂は国宝で、1227（安貞元）年建立の、市内最古の木造建築。本堂の内陣の柱には、応仁の乱の刀や槍の傷跡が生々しく残っている。本尊釈迦如来坐像は行快作といわれている。

　霊宝殿にある重要文化財の千手観音立像は寺の創建よりも古いとされ、定慶作の六観音菩薩像は鎌倉時代の作。そのうちの一体、准胝観音像には「肥後別当定慶」と、康慶の弟子の銘がある。快慶作の「十大弟子立像」10体も重要文化財。その中の阿難尊者の体内文書に「建保六、七年」（1218、19）の銘があり、目連尊者の右足には「巧匠法眼快慶」の墨書銘が見つかっている。

住　上京区五辻通六軒町西入ル溝
　　前町1034
電　075-461-5973
FAX　075-461-5974
地　http://www.daihoonji.com/
時　9:00〜17:00
　　（入館は16:30まで）
休　無休
料　本堂・霊宝殿共通　一般600円・高
　　〜大学生500円・小〜中学生400
　　円
交　市バス 上七軒から徒歩約3分、
　　千本今出川から徒歩約8分
駐　あり（無料）

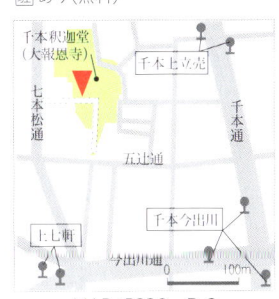

MAP<P230・D-2

クイズ Q

荼枳尼上人が梵字を書いて魔除けとした冬の食の振る舞いは何か。
──── 答えは現地で発見！

27

ギャラリー
紫織庵

ぎゃらりー
しおりあん

卓越した技量と美を京の友禅染にみる

　中京区の街中にあった町家の美術館「紫織庵」が2018（平成30）年10月1日に、「ギャラリー紫織庵」として、上京区にオープンした。新ギャラリーは西陣の織物工場跡地で、市の景観保全地区にたたずみ、伝統ある京の織物・染色文化を見学でき、次世代に伝えていこうというのが目的。

　入り口の壁面に並ぶ長襦袢の、その多彩な柄が目に飛び込む。柄は明治から大正期にかけてのものが中心で、レトロでありながらモダン調なその数々は、今流行りのファッションやデザインにも似て、現代にも相通じる当時の感性に驚かされる。

　隣には戦前の柄の原本（下絵）をベースに復刻した刺繍半襟や、ビロード友禅、本手擦り染めによる着物、帯、浴衣（季節限定）、小物類などが展示されており、どれもその美と卓越した技量が見る人の目を奪う。また、それら専用にデザインされた建築空間はさらに魅力を引き立て、大人はもちろん、若い人たちの人気も集めそうな施設である。

住 上京区浄福寺通上立売上ル大黒町709番地
電 075-241-0215
FAX 075-241-0265
HP http://www.shiorian.com
時 10:00〜17:00（秋・冬季）、
　 10:00〜17:30（春・夏季）
休 不定休
料 無料、ただし団体は要予約
交 市バス 今出川浄福寺から徒歩約5分、千本今出川から徒歩約7分、堀川寺ノ内から徒歩約8分
駐 あり

MAP<P230・D-2

織成館

おりなすかん

見どころ

高い吹き抜けやお茶を飲みながら眺める坪庭など、伝統的な西陣の織屋の形を残している

住 上京区浄福寺通上立売上ル大黒町693
電 075-431-0020
FAX 075-415-2590
URL http://www.watabun.co.jp/orisu.html
時 10:00〜16:00
　（入館は15:30まで）
休 月曜・年末年始
料 一般500円・高校生以下400円
　（手織り体験は別途・要予約）
交 市バス 今出川浄福寺から徒歩約3分、千本上立売から徒歩約6分、堀川寺ノ内から徒歩約9分

MAP<P230・D-2

クイズ Q

機がある西陣の伝統的な家屋の「織屋建」の読み方は○○○○○である。
―― 答えは現地で発見！

西陣の中心で手織技術を伝える町家

　もとは織元の自宅兼店舗であったという西陣織屋建の町屋を活かした手織りミュージアム「織成館」。吹き抜けの天井、天窓、大黒柱など、織屋ならではの独特の風情に出会える。座敷や奥の坪庭などが、当時のままに残されており、建物自体が西陣織の伝統を伝える場となっている。

　かつて「通り庭」だった展示スペースには、手織文化の代表格とも言われる能装束（復元）を展示。また、全国から集められた伝統織物や道具なども展示。工場見学では、職人により今も織り続けられる手織りの技を見ることができるほか、予約すれば手織りを体験することもできる。

　隣接する「須佐命舎」は、廃校になった島根県の小学校の廃材を利用して、世界的建築家マイケル・アンダーソンの設計により建てられた吹き抜けの心地よい建物だ。休憩所やギャラリー、イベントに利用されている。

京都市
考古資料館

きょうとし
こうこしりょうかん

常設展示室(2階)　弥生時代から古墳時代コーナー

発掘された土器やその他の遺物を通して
京都の歴史に触れる

　794(延暦13)年に桓武天皇によって都が遷される以前から、京都には人々の生活があり、文化があった。市内の発掘調査により発見された各時代の考古資料を、考古学愛好家や学童、一般の方にもわかりやすく展示している。

　1階では、テーマを決めて展示する特別展示を年2回、市内の大学などとの合同企画展示を1回、そのほかに速報展や企画陳列などを開催。2階は常設展示室。平安時代に、生活の場など身近で使われた焼き物の変遷をたどる土器のパネルや、約1000点の考古資料を古墳時代・平安時代・桃山時代など時代ごとに展示したり、中国・朝鮮との交易品、平安宮の中心施設・豊楽殿跡出土品(重要文化財)、縄文時代の住居跡などを展示。また、大型のかめや土器の破片、寺院の瓦など実際に触れ、手にとって観察できるオープン展示も実施している。

　市の登録有形文化財である建物は、1914(大正3)年建設の旧西陣織物館で、貴重なレトロ建築としても注目されている。

住 上京区今出川通大宮東入ル元伊佐町265-1
電 075-432-3245
FAX 075-431-3307
URL http://www.kyoto-arc.or.jp/museum
時 9:00〜17:00
　(入館は16:30まで)
休 月曜(祝日の場合は翌日)・12/28〜1/3
料 無料
交 市バス 今出川大宮からすぐ、堀川今出川から徒歩約2分

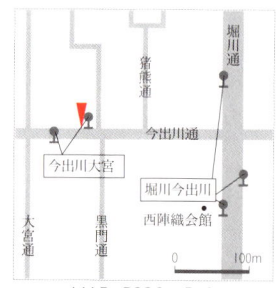

MAP<P230・D-3

考古資料館の外観

平安時代土器変遷パネル(2階)

クイズ Q

1591(天正19)年に豊臣秀吉が京の都の周囲に築いたのは○○○である。

──── 答えは現地で発見!

高麗美術館

こうらいびじゅつかん

見どころ

「白磁壺」17世紀後半。この
白磁壺と出合い、鄭詔文氏の
収集がスタートした

朝鮮美術が物語る歴史と文化

　朝鮮半島の美術品を専門に展示する、国内でも唯一の美術館。在日朝鮮人の実業家・鄭詔文氏が40数年かけて収集した、高麗・朝鮮王朝の美術品を中心に約1700点を所蔵。陶磁器・絵画・木工品・仏教美術・考古資料・民俗資料と多岐にわたるが、いずれも日本国内で集められたものである。

　特に素晴らしいのは、朝鮮美術の代表として名高い朝鮮時代の白磁、高麗時代の青磁。色とりどりの絹糸が施された家具なども、第一級の工芸品で見逃せない。また、牛の角を薄く加工し、透明になるまで研磨してから彩色されたものは朝鮮独自の美術工芸品であり、一見の価値がある。朝鮮時代の貴族の部屋を再現したコーナーも興味深い。

　年間2回、展示替えが行われている。

住 北区紫竹上岸町15
電 075-491-1192
FAX 075-495-3718
URL http://www.koryomuseum.or.jp
時 10:00〜17:00
　（入館は16:30まで）
休 水曜（祝日の場合は翌日）・年末年始・展示替え期間
料 一般500円・高〜大学生400円／特別展の場合は変動あり
交 市バス 加茂川中学前からすぐ

MAP<P230・B-3

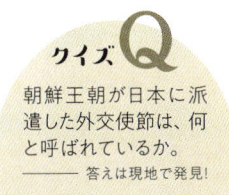

クイズ Q

朝鮮王朝が日本に派遣した外交使節は、何と呼ばれているか。
—— 答えは現地で発見！

31

社家・西村家庭園

しゃけ・にしむらけていえん

見どころ

明神川から引き込まれた水は、庭園内を巡って流れているため、常に清浄を保っている

平安時代に造られた雅な庭園

　江戸時代、上賀茂神社の神官たちが明神川に沿って屋敷を構えたのが社家町である。社家とは世襲神職の家筋のことで、上賀茂神社の社家は古代の豪族・賀茂氏ゆかりの人々である。明治維新後は世襲制が廃止されて社家も減り、現在残っているのは20数件だという。

　社家の中で唯一公開しているのが西村家。家屋は明治中期～後期に西村家八代目が建てたものである。庭園は平安時代、1181（養和元）年に上賀茂神社の当時の宮司・藤木重保が作庭したと伝えられている。春には白梅・紅梅から始まり、枝垂れ桜、山桜、椿、カキツバタ、ウツギ、ガクアジサイ、サラ、クチナシ、ツツジ、シュウカイドウ、万両、千両、サザンカなど四季折々に可憐な花を咲かせている。明神川の水を引き入れた小川や池で、かつては「曲水の宴」が行われていたという。

住 北区上賀茂中大路町1
電 075-781-0666
FAX 075-431-0580
休 なし
時 9:30～16:30
休 12/9～3/14
料 一般500円・小学生250円
交 市バス、京都バス 上賀茂神社前から徒歩約4分

MAP<P230・A-3

クイズ Q

西村家庭園に引き入れている明神川の源流は？

—— 答えは現地で発見！

茶道資料館・今日庵文庫

ちゃどうしりょうかん・こんにちあんぶんこ

1階陳列室

見どころ

利休の孫・宗旦が2度目の隠居の際に建てた茶室「又隠」の写し。精神性の深い空間構成である

茶道文化を総合的に学ぶ

　茶の湯に関する企画展を開催し、掛物、茶碗、花入などの茶道具や関連の美術工芸品、文献史料などを中心に展示を行っている美術館。2階陳列室には、今日庵と共に裏千家を代表する茶室のひとつ「又隠」（重要文化財）の写しを設けており、茶室内を見学することができる。また、茶道資料館主催で、流派を超えた茶道文化検定を年1回実施している。

　展覧会の入館者には無料の呈茶があり、抹茶と和菓子をお召し上がりいただいている（10名以上は要連絡）。椅子に腰かける立礼形式で、希望があれば点前、作法の説明を受けられる。行事等の都合で、点前の対応が出来ない日があるので、希望者は事前に要確認。

　このほか、裏千家の歴代家元が収集した茶道に関する図書、雑誌、映像資料など約6万点を収蔵する茶の湯の専門図書館

「又隠」写し

今日庵文庫閲覧室

「今日庵文庫」が併設されている（開館日時は異なる。入館無料）。手続きをすれば、どなたでも閲覧することができる（閲覧室でのみ可。館外貸出不可）。

住 上京区堀川通寺之内上ル寺之内竪町682 裏千家センター内
電 075-431-6474（茶道資料館）
　075-431-3434（今日庵文庫）
FAX 075-431-3060
URL http://www.urasenke.or.jp/textc/gallery/tenji/index.html
時 茶道資料館9:30〜16:30（入館は16:00まで）　※呈茶10:00〜16:00　今日庵文庫10:00〜16:00
休 月曜（祝日の場合は翌日）・展示替期間・年末〜1/6／今日庵文庫 土曜・日曜・祝日・年末年始
料 通常展 一般700円・大学生400円・中〜高校生300円／特別展 一般1,000円・大学生600円・中〜高校生350円　※入館者には呈茶が付く（無料）
交 市バス 堀川寺ノ内から徒歩約3分
駐 あり（無料）

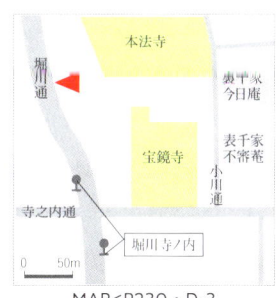

本法寺
裏千家 今日庵
堀川通
寺之内通
宝鏡寺
表千家 不審菴
小川通
堀川寺ノ内
0　50m

MAP<P230・D-3

クイズQ

次のうち、わび茶を広めたのは誰か。
①片桐石州　②千利休
③小堀遠州　④井伊直弼
―― 答えは現地で発見！

宝鏡寺門跡

ほうきょうじもんぜき

見どころ

皇女・和宮が幼少時を過ごしており、遊んだ庭（鶴亀の庭）なども見られる

皇室ゆかりの愛らしい人形たち

　南北朝時代に光厳天皇の内親王・華林宮惠厳禅尼が開山となり、代々、内親王が歴代の尼門跡寺院。皇女が出家入寺していたことから、別名、百々御所という。

　天皇家からひな人形とひな道具、御所人形など多くの人形が贈られ、また後には一般の人々が人形を供養のために納めるようになったことから、「人形の寺」としても親しまれている。

　春と秋の人形展のみ、京都市指定有形文化財の本堂をはじめ、光格天皇勅作の阿弥陀如来像、足利義政夫人の日野富子像、和宮ゆかりの「鶴亀の庭」「上京区民の誇りの木」となるイロハモミジが公開される。

住 上京区寺之内通堀川東入ル百々町547
電 075-451-1550
FAX 075-451-1550
URL http://www.hokyoji.net
時 3/1〜4/3・11/1〜30のみ開館10:00〜16:00（受付は15:30まで）
休 開館中無休
料 一般600円・小〜中学生300円
交 市バス 堀川寺ノ内から徒歩約1分

MAP<P230・D-3

クイズ Q

幼少の頃に宝鏡寺で過ごした皇女和宮が嫁いだのは誰か。
―― 答えは現地で発見！

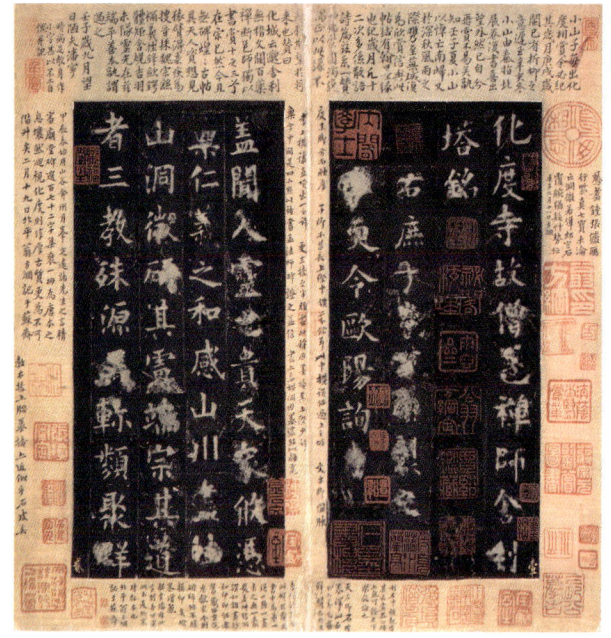

大谷大学
博物館

おおたにだいがく
はくぶつかん

見どころ

中国・唐代の石碑を、宋の時代に採拓した宋拓「化度寺故僧邕禅師舎利塔銘」

- 住 北区小山上総町 響流館1階
- 電 075-411-8483
- FAX 075-411-8146
- http://www.otani.ac.jp/kyo_kikan/museum/
- 時 10:00〜17:00
  （入館は16:30まで）
- 休 日・月曜・館の定める休館日
- 料 企画展 無料／特別展
  有料（一般・大学生のみ）
- 交 地下鉄烏丸線 北大路駅6番出口からすぐ／市バス 北大路バスターミナルから徒歩約2分、烏丸北大路から徒歩約2分、下総町から徒歩約5分

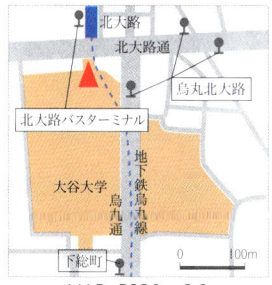

MAP<P230・C-3

大谷大学博物館の開館記念特別展の図録タイトルは？

—— 答えは現地で発見！

重要文化財「化度寺故僧邕禅師舎利塔銘」拓本

アジアに広がる仏教文化の魅力

　1665（寛文5）年に東本願寺学寮として創立した大谷大学。以来収集してきた多くの資料を展示・公開する博物館としてキャンパス内に開館した。真宗・仏教文化財を中心に、哲学・思想・文学など、多分野にわたっており、中央アジアから東アジアにかけての資料も充実。チベット語やパーリ語などによる経典・典籍も多い。また、東洋学や日本史研究に関する漢籍・和書・古文書類の所蔵が豊富で、弘法大師・空海の詩文を集めた『高野雑筆集』、平安貴族の生活を今に伝える藤原資房の日記『春記』、親鸞の師・法然が関白・九条兼実の求めに応じて著した『選択本願念仏集』など10点が、国の重要文化財に指定されている。

　収蔵品を中心に年4回の企画展を開催。また秋には収蔵品に加え、各地に伝わる文化財を紹介する特別展を開催している。

館内の様子

響流館（外観）

京菓子資料館
（ギルドハウス京菓子）

きょうがししりょうかん
（ぎるどはうすきょうがし）

見どころ
菓子作りの最高の技術を駆使して作られる糖芸菓子は、京都の菓子職人が生んだ芸術品

- 住 上京区烏丸通上立売上ル柳図子町331-2
- 電 075-432-3101（俵屋吉富）
- FAX 075-432-3102
- URL http://www.kyogashi.co.jp/shiryokan
- 時 10:00〜17:00
- 休 水曜・年末年始
- 料 無料／お茶席700円
- 交 地下鉄烏丸線今出川駅2番出口から徒歩約5分
- 駐 あり（無料）

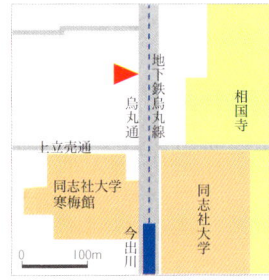

MAP<P230・D-3

洗練された京菓子の歩みに魅了

　王城の地で育まれた京菓子文化を広く伝えようと、老舗・俵屋吉富が開設した資料館。打ち水された敷石に金閣寺ゆかりの紅白梅の古木、龍のつくばいなど、まるで路地奥に立つ町家のような風情のあるたたずまい。展示室は2階にあり、1階は茶席を設けている。

　展示室入り口では菓子博へ出品された見事な糖芸菓子がお出迎え。そして会場には、奈良時代から江戸時代までの和菓子の歴史をひもとくように、職人たちが伝承してきた菓子の図案帳や菓子木型、原材料などを展示している。1階の茶席・祥雲軒には、床飾り、立礼棚が美しく整えられており、隣接する工房でその日に作った季節の生菓子と薄茶を味わうことも。敷地内には季節ごとに趣向を凝らした茶道具・茶花・掛軸を展示した茶室「明清庵」があり、京菓子と関わりの深い茶道の風流な様子を見ることができる。

クイズ Q
和菓子の芸術、糖芸菓子は○○○○ともいわれている。
—— 答えは現地で発見！

ハリス理化学館
同志社
ギャラリー

はりすりかがくかん
どうししゃ
ぎゃらりー

見どころ

1880(明治13)年に起こった学生ストライキの責任を取るとして、校長である新島襄が自ら掌を叩いたときに使用した杖を展示

同志社を知る

　同志社ギャラリーは、同志社大学今出川キャンパスを代表するレンガ建築物の1棟であるハリス理化学館（国指定重要文化財）にある。2013（平成25）年の開館以来、「同志社のあゆみ」、「新島襄の人と思想」、「同志社の今」、「世界の中の同志社」、「京都の中の同志社」、「J.N.ハリスと同志社」という6つのテーマの常設展示室で、同志社の創立者である新島襄の人と思想、同志社の歴史や建学の精神、京都、そして世界と同志社との関係を、歴史資料や出土遺物を通じて公開している。

　さらに、教職員や学生による研究活動や課外活動の成果発表の場としても活用されており、過去から現在、そして未来の同志社を知ることができる展示施設となっている。

　なお、2階には企画展示室があり、同志社に関係するあらゆる事象を対象としてテーマを設定し、幅広い世代を対象とした企画展を年に数度実施している。

住 上京区今出川通烏丸東入ル 同志社大学今出川キャンパス
電 075-251-2716
FAX 075-251-2736
URL https://harris.doshisha.ac.jp/
時 10:00〜17:00
　（入館は16:30まで）
休 月・日曜・祝日・夏期休暇中・年末年始（企画展開催中は日曜も開館）　※詳細はホームページで要確認
料 無料
交 地下鉄烏丸線 今出川駅1・3番出口から徒歩約3分／市バス 烏丸今出川から徒歩約3分

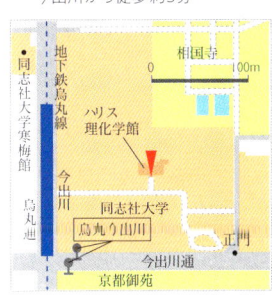

MAP<P230・D-3

クイズ Q
同志社大学 今出川キャンパス北にある寺院は〇〇〇である。
―― 答えは現地で発見！

相国寺
承天閣美術館

しょうこくじ
じょうてんかくびじゅつかん

見どころ

鹿苑寺の大書院旧障壁画である伊藤若冲筆「月夜芭蕉図」（重要文化財）を常設している

相国寺・金閣・銀閣の歴史を綴る名品がそろう

　1392（明徳3）年に、天皇家将軍家の信頼が篤かった高僧・夢窓疎石を勧請開山とし、室町幕府第三代将軍・足利義満によって創建された京都五山の古刹・相国寺。

　中国舶来の仏画・水墨画、無学祖元といった高僧の墨蹟や肖像画、また長谷川等伯、円山応挙、伊藤若冲、狩野探幽の絵画など、中世、近世を中心とする多数の文化財を収蔵している。

　承天閣美術館は、相国寺創建600年記念の事業の一環として設立され、塔頭寺院である鹿苑寺（金閣寺）・慈照寺（銀閣寺）などの寺宝・美術品も合わせて保存・修理・展示公開している。テーマを設けた企画展を随時開催。また、第一展示室には鹿苑寺境内に建つ茶室「夕佳亭」を復元して展示、第二展示室には、伊藤若冲による鹿苑寺大書院旧障壁画「葡萄小禽図」と「月夜芭蕉図」をそっくり移設している。

住 上京区今出川通烏丸東入ル相国寺門前町701
電 075-241-0423
FAX 075-212-3585
URL http://www.shokoku-ji.jp/
時 10:00〜17:00（入館は16:30まで）
休 年末年始、展示替え期間
料 一般800円・65歳以上、大学生600円・中〜高校生300円・小学生200円
交 地下鉄烏丸線 今出川駅3番出口から徒歩約8分／市バス 同志社前から徒歩約6分

MAP<P231・D-4

クイズ Q
伊藤若冲が好んで描いた鳥とは？
── 答えは現地で発見！

表千家
北山会館

おもてせんけ
きたやまかいかん

地階　清友ホール

茶の湯文化に触れ、広く親しむ

　気軽に茶道文化にふれることを目的として、1994（平成6）年4月にオープン。地階には約200人収容の「清友ホール」を擁し、2階には展示室・立礼席・呈茶ロビー、そして3階には大小の研修室がある。通常の展示では、2階展示室に四季折々の表千家家元に伝来する茶道具を展示している。3階研修室では茶の湯文化にまつわる資料映像を上映している。

　毎年、秋の2カ月間は特別展を開催。茶の湯に関わるテーマを設けた企画展で、会期中には「茶の湯文化にふれる市民講座」を開催し、さまざまな分野を代表する講師陣を招いて講演会を行っている。また、年間を通じて茶の湯文化をより深く知ることができる「公開文化講座」も開設している。通常の展示・特別展いずれも、来館者には2階呈茶ロビーで一服の薄茶が振る舞われる。

住　北区上賀茂桜井町61
電　075-724-8000
FAX　075-724-8007
http://www.kitayamakaikan.jp
時　9:30〜16:30
　　（入館は16:00まで）
休　日・祝日（特別展期間中は月曜）
料　常設展　一般800円・高〜大学生600円／特別展　一般1,000円・学生800円（ほか会員割引あり）
　　※いずれも呈茶を含む
交　地下鉄烏丸線 北山駅4番出口から徒歩約5分／市バス 北山橋東詰から徒歩約5分

MAP<P231・B-4

呈茶ロビー

展示室

クイズQ
表千家を代表する茶室の名前は？
―― 答えは現地で発見！

古田織部
美術館

ふるたおりべ
びじゅつかん

「織部好み」至高の美を内外に発信

　古田織部、名は重然。「利休七哲」の一人で、信長、秀吉に仕え、徳川将軍家の茶の湯指南を務めるなど、利休亡き後「天下一」と称された武将茶人である。

　「へうげもの（ひょうきんなもの）」と表現された美濃焼茶碗をはじめ、大胆で、前衛的な造形、文様で知られる。

　織部の独創的な美意識に魅せられた宮下玄覇館長が、長年にわたって収集した茶道具・焼物など約500点を所蔵。織部の400年忌にあたる2014（平成26）年に開館した。

　唐津、美濃（志野・織部）、備前、伊賀などで好みの焼き物が焼かれたほか、茶道具の製作、建築、作庭などでも才能を発揮、「織部好み」として一世を風靡した。その「至高の美」を国内外に発信すべく、年3回の企画展で、所蔵品を中心に紹介している。入り口横には、織部灯篭や復元した団子つくばいが据えられた坪庭もあり、織部の世界に触れることができる。

黒織部六波文茶碗

住 北区上賀茂桜井町107-2 地下1階
電 075-707-1800
FAX 075-707-1801
URL http://www.furutaoribe-museum.com
時 9:30〜17:30
　（入館は17:10まで）
休 年末年始・展示替え期間中
料 一般500円・高〜大学生400円・小〜中学生300円
交 地下鉄烏丸線 北山駅4番出口から徒歩約3分／市バス、京都バス植物園北門前から徒歩約3分

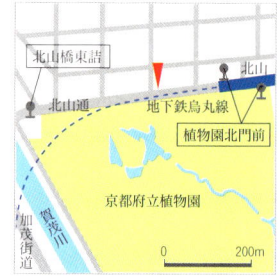

MAP<P231・B-4

京都府立
植物園

きょうとふりつ
しょくぶつえん

楽しみ方いろいろな公立植物園

　1924（大正13）年に国内初の公立総合植物園として開園。戦後、12年間ほどは駐留軍の家族住宅地として接収されてしまうが、1957（昭和32）年に接収解除・返還され、1961（昭和36）年に再開園となった。

　24万㎡の広大な園内には1万2000種類もの植物が植栽され、年間を通して、桜・チューリップ・花菖蒲・バラ・ハス・菊・紅葉など、多種多様な植物を見ることができる。府民の想いの広場として、広々とした芝生の上でお弁当を広げてくつろぐグループも少なくない。

　植物に関する展示会、植物園教室、観察会などが開催されるほか、桜のライトアップや夏の早朝開園、名月観賞の夕べなど季節に応じて行われたり、「きのこ文庫」と呼ばれる図書スペースは子どもたちに大人気。

住 左京区下鴨半木町
電 075-701-0141
FAX 075-701-0142
URL http://www.pref.kyoto.jp/plant
時 9:00〜17:00（入園は16:00まで）・温室 10:00〜16:00（入室は15:30まで）
休 12/28〜1/4
料 一般200円・高校生150円／温室別途一般200円・高校生150円
交 地下鉄烏丸線 北山駅3番出口からすぐ、北大路駅3番出口から徒歩約10分
駐 あり（有料）

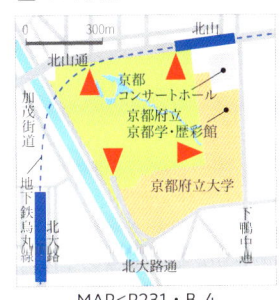

MAP＜P231・B-4

アフリカバオバブ

ハナショウブ

クイズ Q

日本一高い樹木は京都市左京区花背にあるスギで62.3m。では、府立植物園で一番高い木は？

── 答えは現地で発見！

41

京都府立
陶板名画の庭

きょうとふりつ
とうばんめいがのにわ

見どころ

ほぼ実物大の1430×1309cm
に再現されたミケランジェロ
の「最後の審判」。圧倒される
迫力

住 左京区下鴨半木町
電 075-724-2188
FAX 075-724-2189
URL http://kyoto-toban-hp.or.jp
時 9:00〜17:00
　（入園は16:30まで）
休 12/28〜1/4
料 一般100円
交 地下鉄烏丸線 北山駅3番出口か
　らすぐ

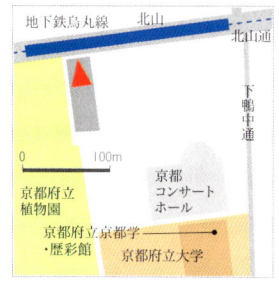

MAP<P231・B-4

水と光で表情を変える陶板絵画

　名画の美しさをそのまま忠実に再現し、永く保存できるように造られた世界で初めての絵画庭園。自然の風と光、水と緑にふれあいながら世界の名画を鑑賞する場となっている。

　水の中で揺らめくモネの「睡蓮・朝」、大きな壁にそびえるミケランジェロの「最後の審判」、レオナルド・ダ・ヴィンチの「最後の晩餐」、スーラの「ラ・グランド・ジャット島の日曜日の午後」、ルノアール「テラスにて」、ゴッホ「糸杉と星の道」、伝・鳥羽僧正「鳥獣人物戯画」、伝・張澤端「清明上河図」の8作品の陶板画が設置されている。

　建築家・安藤忠雄の設計で、ゆるやかなスロープで地下2階まで降りていき、3層の回廊から鑑賞ができる構造。見る場所や視点によって、また水のきらめきや滝の音が醸し出す音や光によって、絵画の表情が多彩に変化する。

クイズ Q

レオナルド・ダ・ヴィンチ
の「最後の晩餐」は何
枚の陶板を組み合わせ
てできている？
───答えは現地で発見！

京都府立
京都学・歴彩館

きょうとふりつ
きょうとがくれきさいかん

建物外観

豊富な文書資料で学ぶ京都の歴史

　京都に関する資料の総合的な収集、保存、公開を50年以上にわたり担ってきた府立総合資料館が、京都の歴史・文化に関する研究支援や学習・交流の機能を加え、新たな文化・学習交流拠点として、2017年春に新装オープンした。総合資料館が収集・所蔵してきた京都に関する図書資料、古文書、行政文書、写真資料など約80万冊（点）に加え、京都府立大・府立医科大附属図書館の所蔵図書約20万冊、学術雑誌約2000種を閲覧できるようになった。展示室では、京都府所蔵の国宝「東寺百合文書」をはじめとする貴重な文献資料や美術工芸品などを出展する企画展や収蔵品展を開催、人気を集める。

　1階フロアには交流スペース「京都学ラウンジ」を設け、毎週木曜午後にミニ講座を開講、市民らの学習ニーズに応えるほか、ウエブサイトには「京の記憶アーカイブ」「東寺百合文書Web」を設けるなど、豊富な所蔵資料を駆使して、「京都学」の魅力を発信している。

住 左京区下鴨半木町1-29
電 075-723-4831
FAX 075-791-9466
URL http://www.pref.kyoto.jp/rekisaikan
時 平日9:00〜21:00、土・日曜9:00〜17:00、京都学ラウンジ・展示室は平日9:00〜18:00、土・日曜9:00〜17:00
休 第2水曜・祝日・12/28〜1/4・蔵書整理期間
料 無料
交 地下鉄烏丸線 北山駅1番出口から南へ徒歩約4分
駐 あり　9:00〜21:00　300円／60分（最大1,200円）

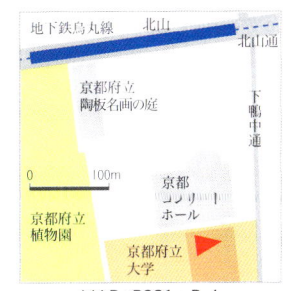
MAP<P231・B-4

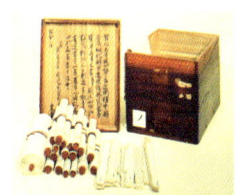
国宝 東寺百合文書

展示室内

京都ギリシア
ローマ美術館

きょうとぎりしあ
ろーまびじゅつかん

見どころ

彫刻や陶器、モザイクやテラコッタなど古代ギリシア・ローマの世界にたっぷりひたれる展示室

住 左京区下鴨北園町1-72
電 075-791-3561
FAX 075-702-3118
なし
時 10:00〜17:00
　（入館は16:30まで）
休 月曜（祝日の場合は翌日）・1〜2月
料 一般1,000円・中〜高校生600円・小学生300円
交 地下鉄烏丸線 北山駅1番出口から徒歩約15分／市バス 神殿町、北園町から徒歩約1分
駐 あり（無料）

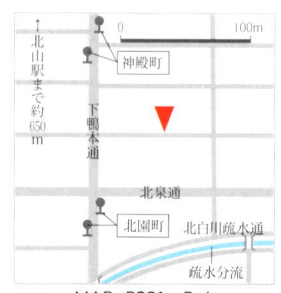

MAP<P231・B-4

クイズ Q

1階ホール中央のガラス床面下のモザイク画に描かれている動物は？
—— 答えは現地で発見！

1階ホール

古代の人々に思いを馳せる

　閑静な住宅街にしっとり溶け込むように佇む瀟洒な洋館。古代ギリシア美術に魅せられたオーナー夫妻が40年にわたって収集してきた、日本ではここでしか見られない美術品を展示している。

　1階ホールには、等身大のヘラクレス像が立ち、初代ローマ皇帝アウグストゥスの胸像、ミューズの大理石彫刻の石棺などが展示されている。

　2〜3階の展示室は2700年前のエトルリアや南イタリアの民族のネックレスやベルトといった美しい装身具や生活用品を展示。中でも、黒絵式・赤絵式の壺絵には、当時の人々の生活や神話物語の絵模様が描かれ、暮らしぶりや習慣について思いを馳せることができる。

　4階休憩室では五山の送り火で有名な大文字山を一望しながら、カフェタイムを過ごせる。1階ホールにはミュージアムショップもある。

壺

街灯

井村美術館

いむらびじゅつかん

見どころ

柿右衛門、今右衛門の歴代作品を展示。各窯の伝統や新しい作風を見比べることができる

歴代の柿右衛門・今右衛門を堪能

　下鴨神社・糺の森の西、下鴨本通り沿いにある井村美術館は、オールドバカラを中心とした西洋アンティークと、古伊万里、柿右衛門、今右衛門などの肥前磁器を扱う京都美商が運営する美術館。地階に展示室があり、歴代の柿右衛門と今右衛門の作品を展示している。

　江戸時代、歴史の流れに翻弄され、一度は表舞台から姿を消した柿右衛門家。明治時代、藩窯廃止によって佐賀藩の庇護から独立を余儀なくされた今右衛門家。それぞれが、伝統を背負いながら作陶の道を突き進み、現代に至るまでの流れを知ることができる。高い評価を受けながらも歴史に埋もれ、忘れ去られつつある作品群を蒐集、研究し、後世へ引き継ぐことを理念としている。また、ヨーロッパからの里帰りの品である柿右衛門様式の大壺が常時展示されている。

住 左京区下鴨松原町29
電 075-722-3300
FAX 075-722-3630
URL http://www.kyotobisho.com/mus
時 10:00〜18:30
休 水曜・夏期・年末年始
料 一般500円・小〜大学生300円
交 京阪、叡電 出町柳駅から徒歩約10分／市バス 糺ノ森から徒歩約2分

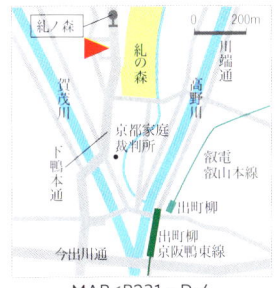

MAP<P231・D-4

クイズ Q

江戸時代後期〜幕末にかけて作陶し、現存数の少ない九代〜十代○○○○の作品が常設されている。

―― 答えは現地で発見！

旧三井家
下鴨別邸

きゅうみついけ
しもがもべってい

外観　大正14年完成の旧三井家下鴨別邸。木造3階建ての主屋は明治13年建築の木屋町別邸から移築した建物

明治～大正の面影伝える三井家ゆかりの名建築

　下鴨神社の南に位置する豪商旧三井家の別邸。1925（大正14）年、三井家11家の共有の別邸として、三井北家（総領家）の三井八郎右衛門高棟によって建てられた。この地にあった三井家の祖霊社を一族が参拝する際の休憩所として利用された。木造3階建ての主屋は、明治期に木屋町三条にあった三井家の木屋町別邸から移築したもの。3階の望楼（通常非公開）からは、東山連峰を間近に望むことができる。主屋のほか、移築と同時に増築された玄関棟、もとからあった茶室とともに、「大正期までに建てられた大規模別邸の屋敷構えが良好に保存されている」として、2011（平成23）年、重要文化財に指定された。

　約4年間にわたる建物の修復及び、庭園の改修作業を経て、2016（平成28）年10月から一般公開を開始。5700㎡の広大な敷地に佇む近代京都の名建築、青苔が描き出す庭園美を堪能できる。主屋2階座敷や茶室は、貸室としても利用できるほか、文化講座をはじめとしたイベントも定期的に開催されている。

住 左京区下鴨宮河町58-2
電 075-366-4321
FAX 075-708-8321
http://www.kyokanko.or.jp/mitsuike/
時 9:00～17:00（入館は16:30まで）
休 水曜（祝日の場合は翌日）・12/29～31
料 一般410円・中～高校生300円・小学生200円
交 京阪、叡電 出町柳駅から徒歩約5分／市バス 葵橋西詰から徒歩約5分、出町柳駅前から徒歩約5分

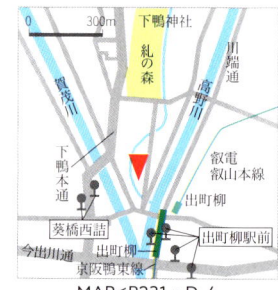

MAP<P231・D-4

主屋1階座敷　南に広がる庭園と一体となった開放的な造り

主屋南庭

クイズ Q

旧三井家下鴨別邸の庭の池は縁起の良いモノの形をしているが、それは何？

── 答えは現地で発見！

46

京都工芸繊維大学
美術工芸資料館

きょうとこうげいせんいだいがく
びじゅつこうげいしりょうかん

ヨーロッパのポスター

デザインを重視したコレクション

1902（明治35）年に大学の前身のひとつ、京都高等工芸学校
創立以来の教材としての収集品が基盤となっており、年間6〜
8回の企画展示を通じて広く一般に公開している。

国内外から、絵画、彫刻、金工、漆工、陶磁器、染織品、
考古品などを多岐にわたって収集。特に力を入れているポス
ターコレクションは今や約2万点。創設時の教授・浅井忠（洋
画家）がパリで、武田五一（建築家）がドイツで集めたものを
土台に、アール・ヌーヴォーやアール・デコなど19〜20世紀
前半の貴重な作品が中心で、ミュシャやロートレックのポス
ターに加えて、グスタフ・クリムトの「ウィーン分離派（ゼ
セッション）展」のポスターも収蔵する。また、近代日本のポ
スターも多く所蔵している。

近年、建築家・村野藤吾の建築図面、詩人・谷川俊太郎氏
から寄贈された1920〜70年代のラジオ190台余がコレクション
に追加された。

住 左京区松ヶ崎橋上町
電 075-724-7924
FAX 075-724-7920
URL http://www.museum.kit.ac.jp
時 10:00〜17:00
　（入館は16:30まで）
休 日曜・祝日・年末年始・大学が定め
　た日・展示替え期間
料 一般200円・大学生150円
交 地下鉄烏丸線 松ヶ崎駅1番出口
　から徒歩約10分／市バス 松ヶ崎
　海尻町から徒歩約10分

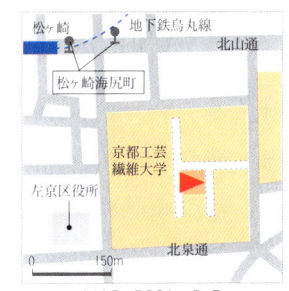

MAP←P201　D-5

外観

1階ホールの展示

京都大学
総合博物館
きょうとだいがく
そうごうはくぶつかん

見どころ
各展示室もさらに分類されている。石棺が置かれている「石棺展示室」は考古学の常設展示室

ランビルの森

文化史・自然史・技術史を網羅

　過去100年間にわたって収集・研究してきた貴重な学術標本資料・教育資料約260万点を、第一線の研究・教育活動に活用し、その成果の公開を目的として設立。自然史・文化史・技術史を網羅した日本最大規模の博物館である。国際的にも貴重な文化財・標本など、重要な資料を所蔵し、一部を常設展示している。

　地震・化石・霊長類・温帯林の動植物や昆虫などの標本・熱帯雨林を再現した「ランビルの森」など自然史をテーマにした展示室、古文書や古地図などの日本史資料・石棺・日本古代文化や東アジアに関する考古資料など文化史がテーマの展示室、そして、技術史をテーマに旧制第三高等学校時代や京大創設期の紹介と、当時教材に使われた多数の機械メカニズム模型を展示している三つの分野で構成されている。

住 左京区吉田本町
電 075-753-3272
FAX 075-753-3277
http://www.museum.kyoto-u.ac.jp
時 9:30〜16:30
　（入館は16:00まで）
休 月・火曜・6/18（創立記念日）・8月第3水曜（夏期休業日）・12/28〜1/4
料 一般400円・高〜大学生300円・小〜中学生200円
交 市バス 百万遍から徒歩約2分
駐 なし（近隣パーキング利用）

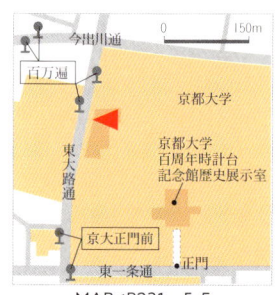
MAP<P231・E-5

石棺

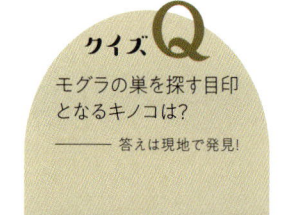
クイズ Q
モグラの巣を探す目印となるキノコは？
── 答えは現地で発見！

京都大学
百周年時計台記念館
歴史展示室

きょうとだいがく
ひゃくしゅうねんとけいだい
きねんかん
れきしてんじしつ

見どころ

戦前の京都大学は、装飾性に
富んだ赤レンガ造りの建物が
並ぶ美しいキャンパスだった

京大を見守り続けてきた大時計台

　1925（大正14）年に建てられた時計台は、京都大学のシンボルとして90年以上親しまれている。設計は当時の建築学科教授・武田五一氏。時計はドイツのシーメンス社に発注したとされ、日本初の電気大時計との説がある。2003（平成15）年に創立百周年記念事業の一環として改修工事が行われ、外観イメージは変えず、内部に講演会を行うホールやサロン、レストランなどを持つ百周年時計台記念館に生まれ変わった。

　歴史展示室では「京都大学の歴史」を常設展示。1939（昭和14）年当時の本部構内再現模型が中央に据えられ、1930年代の経済学部生の下宿部屋を再現したコーナー、時計台内部の説明や大学の歴史を紹介するパネルなどを展示している。いずれも文書・写真に実物を組み合わせるなどして、各時代像をわかりやすく表現している。

　また、この他に常設展「第三高等学校の歴史」も開催している。

住 左京区吉田本町 百周年時計台
記念館1階
電 075-753-2285
FAX 075-753-2107
http://www.kyoto-u.ac.jp/ja/
clocktower
時 9:30〜17:00
休 第1月曜（祝日の場合は第2月曜）・
年末年始（12/28〜1/3）
料 無料
交 市バス 京大正門前から徒歩約3分

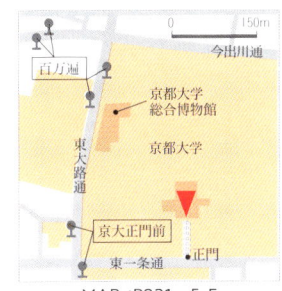

MAP ＜P23＞ E-5

クイズ Q

1930年ごろの学生下宿を再現した展示で、学生らが楽しんだゲームは何？

―――― 答えは現地で発見！

駒井家住宅（駒井卓・静江記念館）

こまいけじゅうたく
（こまいたく・
しずえきねんかん）

見どころ

庭の一隅に立つ温室。イベントでの利用や、駒井卓博士の業績をパネル展示している

提供（公財）日本ナショナルトラスト

北白川のヴォーリズ建築

桜並木の小径と白川疏水のそばに立つ昭和初期の洋風住宅。京都帝国大学理学部教授で遺伝学者・駒井卓博士の元邸宅で、名建築家ウィリアム・メレル・ヴォーリズが円熟期にさしかかった時代に手がけたもの。木造2階建て、当時アメリカで流行していた、スパニッシュ様式を基調とした外観に、切妻屋根の赤色桟瓦葺の屋根が印象的。1階は玄関ホール・居間・食堂・六畳の和室、2階は寝室・書斎などで構成。随所において実用性を重視しながら造形的に、あるいは装飾的に優れた表現となっており、和洋の意匠も巧みに融合している。

所有者であった駒井喜雄氏とその家族の「この建物と景観、ならびに駒井卓・静江夫妻の実績を未来に伝え残したい」との思いにより、2002（平成14）年、土地および建物が財団法人日本ナショナルトラスト（当時）へ寄贈された。

提供（公財）日本ナショナルトラスト

クイズQ

駒井卓博士は「日本の○○○○○」と称される。○に入る人物は誰か。

—— 答えは現地で発見!

住 左京区北白川伊織町64
電 075-724-3115
（駒井家住宅、公開日のみ）
03-6380-8511（公益財団法人日本ナショナルトラスト）
FAX 075-724-3115
（駒井家住宅、公開日のみ）
03-3237-1190（公益財団法人日本ナショナルトラスト）
URL http://www.national-trust.or.jp/
時 金・土曜10:00〜16:00（受付は15:00まで）
休 毎週日〜木曜日、7月第3週から8月末、12月第3週から2月末
料 一般500円・中〜高校生200円・（公財）日本ナショナルトラスト会員は無料
交 叡電 茶山駅から徒歩約7分／市バス 伊織町から徒歩約2分、上終町京都造形芸大前から徒歩約4分

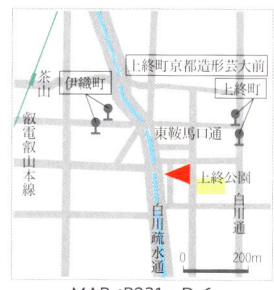

MAP<P231・D-6

黎明教会
資料研修館

れいめいきょうかい
しりょうけんしゅうかん

本阿弥光悦 和漢朗詠集色紙貼交藤葛図屏風

日本美術に見出す神の理想世界

　神が目的とする理想世界とは真善美が完成された世界であ
り、『天国は芸術の世界なり』と言って芸術を重要視していた
教祖・岡田茂吉師の信念に基づく美術館。岡田師の書画をは
じめ、日本美術における芸術家の代表といえる尾形光琳・尾
形乾山・本阿弥光悦・俵屋宗達らの書画・工芸品、奈良時代
〜現代の日本美術作品を所蔵、2〜3階の展示室で年に数回の
企画展を開催している。また3階には図録や絵葉書、オリジナ
ルグッズを販売しているミュージアムショップがあり、2階に
は芸術資料が自由に閲覧できる図書室とビデオ閲覧室、1階の
カルチャールームでは、芸術関係のワークショップや生け花
教室を開催。

　庭園を眺めながらくつろげる休憩室・喫茶室を設置し、ま
た、円窓から東山連峰と大文字が望める茶室では、不定期で
呈茶接待が行われる（申込不要）。

住 左京区吉田神楽岡町3-6
電 075-751-0369
FAX 075-751-0368
URL http://www.reimei.or.jp/arts/
　　index.html
時 10:00〜16:00
　　（入館は15:30まで）
休 祝日を除く火・水曜、展示替期間
料 無料
交 市バス 浄土寺から徒歩約7分／
　　市バス、京都バス 銀閣寺道から
　　徒歩約10分
駐 あり（無料）

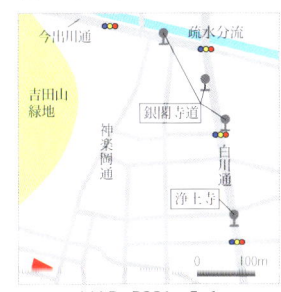

MAP<P231・E-6

尾形光琳 紙本金地着色 桔梗図屏風
（部分）

京都造形芸術大学芸術館

きょうとぞうけい
げいじゅつだいがく
げいじゅつかん

芸術館展示風景

見どころ

現代美術作家とコレクション
とのコラボレーション展など、
新しい試みも積極的に展開

時空をつなげる「芸術」のかたち

　京都造形芸術大学芸術館は、白川通りに面した天心館アネックスから2011（平成23）年に現在の場所へと移転し、整った展示空間と収蔵庫を擁する本格的な大学付属ミュージアムとして活動を展開。主な収蔵品は、詩人で文芸評論家の宗左近氏寄贈による縄文土器類約260点、考古学者の江上波夫氏寄贈のシルクロードの工芸品約90点、京都芸術短期大学元学長の大江直吉氏から寄贈された、幕末から明治期の浮世絵師・豊原国周の作品約1000点および伏見人形を中心とした郷土人形等約580点など。これらを年数回のコレクション展において順次展示するとともに、同時代の美術作家の表現をコレクションとのコラボレーションとして紹介する斬新な企画展も開催。

　夏季休暇期間は学芸員課程の博物館実習や通信教育部のスクーリング、学年末には通信・通学部の卒業制作展の会場など、学生の教育活動の場としても活用。

住 左京区北白川瓜生山2-116 人間館ギャルリ・オーブ2階
電 075-791-9182
　075-791-9243
　（芸術教育資格支援センター）
FAX 075-791-9435
　（芸術教育資格支援センター）
URL http://geijutsu-kan.com/index.html
時 10:00～17:00
　（入館は16:40まで）
休 日曜・祝日・年末年始、夏・春休暇中
料 無料
交 市バス 上終町京都造形芸大前からすぐ／京都バス 上終町からすぐ

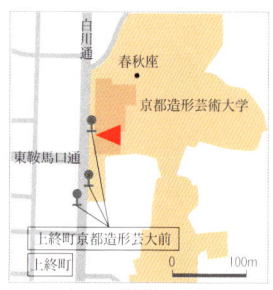

MAP<P231・D-6

クイズ Q

収蔵作家の中で、福沢諭吉（1835-1901）と生没年をほぼ同じくする浮世絵師とは？
（ヒント：「浮世絵」図録）
──── 答えは現地で発見！

収蔵品とのコラボレーション展

京都造形芸術大学正面玄関

白沙村荘
橋本関雪
記念館

はくさそんそう
はしもとかんせつ
きねんかん

見どころ

官展に出品する作品を描いていた五十二畳の大画室・存古楼。池の反射光を制作に取り入れた

月下帰帆（1938年）

橋本関雪が30年をかけて創り上げた文人の理想郷

　大正〜昭和期の京都画壇で活躍した四条派の日本画家・橋本関雪が、官展に出品する大作用の画室を建てるため造営した邸宅。設計を自ら行い、1914（大正3）年から約30年間、数度にわたり造営を繰り返しながら拡張していった。現在は橋本関雪の作品や彼の設計した庭園や建物を見学する記念館となっている。

　国の名勝に指定された池泉回遊式の庭園には、終生集め続けていたという平安・鎌倉〜桃山時代の石仏や石灯籠などの石造美術が随所に配されている。主家の他に、大画室・存古楼や茶室、四阿、持仏堂などもある。

　所蔵作品には、中国古典を題材にしたスケールの大きな作品のほか、「動物の画家」として知られているように飼い犬やサルなどさまざまな動物を描いた作品、スケッチや下絵などが見られる。また、ギリシャ陶器や中国文人の書画など、収集していた古美術品も随時展示している。

住 左京区浄土寺石橋町37
電 075-751-0446
FAX 075-751-0448
URL http://www.hakusasonso.jp
時 10:00〜17:00
　（入館は16:30まで）
休 無休
料 一般1,300円・大学生500円
交 市バス 銀閣寺前からすぐ、銀閣寺道から徒歩約3分

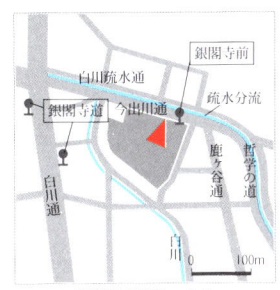

MAP<P231・E-6>

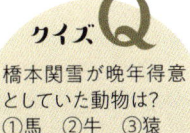
大画室　存古楼外観

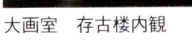
大画室　存古楼内観

クイズ Q
橋本関雪が晩年得意としていた動物は？
①馬　②牛　③猿
―― 答えは現地で発見！

ユキ・パリス
コレクション

ゆき・ぱりす
これくしょん

見どころ

ヨーロッパでもなかなか目に
することが出来ない、貴重な
作品の数々に出会える

ヨーロッパの手仕事を一堂に

　オーナーのユキ・パリスが40年以上にわたり蒐集した、16〜20世紀の約400年間にヨーロッパ各地で作られた、レースや刺繍などの糸と針による手仕事作品と道具や資料を展示する、「ヨーロッパの針仕事」のミュージアム。

　常設展示の他、春・秋の特別企画展とクリスマス展で収蔵品を公開。

　サンプラーをはじめ、身のまわりのもの、暮らしまわりのものまで幅広く収蔵。また、専門家の手になる非常に精緻なものから、5歳の女の子の作品、一般の女性の手になるものまで、ヨーロッパの手仕事全般と社会背景も垣間見られる。

　1Fには、古今東西の優れた美術、工芸、デザインプロダクツなどを扱うアンティークショップを併設。

住 左京区浄土寺南田町14
電 075-761-7640
FAX 075-761-7640
URL http://yuki-pallis.com
時 11:00〜18:00
休 水・木曜・8月・年末年始
料 ミュージアム高校生以上600円
交 市バス 銀閣寺前から徒歩約5分

MAP<P231・E-6

川島織物
文化館

かわしまおりもの
ぶんかかん

室内を彩る装飾織物のすべて

　1843（天保14）年の創業以来、精緻で優美な美術工芸織物を作り、国内外の歴史的建造物の室内装飾織物を担ってきた川島織物セルコンの企業博物館。その前身は、二代川島甚兵衛により1889（明治22）年に建てられた国内最古の企業博物館である「織物参考館」。織物の研究開発のために収集した歴史的価値の高い染織資料、自社の新作などを展示していた。

　その収集品を中心に、現在は約16万点もの作品を所蔵。上代裂・名物裂・外国裂・装束・衣装などの染織品をはじめ、織物の草稿画や原画、織下絵、室内装飾の構想図、試織など多種多彩。織物文化の歴史がわかる内容となっている。展示は明治期以降製作した織物の資料を主とした構成で、綴織の壁掛や室内装飾裂、国内外の博覧会への出品資料などを随時入れ替えを行いながら展示している。

住 左京区静市市原町265
　株式会社川島織物セルコン内
電 075-741-4120
FAX なし
URL http://www.kawashimaselkon.
co.jp/bunkakan
時 10:00〜16:30
　（入館は16:00まで）
休 土・日曜・祝日・会社休業日
料 無料（要予約＝専用電話075-
741-4323）
交 叡電鞍馬線 市原駅から徒歩約7
分／京都バス 小町寺から徒歩約
5分
駐 あり（無料）

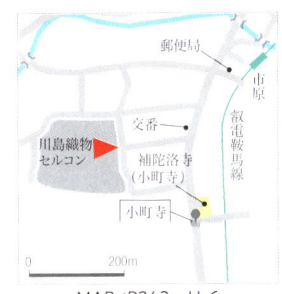

MAP<P243・H-6

クイズ Q

創業者・初代川島甚兵衛が創業時に使っていた屋号は？
—— 答えは現地で発見！

鞍馬山
霊宝殿

くらまやま
れいほうでん

見どころ

仏像奉安室には、国宝毘沙門天三尊像をはじめ、あわせて8軀の仏像が安置されている

住 左京区鞍馬本町1074
電 075-741-2003（代表）
FAX なし
URL http://www.kuramadera.or.jp
時 9:00〜16:00
休 月曜（祝日の場合は翌日）・12/12〜2月末
料 200円　※高校生以上は別途愛山費300円
交 叡電鞍馬線 鞍馬駅から徒歩約30分／京都バス 鞍馬から徒歩約30分／ケーブル多宝塔駅から徒歩約15分

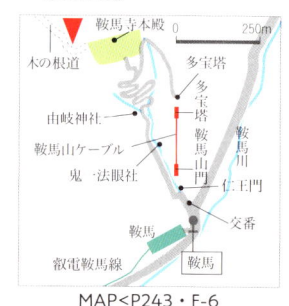

MAP<P243・F-6

毘沙門天三尊像

信仰と自然を見つめる空間

　標高570mの鞍馬山に、770（宝亀元）年、鑑真和上の高弟・鑑禎上人が毘沙門天を本尊として奉安したのが起こり。平安時代には、京の北方守護の寺として信仰されていた。

　鞍馬山霊宝殿は、鞍馬寺と鞍馬山の信仰について理解を深めるための施設。各階ごとにテーマを設けており、1階は鞍馬山自然科学博物苑展示室。山全体が1200年以上前から育まれてきた原生林であり、岩石・鳥獣・きのこ・昆虫・陸貝・植物のコーナーに分けてその標本や生態写真で観察できるようになっている。2階の寺宝展観室には、儀式の際に使われた道具類や源義経関連の寺宝がある。もう1室、与謝野記念室は先代貫主が与謝野晶子の直弟子だったことから開設、愛用した文箱や机、歌稿、書籍などを展示している。3階は仏像奉安室。国宝・毘沙門天三尊像をはじめ諸尊像が祀られている。

クイズ Q

仏像奉安室には、何軀の毘沙門天像がおまつりされている？
—— 答えは現地で発見！

京都精華大学 ギャラリー フロール

きょうとせいかだいがく
ぎゃらりー
ふろーる

見どころ

申請展は、申請者自らがディレクターとなって企画・実施。興味深い成果を見ることができる

芸術・人文の両分野からの視点

　京都精華大学研究推進グループが運営するギャラリーで、資料の収集・保存、調査研究、展示公開を中心に、幅広い活動を展開している。展覧会の内容は、所蔵品や学外の作品を紹介する大学主催の企画展、芸術系・人文系の在学生・卒業生・教職員らの活動発表の場として自らディレクターとなり展示を取り仕切る申請展などを、年20回前後開催し、広く一般に公開。学内外問わず、多くの来場者がある。

　所蔵資料は、江戸時代の浮世絵から、世界的な活躍をしている美術家の作品、現代美術など多岐にわたる美術作品を中心に、工芸・民俗資料など実にさまざまで、その数、約1万2000点。キャンパス内明窓館1、2階の一部をあて、展示スペースとしている1997年以降、いくたびかの改装を重ねて、アート発信の拠点としての役割を担い続けている。

住 左京区岩倉木野町137
電 075-702-5263
FAX 075-722-5440
URL http://www.kyoto-seika.ac.jp/fleur
時 10:00〜18:00
休 日曜・祝日・大学が定めた日
料 無料
交 叡電鞍馬線 京都精華大前駅からすぐ／地下鉄烏丸線 国際会館駅からスクールバス無料運行

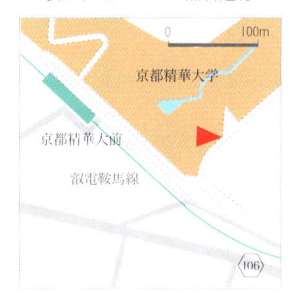

MAP<P243・I-6

京都民芸資料館

きょうとみんげい
しりょうかん

見どころ

有名作家の作品ではなく、日常の中で美を見出せるような工芸が並んでいる

本物の民藝を知る

　民藝とは、民衆的工芸を意味する。「有名作家のものではなく、日用雑器の中にもたいへん美しいものがあり、それを認めていくべきである」という精神を根底に持ち、柳宗悦を中心に民藝運動を展開した。100年前の滋賀県・日野町の民家の土蔵を移築した資料館は、美術館然とせず、石畳の玄関や木の床、階段箪笥、漆喰の壁など、古い建物が持つ独特の雰囲気を五感で感じ取れる建物であり、民藝品展示場所としてのふさわしさがある。

　3層に分かれた館内には、浜田庄司、河井寛次郎らの作品をはじめ、日本を中心とするアジア各地の焼き物、染織、絵画、木工、家具、衣類を展示し、生活に根ざした「用の美」を称えている。また、情報に惑わされずにその姿・形・描かれているものを見てもらうため、展示品には説明書きがない。

　5・10月頃に行われる特別展は、テーマを決めて展示をしている。

住 左京区岩倉木野町340
電 075-722-6885
FAX 075-722-6887
風 https://kyomingei.exblog.jp/
時 3〜11月の第3日曜のみ開館 10:00〜16:30　※5・10月の特別展は毎週日曜開催
休 会期中無休
料 無料
交 叡電鞍馬線 木野駅からすぐ
駐 あり（無料）

MAP<P243・I-6

クイズ Q

滋賀から移築された民芸資料館は西暦何年に開設された？

―― 答えは現地で発見！

実相院

じっそういん

住 左京区岩倉上蔵町121
電 075-781-5464
FAX 075-781-5464
URL http://www.jissoin.com
時 9:00〜17:00
休 不定休
料 一般500円・小〜中学生250円
交 京都バス 岩倉実相院からすぐ

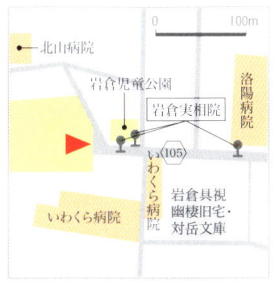

MAP<P243・H-7

岩倉に佇む格式高い門跡寺院

　元天台宗の寺門派の単立寺院。1229（寛喜元）年に門跡寺院として開山、「岩倉門跡」「岩倉御殿」とも呼ばれる。もとは紫野や京都御所近くに位置したが、応仁の乱の災禍から逃れるために岩倉へ。

　義周法親王が門跡となった際には、大宮御所の承秋門院の旧宮殿の一部が下賜され、正面の四脚門、玄関横の御車寄、中の客殿として移築された。その頃は、公家ら格式高い家柄の人々が和歌の会やお茶会などを開き、数々の古文書にその様子が書き残されている。

　寺宝には重要文化財である後陽成天皇宸翰「仮名文字遣」、後水尾天皇宸翰「忍」、岸駒 石灯籠「寒山拾得の図」、歴代門跡が綴った「實相院日記」などがある。狩野派の画家による襖絵、「床もみじ」「床みどり」と呼ばれる黒光りする床（文化財保護のため撮影禁止）、山水庭園や雄大な石庭など見どころが多い。

史跡岩倉具視
幽棲旧宅・
対岳文庫

しせきいわくらともみ
ゆうせいきゅうたく・
たいがくぶんこ

見どころ

庭には具視お手植えの松があり、旧宅内の脇床には当時の襖絵が残り、往時を忍ぶことが出来る

幕末・明治の功労者の隠れ住まい

　幕末から明治にかけて政治家として活躍した岩倉具視（1825〜1883）が、1864（元治元）年から1867（慶応3）年までの約3年間過ごした建物が岩倉具視幽棲旧宅。

　岩倉具視は、1858（安政5）年、日米修好通商条約締結に反対派の公家を結集して抗議行動を起こし、朝廷内で一躍注目される存在となった。朝廷と幕府の関係改善につとめ、孝明天皇の妹和宮と将軍徳川家茂との婚姻政策を成功させるが、このことから尊皇攘夷派の志士達から命を狙われることとなった。1862（文久2）年、岩倉は官職を辞して剃髪して洛中から退去し、西加茂霊源寺、西芳寺へと身を潜めたが尊皇攘夷派の志士達の追跡が及び、さらに洛北岩倉へと移り住んだ。旧宅には坂本龍馬、中岡慎太郎、大久保利通らが訪ねており、王政復古に向けての密議を行っている。

　対岳文庫は、1928（昭和3）年に岩倉具視の遺品類や岩倉家に伝わる資料を展示、収集する目的で建築されており、設計は武田五一の手になる。「対岳」とは岩倉具視の雅号。

住 左京区岩倉上蔵町100
電 075-781-7984
FAX 075-781-7984
URL http://iwakura-tomomi.jp/
時 9:00〜17:00
　（入館は16:30まで）
休 水曜（祝日の場合は翌日）・12/29〜1/3
料 一般300円・中〜高校生200円・小学生100円
交 京都バス　岩倉実相院から徒歩約2分
駐 あり（無料）

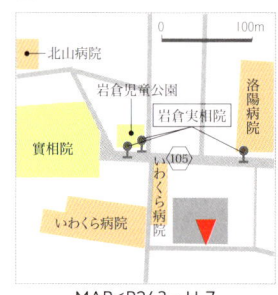

MAP<P243・H-7

クイズ Q

昭和3年に設計された対岳文庫は誰が設計した？

——— 答えは現地で発見！

60

三宅八幡神社
絵馬
展示資料館

みやけはちまんじんじゃ
えま
てんじしりょうかん

かん虫封じのお礼参りを描いた絵馬

　6〜7世紀、京都の上高野に移り住んだ小野妹子が、遣隋使時代にお世話になった筑紫（北九州）の宇佐八幡宮を勧進したのが始まりであるという。地元の伝承では、もとは「田の虫除け」の神が祀られていたが、転じて「子供のかん虫封じ」の神として信仰を集めるようになり、俗に虫八幡とも呼ばれるように。その信仰は京都・近江を中心に、山城、摂津、北河内、大和にまで広がったという。

　最初は家族で参拝していた「かん虫封じのお礼参り」の風習が、いつしか地域の行事として子供たちを連れ集団での参詣となっていく。その様子が、絵馬資料館に保存されている大絵馬に詳細に描かれている。幕末〜昭和初期に奉納された大絵馬124点が国の重要有形民俗文化財に指定され、このうち60点を展示しており、当時の風俗を見ることができる興味深い内容となっている。

住　左京区上高野三宅町22
電　075-781-5003
FAX　075-781-5003
URL　http://www.miyake-hachiman.com/ema.html
時　10:00〜15:00
　　（入館は14:30まで）
休　無休
料　300円
交　叡電鞍馬線 八幡前駅から徒歩約3分／京都バス 八幡前からすぐ
駐　あり（無料）

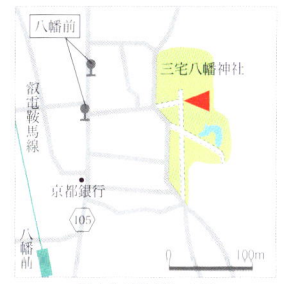

MAP<P243・I-7

クイズ Q

最も大勢の人が登場する絵馬に描かれている人数は？
—— 答えは現地で発見！

ルイ・イカール
美術館

るい・いかーる
びじゅつかん

サラブレッド

アール・デコのパリジェンヌたち

　ルイ・イカールは、アール・デコの時代に活躍したフランス人画家。その作品をパリで見た八瀬・瑠璃光院の管主が感銘して、約50年かけて収集してきたコレクションである。どの作品も女性が主役。動物と戯れたり、植物を添えて季節感を表したり、柔らかな女性の体を煙草の煙で表現するなど、生涯「女性」をテーマにした画家ならではの視点がユニークである。

　館内は五つの部屋に分かれ、各部屋ごとにテーマを設けている。「ギャルリ」はメインギャラリーであり、大きなガラス窓越しに庭園を眺めながら作品を鑑賞できる。「サロン」は竹林を眺める窓を緑の額縁に見立てて作品が飾られている。2階は3部屋。「ル・ジュール」は光が差し込む朝のイメージ。「ル・ソワール」は畳敷きで昼下がりの和室を、そして「ラ・ニュイ」は夜の書斎をイメージしている。

住 左京区上高野東山71-21
電 075-724-5235
FAX なし
URL http://icartmuseum.com
時 春 4/15〜6/15、秋 10/1〜12/10
　 10:00〜17:00
休 開館期間中無休
料 無料
交 叡電叡山本線 八瀬比叡山口駅から徒歩約5分／叡山ケーブルケーブル八瀬駅から徒歩約5分

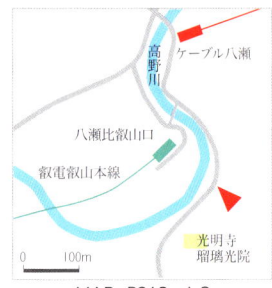

MAP<P243・I-8

館内風景

ミミ・パンソン

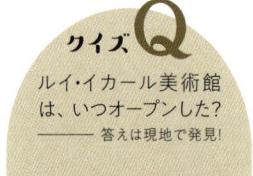

クイズ Q
ルイ・イカール美術館は、いつオープンした？
──── 答えは現地で発見！

寂光院
鳳智松殿
（宝物殿）

じゃっこういん
ほうちしょうでん
（ほうもつでん）

建礼門院が過ごした平家物語の世界

　寂光院は平安京以前、594（推古2）年に聖徳太子が父・用明
天皇の菩提を弔うために創建したと伝わる。平家物語ゆかり
の寺として有名で、平安末期の源平戦乱の末、出家した建礼
門院徳子（平清盛の娘で安徳天皇の母）が隠棲し、夫である高倉
天皇とわが子・安徳天皇、そして平家一門の菩提を弔う日々
を過ごした。1186（文治2）年に後白河法皇が建礼門院を訪ね
た「大原御幸」が、『平家物語』の最終巻である「灌頂の巻」
に描かれている。

　2000（平成12）年の火災で本堂が焼失し、1986（昭和61）年に
重要文化財に指定された当時の本尊（旧本尊）も大きく焼損し
た。像内納入品が無事であったことなどから、焼損後も重要
文化財の指定を継続しており、現在は期間限定で公開されて
いる。

　鳳智松殿は、本堂の復興を記念して2006（平成18）年に建立
された。旧本尊の像内納入品の一部のほか、平家物語写本、
大原御幸絵巻などが展示されている。

🏠 左京区大原草生町676
📞 075-744-3341
📠 075-744-2100
🖥 http://www.jakkoin.jp/
　houmotsuden.html
🕐 9:00〜17:00
　（12〜2月は16:30 まで・正月三が
　日10:00〜16:00）
🈚 無休
💴 拝観料 一般600円・中学生350
　円・小学生100円
🚌 京都バス 大原から徒歩約15分

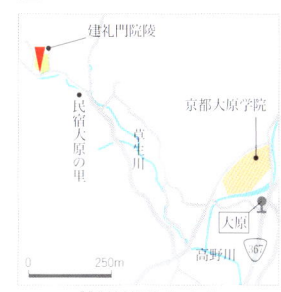

MAP＜P243・下-8

63

三千院
円融蔵

さんぜんいん
えんにゅうぞう

住 左京区大原来迎院町540
電 075-744-2531
FAX 075-744-2480
http://www.sanzenin.or.jp
時 9:00～17:00（11月 8:30～17:00、
12月～2月 9:00～16:30）
休 無休
料 拝観料 一般700円・中～高校生
400円・小学生150円
交 京都バス 大原から徒歩約10分

MAP<P243・F-8

クイズ Q

船底天井に描かれた
二十五菩薩で、他の
菩薩と違う方を向く
二体の一体は寶蔵菩
薩。では、もう一体は？
── 答えは現地で発見！

人々が目指した極楽浄土を再現

　天台宗五箇室門跡のひとつ。大原は慈覚大師円仁により天台声明の根本道場が開かれ、のち融通念仏を広めた良忍上人が「声明」を集大成した念仏の聖地。祈りの里として極楽往生を願う人々にとって中心的存在であった往生極楽院（重要文化財）には、国宝「阿弥陀三尊像」が安置されている。その頭上は、現存最古といわれる山形に板を張った舟底天井に、極楽浄土を表す天井画が描かれている。

　円融蔵では、その舟底天井を原寸大で再現し、天井画も創建当時の藤原時代の極彩色で復元している。その他に、仏教・国文・国史や、門跡寺院特有の皇室の記録・史伝をはじめ、中古・中世・近世にわたって書写・収集された典籍文書を多数所蔵。春には特別展を企画し、通常は明治・大正期の日本画壇を代表する竹内栖鳳らの襖絵が展示される。

ガーデン
ミュージアム
比叡

がーでん
みゅーじあむ
ひえい

見どころ

琵琶湖と京都市内が一望できるカフェ。テラス席からは琵琶湖、京都市内の景色を眺めながら喫茶、食事が楽しめる

印象派に彩られた山上庭園

　一方に京都市内、もう一方に琵琶湖を望む比叡山山頂の庭園美術館。フランス印象派の画家モネがヴェトゥイユやジヴェルニーに造った自宅の庭と同様の庭園「睡蓮の庭」「花の庭」を中心に、南プロヴァンス地方の丘陵地をイメージした「香りの庭」やさまざまなバラを集めたローズガーデンなど六つの庭園があり、約1500種10万株の花が年間を通して色とりどりに咲いている。

　また、モネ、ゴッホ、ドガ、マネ、ルノワール、スーラ、ピサロ、セザンヌら印象派の画家たち12人の作品を陶板画に原寸大で復元し、庭園に展示。絵画に描かれた空間が再現されているようで、庭園と絵画を見比べて楽しむことができる。

　パリの街角をイメージしたカフェや、ミュージアムグッズ、ガーデニンググッズや体験工房のあるショップ、印象派ガイダンスコーナーも併設している。

🏠 左京区修学院尺羅ヶ谷四明ヶ嶽4（比叡山頂）

☎ 075-707-7733

📠 075-703-8522

🌐 http://www.garden-museum-hiei.co.jp/

🕐 10:00～17:30（入園は17:00まで）※春・夏・秋で閉園時間が異なる

休 12月上旬～4月中旬（開園期間中無休）

料 4/13～11/19 一般1,200 円・小学生600円／その他の期間 一般600円・小学生300円

交 叡山ロープウェイ 比叡山頂駅からすぐ／京都バス、京阪バス 比叡山頂からすぐ

🅿 あり（無料）

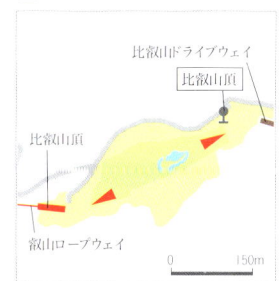

比叡山ドライブウェイ

比叡山頂

比叡山頂

叡山ロープウェイ

0　　　150m

MAP<P243・I-8

クイズ Q

フランスのパリ郊外にあるジヴェルニーで晩年を過ごした、園芸家でも知られる印象派の画家とは誰？

—— 答えは現地で発見！

染色の
豆知識

一枚の布に美しい模様を描き（染め）たい。そんな思いから「模様染」が始まったのだろう。その最古のものが絞り染だといわれる。模様を染める技法は多種多様だが、絞り染、型染、友禅染についてふれてみたい。

絞り染

折る、縛る、縫う、被せるなどして、染料が浸みこまない部分を作ることで模様を染める。正倉院にも収められていて、奈良時代から行われていた最古の模様染だといわれる。インド、東南アジアなど、世界中に絞り染はあり、誰もが身近にあった模様染だといえる。それだけに庶民にも浸透していたが、室町〜桃山時代に高度な絞り染「辻が花」が出現し、武家社会など高貴な身分の人にも受け入れられた。

絞り染には、木綿に藍染したものと、絹に疋田絞り、京鹿の子絞りなどを施した豪華なものがある。江戸中期に盛んになった京鹿の子絞りは数ミリの粒を糸で括る贅沢なもので、熟練の職人が何年もかかって括った。

型染

和紙を数枚重ねて張り合わせ、柿渋などを塗って丈夫にした型紙に文様を切り抜き、切り抜いた部分に糊を置いて防染して文様を表現する。切り抜いた部分に直接彩色する方法もある。

武士の正装である裃も型染で染められている。無地かと見紛う細かい柄だが、それぞれの藩によって異なっていた。3センチ四方に800から1200単位の文（文様）が入る細かい型紙は伊勢型紙の技術でないと表現できず、全国の裃（小紋）の型紙を受注して彫っていた。この技術は江戸小紋、京小紋などに発展していった。

友禅染

江戸時代初期の扇面絵師・宮崎友禅斎が始めたとされ、扇絵を小袖の文様にして染めたのが友禅染とされ、絵画的な表現が人気となった。染めの技法として、隣り合う色同士がにじまないように文様の輪郭に細くデンプン質の糊を置く。この糊を糸目糊といい、三角形の先端に口金を付けた糊筒に糊を入れて絞り出しながら線を描いた。明治になると広瀬治助によって「型友禅（写し友禅）」が考案され、友禅染の量産が可能になった。昭和初期になり、取り扱いが平易なゴム糸目が多く扱われるようになった。手描き友禅染はデザイン、文様の柄、下絵、糸目糊置き、地入れ、色挿し、伏せ糊、地染め、蒸し、水元など多くの工程があるが、それぞれ専門の熟練した職人があたった。その職人たちのコーディネーターでありプロデューサー的役割を担う者を悉皆業という。分業が多くの美を生み出していた。

写真は絞り作品（京都絞り工芸館 P87）

中央エリア

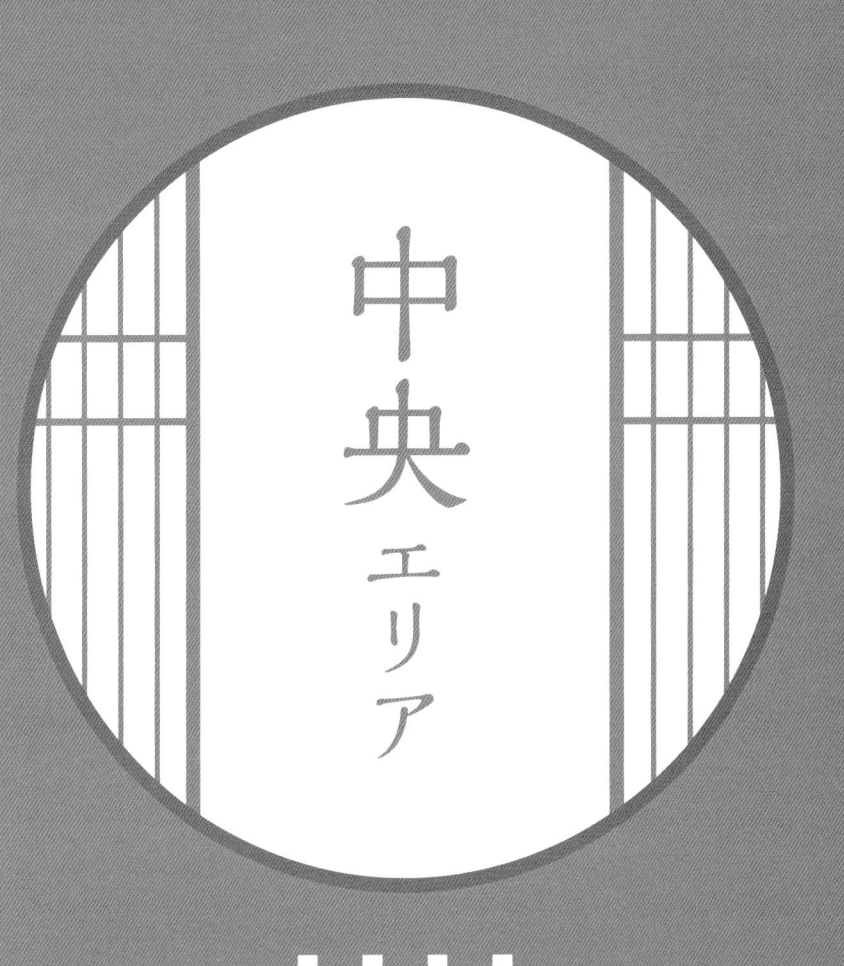

- 京都御所周辺
- 烏丸御池〜四条
- 二条城〜大宮
- 京都駅周辺

箔屋野口

はくやのぐち

見どころ

技法を組み合わせている金箔見本。色を載せたり、文様を加えたりすると多彩な表情を見せる

伝統の金箔が織りなす現代アート

　1877（明治10）年創業。代々、西陣の帯に織り込まれる金糸、銀糸、平金糸などを作り続け、当代で四代目の箔屋野口。平金糸は平箔、引箔ともいわれ、本漆を使う引箔作りにこだわる西陣でも数少ない箔屋。三椏などの繊維を漉いた和紙（45cm×60cm）に漆を引き、金、銀、プラチナ箔を施して、さまざまな文様を生み出す。その後、細く裁断されて緯糸として帯に織り込まれる。一本の帯に織り込まれる5〜7枚の引箔には、文様が途切れないよう連続性が求められる。

　明治中期に建てられた糸屋格子の町家は住宅兼工房で、西陣の話や、室町から江戸時代を通して描かれた金碧画の金箔の構造についての興味深い説明を聞くことができる。

　庭に面した座敷では、当代と伝統の技を現代アートに発展させた後継者、次男五代目による「箔画」作品を展示即売している。

住 上京区元誓願寺通大宮西入ル
　元妙蓮寺町546
電 075-415-1150
FAX 075-414-3434
風 なし
時 10:00〜16:30（要予約）
休 不定休
料 見学のみ無料／金箔の説明 約50分（要予約）1〜5人まで5,000円（それ以上は1人1,000円）
交 市バス 今出川大宮から徒歩約4分、堀川今出川から徒歩約5分

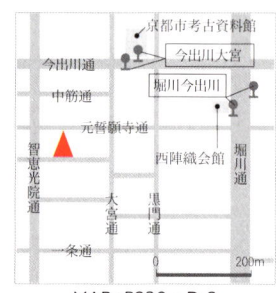

MAP<P230・D-3

クイズ **Q**

金箔は何ミリまで薄くなるか。
—— 答えは現地で発見！

水野克比古 フォトギャラリー 町家写真館

みずのかつひこ
ふぉとぎゃらりー
まちやしゃしんかん

見どころ

昔ながらのおくどさんや神棚など、京町家のしつらいにも注目し、京都の文化を感じとれる

京都を撮り続けてきた写真家の目に魅了される

　明治初期に建てられた間口3間、奥行き18間の京町家を、できる限り古材を集めて昔の形に復元。敷地の奥には「坪庭」があり、座敷や縁側に座って四季の風情も楽しめる。そんな町家の持つ歴史と息づかいが感じられる写真館で、京都を50年撮り続けている水野克比古氏の写真を公開。同じく写真家として活動している水野秀比古氏・水野歌夕氏の作品も合わせて展示し、京の町家で、京都の写真を、親子2代にわたって公開しているのも特徴の一つ。四季の風景や神社仏閣、路地風景や町家暮らしなど約50点ほどを常設展示。大判サイズやワイドパノラマサイズなどにプリントされた、京都の美しい風景をじっくりと堪能できる。

　また、写真や建物だけではなく、町家での"暮らし"や"季節のしつらい"なども楽しみたい空間である。

[住] 上京区大宮通元誓願寺下ル
[電] 075-431-5500
[FAX] なし
[URL] https://mizunohidehiko.wordpress.com/photogallery/
[時] 11:00～17:00（要予約）
[休] 日曜・祝祭日・不定休
[料] 無料
[交] 地下鉄烏丸線 今出川駅から徒歩約15分／市バス 今出川大宮から徒歩約2分、一条戻橋・晴明神社前から徒歩約5分、大宮中立売から徒歩約4分

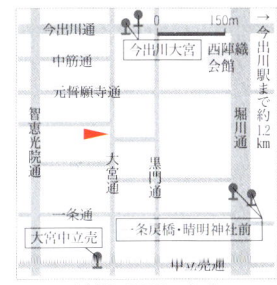

MAP<P230・D-3

クイズ Q

カメラの画像がぼやけてしまうことをオランダ語で何がずれるという？
—— 答えは現地で発見！

西陣
くらしの美術館
冨田屋

にしじん
くらしのびじゅつかん
とんだや

西陣の生きた伝統を町家で体験

　1885（明治18）年に建てられた西陣・呉服問屋。明治期の典
型的な大店で、六つの坪庭や三つの蔵、茶室、能が舞える離
れ座敷、切れ目のない10mの赤松の廊下などを持つ表屋造と
呼ばれる町家である。「毎朝、家中の神さんへのお供えから一
日が始まる」など京の女性たちが受け継いできた数々のしき
たりがあり、これからも続けることが京都の伝統を守ること
となる。

　こういった暮らしぶりを「西陣くらしの美術館」として公
開し、町家見学をしながらしきたりを学ぶコースを設定して
いる。希望によって、正絹の極上品を着る「着物体験」、「お
茶席体験」、茶会で点心として出された「伝統弁当」、代々の
調度品に囲まれていただく「百年前の机で明治の器を使って
味わう」を組み合わせ、心身ともに美しく生きる知恵を学ん
でいく。

住 上京区大宮通一条上ル
電 075-432-6701
FAX 075-432-6702
URL http://www.tondaya.co.jp
時 10:00～17:00
　（入館は16:00まで）
休 無休
料 基本プラン（町家見学・しきたりの
　話）一般2,160円
交 市バス 今出川大宮、一条戻橋・
　晴明神社前から徒歩約3分

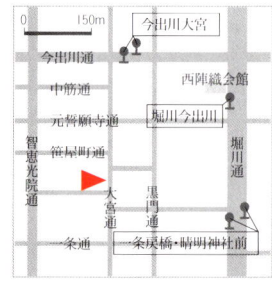

MAP<P230・E-3

クイズ Q

茶道で抹茶を点てる道
具は？（複数回答可）
──── 答えは現地で発見！

西陣織会館

にしじんおりかいかん

産地振興きものショー

見どころ

1日6回上演する華麗な「きものショー」と西陣織の伝統の技と美

西陣織を見て織って多彩な体験

　5～6世紀頃、朝鮮半島から渡来した秦氏の一族が太秦の地に伝えた養蚕と絹織物の技術は、平安京の宮廷貴族たちの高級な絹織物を盛んに生みだし発展した。室町時代に起こった応仁の乱（1467～1477）では、職人達が堺や山口などへ避難したが、戦乱後、山名宗全が率いた西軍本陣跡で再び織物を復活させて織り出した。「西陣織」という名称はこれが由来となっている。

　西陣織会館では、華やかな和装の美しさを披露する「きものショー」を毎日上演しているほか、西陣織の史料、作品を常時展示している。また、伝統の技を紹介する実演を見学でき、ミニテーブルセンターの手織体験、舞妓や十二単の着付体験、きものを着て京都散策などもできる。小物から帯までさまざまな西陣織の販売も行っており、産地ならではの伝統を多彩に楽しめる。（体験は有料・要予約）

住 上京区堀川通今出川南入
電 075-451-9231
FAX 075-432-6156
https://nishijin.or.jp/
時 3/1～10/31 10:00～18:00、11/1～2/28 10:00～17:00
休 12/29～1/3
料 無料／着付け体験ほか、体験は全て有料・要予約
交 市バス 堀川今出川からすぐ
駐 あり（有料）

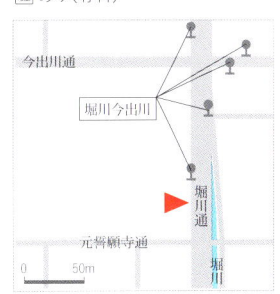

MAP<P230・D-3

西陣織史料室

西陣織会館外観

クイズ Q

緯糸が経糸を包みこむように織られ、織物表面には緯糸だけが表れる西陣織は〇〇である。

—— 答えは現地で発見！

樂美術館

らくびじゅつかん

初代長次郎作 黒樂茶碗 銘 勾当

見どころ

樂焼は千利休の侘びの思想を反映。装飾性・造形的な動きを取り除き、重厚で深い存在感を持つ

樂茶碗を手にとり魅力にふれる

　約450年前、千利休が理想とする樂茶碗を作った樂家初代・長次郎以降、樂焼の窯元として茶の湯のための焼き物を現代に伝えている。その樂家に隣接して建てられた美術館には、樂家歴代の作品を中心に、樂家に伝わった茶道工芸美術品、関係古文書など約1200点を所蔵。年4回の企画展で公開している。

　春期特別展では樂歴代と樂焼の歴史・特色をわかりやすく展示し、光悦などを含めた樂歴代の作品が一堂に並ぶ。夏期展は「樂焼って何だろう？」として子供でも理解できる解説を付け、樂焼をさまざまな角度から紐解いている。秋はテーマを設けて茶の湯・樂焼・工芸美術作品を扱った特別展を、冬期・新春展では初春にちなんだ茶道美術工芸品を展示している。ガラス越しに見るだけでなく、実際に手にふれる鑑賞会や茶会などを定期的に開催し、常に茶道を身近に感じられるような工夫もしている。

　茶会では、歴代の茶碗で茶を味わい、館長の当代（15代）吉左衛門氏の解説も（要予約）。

住 上京区油小路通一条下ル
電 075-414-0304
FAX 075-414-0307
URL http://www.raku-yaki.or.jp
時 10:00〜16:30
　（入館は16:00まで）
休 祝日を除く月曜・展示替期間・年末年始
料 展覧会により異なる（ただし中学生以下は無料）
交 市バス 堀川中立売、一条戻橋・晴明神社前から徒歩約3分
駐 あり（無料）

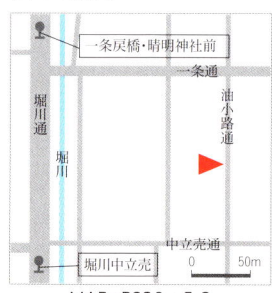

MAP<P230・E-3

クイズ Q

樂美術館にもその作品が収蔵されている本阿弥光悦は鷹峯で興した○○○で知られる。

―― 答えは現地で発見！

中信美術館

ちゅうしんびじゅつかん

見どころ

中庭に至る、花や虫を配した
イタリア製の鉄扉も見どころ
のひとつ

地元金融機関として
京都の芸術文化を支えつづける

　地元の人や世界各国からの観光客などに、気軽に京都の美術や文化にふれてもらおうと2009（平成21）年2月にオープン。

　京都の芸術文化の振興と継承を目的に運営しており、「石本正展」をはじめ、京都中央信用金庫や公益財団法人中信美術奨励基金に関係する芸術家の作品を展示し、テーマに沿った企画展を年間5回程度開催している。小さな美術館ならではの特長を生かし、来館された人たちがゆっくり芸術鑑賞に浸れる。

　建物は、丸みを帯びた薄い橙色の壁面に銅板葺の屋根、渦巻きの連鎖をモチーフにデザインされた門扉、イタリア製の鉄扉など、南欧風の外観を持つ洋館が古いたたずまいが残る町並みに溶け込むように建っている。地中海地方の遺跡を思わせる中庭の列柱や大理石の階段、大理石の粉とイタリア漆喰を混ぜ込んだ白い壁など、外観・内装どちらも印象的で建物探訪も楽しみの一つに。

🏠 上京区下立売通油小路東入ル
　　西大路町136-3
☎ 075-417-2323
📠 075-451-2005
🖥 http://www.chushin-bijyutu.com
🕐 10:00〜17:00
　　（入館は16:45まで）
🈺 月曜・展示替え期間
💴 無料
🚇 地下鉄烏丸線 丸太町駅2番出口
　　から徒歩約10分／市バス 堀川下
　　立売から徒歩約2分

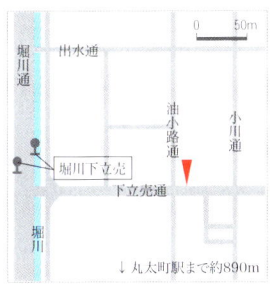

MAP▶P233　A-4

クイズ Q

中信美術館は開館○○
年目である。
―― 答えは現地で発見！

有斐斎弘道館

ゆうひさいこうどうかん

日本文化を伝える学問・芸術サロン

　施設がある有斐斎弘道館は、京都を代表する江戸中期の儒者・皆川淇園（1734-1807）が創設した「学問所」があったところ。現在の建物はその場所に建てられた数寄屋建築で、手入れの行き届いた四季を楽しませる庭園がその建物を包み、いかにも京らしい風情を醸し出す。淇園は「開物学」という独自の難解な学問を始めたことで知られる人だが、それより詩文や書画などにもたけた芸術家、文化人でもあり、当時の円山応挙、与謝蕪村らとも深い親交、交流があった。ちなみに施設名の有斐斎は淇園の号の一つである。

　施設は、こうした由緒ある学問所址にあらためて淇園にならい、その〈知〉と〈美〉の文化芸術の精神に学び、継承していこうと2009（平成21）年に開設された。以来、大広間、茶室、茶庭など情緒ある空間で茶事をはじめ、江戸時代の教養、能、花街文化などに関するユニークな講座や京菓子をテーマとした催しなどが開かれ、現代版学問所の名を馳せている。

住 上京区上長者町通新町東入る 元土御門町524-1
電 075-441-6662
FAX 075-441-6662
https://kodo-kan.com/
時 10:00〜17:00
休 水曜
料 見学料1,000円（京菓子と抹茶付き・要予約）・お茶会、講座などはそれぞれ別途料金
交 地下鉄烏丸線 今出川6番出口・丸太町2番出口から徒歩約8分
駐 なし

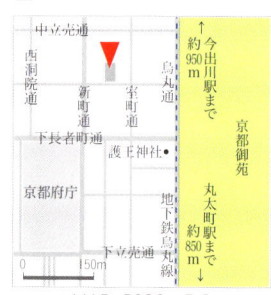

MAP<P230・E-3

松本明慶
佛像彫刻
美術館

まつもとみょうけい
ぶつぞうちょうこく
びじゅつかん

新展示室

国境も民族も宗教も超越し、平和を願うすべての人々に捧ぐ佛像彫刻

　鎌倉時代、優れた佛像彫刻を残した慶派。その流れを汲む平成の大佛師 松本明慶の作品約180体を一堂に展示する美術館は2005（平成17）年に開館。明慶は弟の死を契機に、17歳より佛彫に没頭。心ある方々に育まれ、56年を経た現在も40名の弟子を育成しつつ、制作に励む。佛師は宗教家でも芸術家でもなく、信仰をそなえた職人として世に活かされることを天命と、精進を重ねる。

　美術館には掌に納まる精緻を極めた端正な小佛、木質の味わいを活かした表情豊かな一木づくりのみほとけ、荘厳華麗な截金彩色を施した品格宿るみほとけ等、多様な姿の作品は鑑賞者を魅了する。

　2017（平成29）年秋に完成した新展示室は、壮大な憩いの空間となり　来館者は安らかなひと時を過ごせる。また日本各地に納佛されて任地の風土に根づき、人々に慕われている歴代19体の大佛写真（木像では世界最大級18.5mの大辯財天を筆頭に）と、造佛の要となった雛型も館内に展示している。

🏠 上京区下長者町通室町西入ル西鷹司町16
📞 075-332-7974（松本工房）
📠 075-332-7974（松本工房）
🌐 http://m-myoukei.com
🕐 原則として第1・3の土・日曜のみ開館 10:00〜17:00（入館は16:30まで）
　※1日が日曜の月は7・8・21・22日に開館（開館日確認のため要予約）
🚫 開館日以外は休館
💴 無料
🚇 地下鉄烏丸線 丸太町駅2番出口から徒歩約12分／市バス 堀川下長者町から徒歩約7分

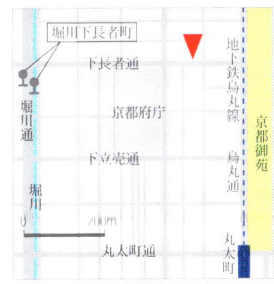

MAP<P233・A-4

釈迦如来坐像
（屋久杉,2006年制作 截金彩色）

風神（松、琳派400年記念の2015年制作）

京都
當道会会館

きょうと
とうどうかいかいかん

柳川流三味線と人の道を守り伝えて

　「當道」とは、中世・近世を通じて継承された目の不自由な
人びとの組織の名称。鎌倉時代に『平家物語』を語る目の不
自由な琵琶法師たちが、権利確保のために形成した「座」が
母体となって室町時代に組織として成立された。江戸時代に
は幕府より自治権が与えられ、京都にある當道職屋敷におい
て全国の目の不自由な人びとのための箏、三絃、地唄の技芸
試験と、係争の裁判などの政務が行われていた。1871（明治
4）年に當道制度の廃止によって職屋敷も廃止されたが、後
年、有力検校たちによって現在の地に屋敷が復興した。

　会館では、八橋検校に始まる箏、三味線、胡弓演奏の伝承
と普及・発展を目指すために、会員の研鑽を促し、また継承
されてきた数々の楽器や関連する諸道具類、古文書などを一
般に公開し、人々が伝統音楽に親しむ機会を提供している。

〒 上京区出水通室町東入ル近衛
　町47-2
☎ 075-441-5640
📠 075-441-5311
🖥 http://www.kyoto-todokai.or.jp
🕐 10:00～16:00（要予約）
休 土・日曜・祝日・4/29～5/5・8/14～
　16・12/29～1/4
料 500円
交 地下鉄烏丸線 丸太町駅2番出口
　から徒歩約10分／市バス 烏丸下
　長者町から徒歩約3分

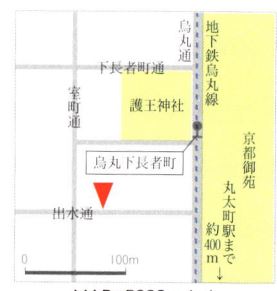

MAP<P233・A-4

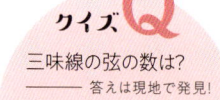

クイズ Q

三味線の弦の数は？
—— 答えは現地で発見！

安達 くみひも館

あだち
くみひもかん

京くみひもの匠の技と新たな芸術性を歴史とともに堪能

　色鮮やかなくみひもは、奈良時代に中国大陸や朝鮮半島からもたらされ、平安時代から幾多の試練を受けつつ芸術品レベルに発展。京都の優雅な伝統工芸のひとつである。着物の帯締めや能面、刀の装具、陶芸作品を入れる箱の紐など、さまざまな用途に使われてきた。現在では、携帯ストラップやブレスレットなど、身近な小物にも利用されている。

　この資料館では、法隆寺の仏具の紐や正倉院条紐の復元品など珍しいもの、明治～昭和の着物の帯締めなどさまざまな時代のくみひも、そして、くみひもを制作する組台、文献など、歴史や文化を広く伝える資料を展示している。くみひも職人で唯一人間国宝に選ばれた十三世・深見重助氏による「平家納経之緒」（厳島神社奉納）の見本も展示。

　予約をすれば、先生から手順を教わりながらくみひも制作体験もできる。

住 上京区出水通烏丸西入ル中出水町390
電 075-432-4113
FAX 075-432-0077
URL http://www.adachikumihimokan.com
時 9:00～12:00・13:00～16:00
休 不定休・年末年始
料 一般500円・小～中学生300円（くみひも体験は別途・要予約）
交 地下鉄烏丸線 丸太町駅2番出口から徒歩約7分／市バス 烏丸下長者町から徒歩約2分

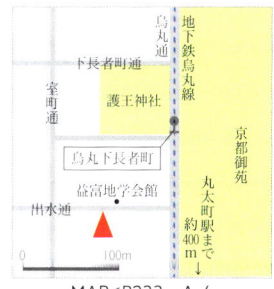

MAP<P233・A-4

益富地学会館
（石ふしぎ博物館）

ますとみちがくかいかん
（いしふしぎはくぶつかん）

見どころ

桜石のような京都を代表する
石も展示している

石に秘められた魅力に迫る

　正倉院の石薬の調査・研究でも知られ、アマチュア鉱物研究家としても著名な益富壽之助博士が日本地学研究館を設立。1991（平成3）年に財団法人益富地学会館となった。3階の展示室には、日本全国はもとより世界中から集められた珍しい岩石や鉱物が展示されている。

　50cmを超えるアンモナイトの化石や抱えるほどの大きな紫水晶、黄鉄鉱、曹長石、こんにゃく石、象の牙化石など、見て楽しく珍しい石、美しい石、学術的にも貴重な標本などが所狭しと展示されている。特別展示コーナーの標本は、定期的に入れ替えも行われている。

　その他、所蔵標本は約2万点。研究室・図書館には、数千冊の地学関係蔵書、偏光顕微鏡、X線粉末回折装置などを含む研究用機器などがある。

　また、ミネラルショー『石ふしぎ大発見展』を主催している。

住 上京区出水通烏丸西入ル中出水町394
電 075-441-3280
FAX 075-441-6897
URL http://www.masutomi.or.jp
時 10:00〜16:00（入館は15:30まで）　※展示室は土・日曜・祝日のみ公開
休 月曜（祝日の場合は翌日）・お盆・年末年始・石ふしぎ大発見展開催期間など
料 300円・18歳以下無料
交 地下鉄烏丸線 丸太町駅2番出口から徒歩約7分／市バス 烏丸下長者町から徒歩約3分
駐 あり（無料・2台）

MAP<P233・A-5

虎屋
京都ギャラリー

とらや
きょうとぎゃらりー

第4回企画展「岡重羽裏コレクション　華麗なる文様」(2011)風景

和菓子を味わい、文化に触れるひととき

　蔵のような真っ白な外壁が目をひくギャラリー。和菓子の老舗・虎屋の菓子茶寮「虎屋菓寮京都一条店」に隣接して建てられ、自由に散策できる中庭も広がっている。落ち着いた雰囲気の中で老舗の心づくしの和菓子を味わいつつ、ギャラリーで豊かな時間を過ごせる場所になっている。

　室町時代後期の京都で創業し、後陽成天皇御在位中（1586～1611）より禁裏（皇室）の菓子御用を勤めてきた虎屋。文人画家・富岡鉄斎の作品、千家十職の中村宗哲（九代）、永楽善五郎（十六代）の茶道具などを所蔵しており、ギャラリーではそれらを用いた美術展や、京都の文化や伝統工芸をとりあげた展示や講演会も開催している。

住　上京区一条通烏丸西入広橋殿町400
電　075-431-4736
FAX　075-431-1063
http://www.toraya-group.co.jp
時　展覧会開催時のみ10:00～17:00
休　要問合せ
料　無料
交　地下鉄烏丸線今出川駅6番出口から徒歩約7分／市バス烏丸一条から徒歩約5分、烏丸今出川から徒歩約7分
駐　あり（無料）

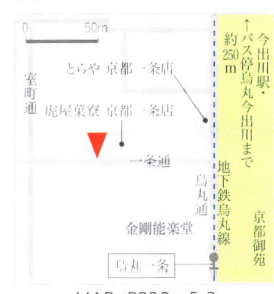

MAP<P230・E-3

撮影 福澤昭嘉

クイズQ
虎屋を代表する黒く輝く菓子は○○である。
── 答えは現地で発見！

京都御苑

きょうとぎょえん

自然と由緒ある歴史にふれあえる公園

　東西約700m、南北1300mのほぼ長方形の広大な公園。

　江戸時代までは宮家・公家の屋敷が約140軒も集まった町だったが、明治になって天皇をはじめ宮家や公家のほとんどが東京へ移り、その跡地に整備された公園が京都御苑の始まり。現在は、四季折々の自然や歴史にふれあえる憩いの場として、また、葵祭や時代祭の始まりを告げる地点としても知られ、全国の人々から親しまれている。

　苑内にある江戸時代から続いた宮家の屋敷跡「閑院宮邸跡」の収納展示室では、京都御苑の自然と歴史について、写真や絵図・出土品などの展示や解説を行っている。また、旧九條家茶室「拾翠亭」は、江戸時代後期の伝統と歴史ある貴重な建造物で、庭園とともに一般公開している。その他、苑内には、宮内庁管理の京都御所や仙洞御所、内閣府管理の京都迎賓館もあり、それぞれ一般公開もされている。

住 上京区京都御苑3

電 075-211-6348

FAX 075-255-6433

URL http://www.env.go.jp/garden/kyotogyoen/index.html

時 苑内終日開苑／閑院宮邸跡9:00～16:30（受付は16:00まで）／拾翠亭 木・金・土曜・葵祭・時代祭9:30～15:30（受付は15:15まで）

休 苑内無休／閑院宮邸跡 月曜・12/29～1/3／拾翠亭 木・金・土曜以外・12/29～1/3

料 無料／拾翠亭100円

交 地下鉄烏丸線 丸太町駅1番出口からすぐ、今出川駅6番出口からすぐ

駐 あり（有料）

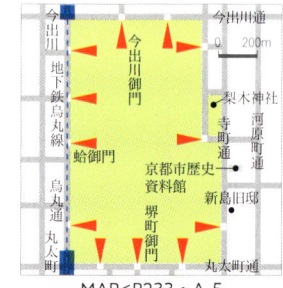

MAP<P233・A-5

クイズ Q

明治維新に長州藩士が敗れた戦いの御門は○○○○である。

—— 答えは現地で発見！

京都市
歴史資料館

きょうとし
れきししりょうかん

中央エリア　京都御所周辺

見どころ

京都の町の変遷、祭礼風物など、歴史資料をまとめたムービーを閲覧できるモニターも設置

貴重な古文書を中心に京都の歴史をひも解く

　京都の歴史に関する資料の保存と活用を目的とする資料館。前身である京都市史編さん所に寄贈・寄託されていた古文書などの貴重な資料を引き継ぎ、さらに調査研究も行いながら、重要文化財をはじめ、約10万点の古文書・民俗資料を所蔵している。

　展示会は1階の展示室を会場とし、年間を通してさまざまなテーマで企画。長い歴史を有する京都の変遷を具体的に感じられるよう、古文書・絵図・美術工芸品なども多く展示される。2階は歴史図書や古文書の複写資料を閲覧できるスペース。研究員による京都の歴史に関する一般的な相談も受け付けている。

　また、歴史に興味や研究心を抱く人も増え、小学生から参加できる一般対象の歴史講座や時宜に応じた資料を数点紹介するスポット展示を実施したり、京都の街そのものを「歴史の博物館」ととらえ、歴史情報を検索できるインターネットサイト「フィールド・ミュージアム」の発信も行っている。

住　上京区寺町通荒神口下ル松蔭町138-1
電　075-241-4312
FAX　075-241-4012
URL　http://www.city.kyoto.lg.jp/bunshi/page/0000003963.html
時　展示室 9:00～17:00／歴史相談・閲覧室 9:00～12:00・13:00～17:00（受付は16:30まで）
休　月曜・祝日・年末年始・臨時休館有
料　無料
図　京阪 神宮丸太町駅から徒歩約10分／市バス 河原町丸太町から徒歩約5分

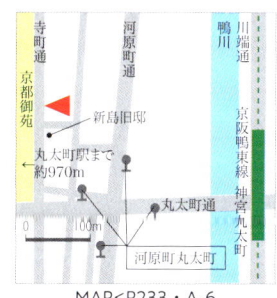

MAP<P233・A-6

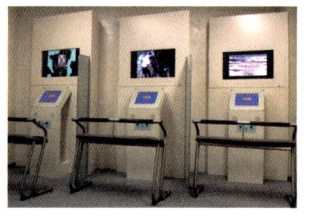

クイズ Q

平安時代から近代までの絵巻を楽しむような祭りは?

—— 答えは現地で発見!

新島旧邸

にいじまきゅうてい

見どころ

大正7年製のリード・オルガンや、学生たちが自由に出入りしていたという襄の書斎

同志社創立者夫妻が過ごした家

　京都御苑のすぐ東に立つ、同志社の創設者・新島襄とその妻・八重が暮らしていた邸宅。1875（明治8）年の同志社英学校開校時に仮校舎として借家した高松保実邸の跡地に立つ。設計者は不明だが、新島襄や当時の同志社教員で医師・宣教師のW.テイラーの助言を得ながら、京都の大工が建築した。

　建物は木造2階建てで、外観は洋風のコロニアルスタイル。東・南・西側にバルコニーがあり、ガラス窓には鎧戸、上部に障子欄間が付けられている。内部の間取りは日本的な田の字形で、壁は柱を露出させる旧来の真壁造。1階には食堂・台所・応接間・書斎などがあり、襄の没後、八重によって茶室「寂中庵」が作られている。応接間は、教室・職員室・大学設立の募金活動の事務所・礼拝の場としても利用されていた。書斎には襄が愛用したイス・机・ランプ・書棚などが当時のままに展示されている。

　調度・家具類を含め、京都市指定有形文化財に指定。

🏠 上京区寺町通丸太町上ル松蔭町
☎ 075-251-2716（ハリス理化学館 同志社ギャラリー）
📠 075-251-2736
🌐 https://archives.doshisha.ac.jp/old_mansion/old_mansion.html
🕐 10:00～16:00（入館は15:30まで）①通常公開 3～7月、9～11月 毎週火・木・土曜（祝日は除く）②特別公開（期間限定）
※詳細はホームページ要確認
📅 8月・12月～2月　通常公開期間中は月・水・金・日曜・祝日
💴 無料
🚉 地下鉄烏丸線 丸太町駅から徒歩約13分／京阪 神宮丸太町駅から徒歩約10分／市バス 河原町丸太町から徒歩約5分

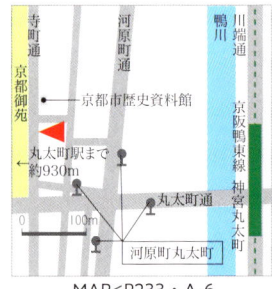

MAP<P233・A-6

クイズ Q

新島家の食卓でよく並んだのは〇〇だった。
── 答えは現地で発見！

頼山陽書斎
山紫水明處

らいさんようしょさい
さんしすいめいしょ

見どころ

東山の眺望を楽しめ、山陽が「風景無双」と絶賛した市中山居の風情が残されている

鴨川の流れや東山の風情を
心行くまで味わえる書斎

　江戸時代後期に活躍した儒学者・詩人・歴史家の頼山陽。『日本外史』や『日本政記』など、明治維新において尊攘派の志士たちの精神的な支えとなった著書を残し、近世日本を開いた原動力となった。広島から京都に移り、何度も転居を繰り返した後に落ち着いたのが現在の場所。水明荘と名付け、庭には梅・桜・桃・ツバキ・ナツメなどの花木や実のなる木を植えていたという。後に書斎兼茶室として「山紫水明處」を増築した。現在はこの書斎兼茶室と庭の一部が残っている。

　室内は、小さな床の間の付いた四畳半の主室と、二畳の次の間、半坪強の板の間と縁側で構成。舟底天井に、3段に分かれた床脇、当時の板ガラスと網代が施された障子など、素材選びと設計は、山陽自ら率先して行った。この書斎で著作する傍ら、文人墨客らとの交流を楽しんだといわれている。

住 上京区東三本木通丸太町上ル南町

電 075-561-0764（一般財団法人 頼山陽旧跡保存会）

凶 なし

図 なし

時 10:00〜16:00（往復ハガキにて要申込・訪問日の2週間前までに必着・2名以上で〒605-0063 京都市東山区新門前松原町289 一般財団法人 頼山陽旧跡保存会まで）

休 8月・12月中旬〜3月中旬

料 一般700円・小〜大学生500円

交 京阪 神宮丸太町駅から徒歩約6分／市バス 河原町丸太町から徒歩約3分

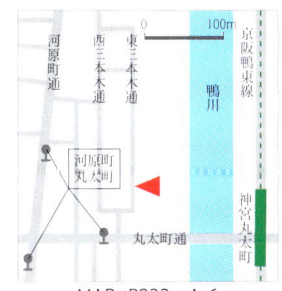

MAP＜P233・A-6

クイズ Q

「山紫水明處」から望める山並みは○○である。

―― 答えは現地で発見!

北村美術館

きたむらびじゅつかん

見どころ

美術館2階に施された屏風の
ような窓。ここから、数寄屋
造の玄関など四君子苑が見え
る

一流茶人の目に叶った茶道の美学

　京都御所からもほど近く、正面に大文字を望む場所で、幕末の歴史家、頼山陽が「山紫水明処」と讃えた京都きっての景勝地にある美術館。実業家であり茶人でもあった北村謹次郎が、半世紀をかけて収集した茶道具や書跡・絵画・陶磁器・金工・染織品などの「綺麗寂びで堂上風」と評される北村氏好みの名品を見ることができる。重要文化財34点、重要美術品9点も保存。「茶道具は用いることに生命がある」という茶の美学に基づき、茶事の雰囲気を楽しみながら鑑賞できる取り合わせでテーマが計画され、毎年春季・秋季に公開している。

　また茶苑・四君子苑（旧北村邸）が隣接。昭和時代の傑作ともいわれている数寄屋建築の建物や、東山の峰々を借景にさまざまな石灯籠や石仏、宝塔が配された庭があり、期間限定で公開されている。その一部の風景を、美術館のエントランスホールからも見ることができる。

住　上京区河原町通今出川下ル一筋
　　目東入ル梶井町
電　075-256-0637
FAX　075-256-2478
URL　http://kitamura-museum.com
時　3月中旬〜6月中旬・9月中旬〜12月
　　上旬のみ開館 10:00〜16:00
休　月曜（祝日の場合は翌日）
料　一般600円・中〜大学生400円
交　京阪 出町柳駅から徒歩約5分・
　　市バス 河原町今出川から徒歩約
　　2分
駐　あり（無料）

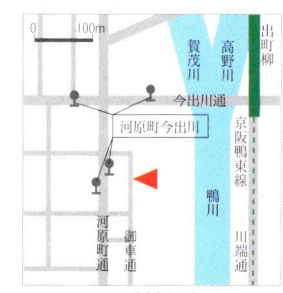

MAP<P231・D-4

クイズ Q

日本の美意識の1つは
侘びだが、もう1つは
○○である。

—— 答えは現地で発見！

京都賞
ライブラリー

きょうとしょう
らいぶらりー

見どころ

歴代受賞者の写真パネルや、受賞のきっかけとなった貴重な資料などを鑑賞できる1階展示室

世界の偉人たちの知にふれる

　科学や技術そして思想や芸術の分野において人類社会に大きな貢献をした人に贈られる日本発の国際賞「京都賞」。京都賞ライブラリーは、賞の理念や受賞者の功績をわかりやすく紹介する施設。稲盛財団が京都大学の「21世紀の新たな知の拠点」のために寄贈した京都大学「稲盛財団記念館」の1階にあり、一般公開している。

　ライブラリーでは歴代受賞者の写真パネルをはじめ、手紙やゆかりの品々、研究資料、書籍などを幅広く展示している。

　映像コーナーも併設されており、次世代を担う若者たちに向けた「未来へのメッセージ」や、京都賞ウイークの関連行事を紹介する映像などを大型ディスプレイで視聴できる。

住 左京区吉田下阿達町46 京都大学 稲盛財団記念館1階
電 075-753-7741
FAX なし
URL https://www.kyotoprize.org/about/library
時 10:00〜16:00
休 土・日曜・祝日・京都大学の休日・12／29〜1／3
料 無料
交 京阪 神宮丸太町駅から徒歩約5分／市バス 荒神口から徒歩約5分／京都バス 荒神橋からすぐ

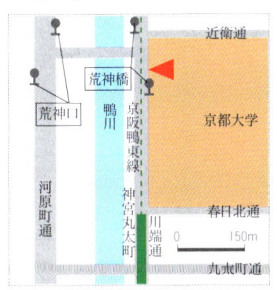

MAP<P231・E-4

クイズ Q

米国の科学者、アラン・カーティス・ケイ博士(2004年受賞者)が1970年代に世界で初めて構想したあるものの模型が館内に展示されているが、それは何?

―― 答えは現地で発見!

ブリキの
おもちゃと
人形博物館

ぶりきの
おもちゃと
にんぎょうはくぶつかん

見どころ

玩具に限りない愛着を持った館長が、それぞれの由来や特徴をわかりやすく説明してくれる

少年時代を懐かしみ
思い出いっぱいの玩具たち

　マンションの3階にある、レトロな玩具コレクションの宝庫。1940〜70年代に制作された玩具を中心に、館長が35年以上かけて収集した懐かしいブリキ玩具・セルロイド人形など1万5000点の収蔵品から約3000点を、月に1割ほど入れ替えながら常設展示している。不二家ペコちゃん、ウルトラマン、鉄腕アトム、鉄人28号、企業キャラクターなどを扱ったコーナーもある。

　またテーマを設けた特別展も行っており、これまでに「バービー展」、「日本のミニカーの歴史」、「京都市街写真展」などを開催してきた。他にも、昭和天皇が幼少の頃に遊ばれた玩具や、映画「20世紀少年」に提供したロボットの展示など、見どころは満載。懐かしのモノクロ映画でしか見られなかったおもちゃにも出会えるなど、子供の頃の夢がいっぱい詰まったような空間である。

住 下京区四条堀川東入ル柏屋町22 クオン四条柏屋町301（3階）
電 075-223-2146
FAX 075-223-2147
URL http://kyoto-tintoy.jp
時 10:00〜16:00
休 日曜・祝日・年末年始
料 一般500円・小学生300円・園児100円
交 阪急 大宮駅から徒歩約5分／嵐電 四条大宮駅から徒歩約10分／市バス 四条堀川からすぐ

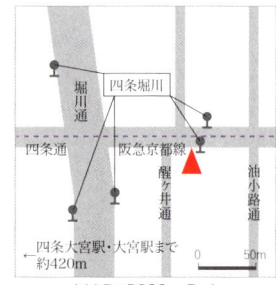

MAP<P233・D-4

クイズ Q

手塚治虫の作品『鉄腕アトム』でオープンカーでアトムの隣に座っている女の子は誰？

——— 答えは現地で発見！

京都絞り
工芸館

きょうとしぼり
こうげいかん

見どころ

現代の職人たちが手がけた秀逸な作品は、どれも美術品クラス。まるで絵画のようなものもある

古代より伝わる絞り染めに親しむ

　日本で最古の染色工芸といわれる絞り染め。およそ1300年の歴史を持ち、着物や和装小物などを彩る洗練された模様と色づかいで、昔から多くの人々を魅了してきた。日本の絞り染め技術は世界でも注目されており、スカーフ、小物等にも取り入れられている。

　京都絞り工芸館は、日本で唯一の絞り染め専門のテーマ館であり、職人たちの技術と成果を見ることができる。絞り特別展の開催や、職人の手業を映像で楽しむことができ、絞り染めの世界をじっくり堪能できる。人気の絞りスカーフ制作コースは2コースを準備。「板締め絞りコース」と「京風絞りコース」があり、素敵なシルクのオリジナルスカーフが完成。当日お持ち帰りが可能。また、より高度な「袱紗コース」にも挑戦してみては！

住 中京区油小路通御池下ル式阿弥町127
電 075-221-4252
FAX 075-221-4253
URL http://shibori.jp
時 9:00〜17:00
休 不定休
料 500円／
　 体験料3,240円、5,400円
交 地下鉄東西線 二条城前駅2番出口から徒歩約3分／市バス 堀川御池から徒歩約3分
駐 普通車2台（無料）

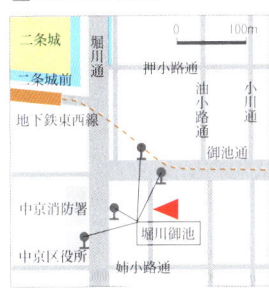

MAP<P233・C-4

京都生活工藝館 無名舎

きょうとせいかつ
こうげいかん
むめいしゃ

見どころ

手の込んだ刺繍や絞り染めが見事な柄を描く。白綸子地薬玉に御簾文様打掛 江戸時代

住 中京区新町通六角下ル六角町363
電 075-221-1317
FAX 075-221-1317
休 なし
時 10:00〜18:00（要予約）
休 不定休
料 一般1,000円・高〜大学生800円・中学生500円・小学生300円
交 地下鉄烏丸線・東西線 烏丸御池駅6番出口から徒歩約10分／市バス 烏丸三条から徒歩約10分

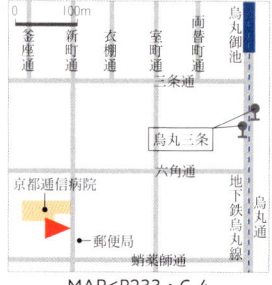

MAP<P233・C-4

京商人の日常の暮らしぶりを拝見

　京呉服の問屋街「室町」の一画、新町通に立つ町家。白生地を商っていた商家の典型ともいうべき表屋造で、表通りに面して店舗棟、中庭と玄関を隔てて住居棟と奥庭、その奥に土蔵があり、南片側に通り庭が通っている。

　館内には、数々の調度品が展示されている。主に国内外の染織品であり、江戸〜昭和初期に収集された小袖や帷子、敷物など。また外国の更紗などにも力を入れている。夏の間はすだれやよしずで夏座敷のしつらえになり、四季折々に表情を変える京町家。祇園祭の時期は表の格子を取り払い、展示品を外から見られるようにもしている。この1909（明治42）年に棟上げされた建物や調度品を見学することで、京の商人の生活文化を偲ぶことに重きをおいている。京都市指定の景観重要建造物。国指定有形登録文化財。

大西清右衛門美術館

おおにしせいうえもん
びじゅつかん

見どころ
7階茶室「弄鋳軒」には、茶の湯釜を中心とした茶道具の取り合わせを展示している

見るほどに趣きの深さに感じ入る

　三条通に面して掲げられた「御釜師」の看板が目印。この辺りは釜座（かまんざ）と呼ばれ、平安期からの伝承の残る鋳物町として賑わってきたエリア。おもに武家茶人の茶の湯釜を手がけた初代・浄林にはじまる大西家は、約400年にわたり茶の湯釜の伝統と技を受け継ぐ釜師の家で、茶道千家出入りの職人「千家十職」のひとつ。美術館に隣接する工房では、現在も茶の湯釜が生み出されている。

　開館は春・秋季の年2回。大西家歴代による茶の湯釜を中心に、その源流となる芦屋釜・天明釜、歴代が用いた釜の下絵・木型などの制作用具や釜座ゆかりの古文書のほか、種々の茶道具約800点を所蔵し、企画テーマに沿って公開している。会期中には茶会や鑑賞会といった茶の湯に親しむイベントも開催。

　茶の湯釜に施された繊細な意匠や、長い年月を経た鉄肌が醸し出す独特の魅力を感じ取れる内容となっている。

住 中京区三条通新町西入ル釜座町18-1
電 075-221-2881
FAX 075-211-0316
http://www.seiwemon-museum.com
時 10:00〜16:30（入館は16:00まで）
休 月曜（祝日の場合は翌日）・夏期・冬期のみ
料 一般900円・大学生700円・高校生400円・中学生以下無料／お茶席700円／障害者手帳ご提示の方とその付添の方（1名）は無料
交 地下鉄烏丸線・東西線 烏丸御池駅6番出口から徒歩約7分／市バス 烏丸三条から徒歩約5分

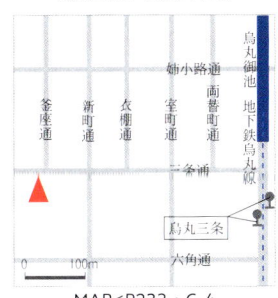

MAP<P233・C-4

永楽屋
細辻伊兵衛商店
町家手拭
ギャラリー

住 中京区室町通三条上ル役行者
　　町368
電 075-256-7881
FAX 075-256-7885
URL http://www.eirakuya.jp
時 11:00～19:00
休 無休
料 無料
交 地下鉄烏丸線・東西線 烏丸御池
　　駅4-1番出口から徒歩約3分／市
　　バス 新町御池から徒歩約3分

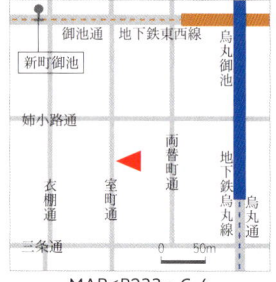

MAP<P233・C-4

手拭デザインに見る老舗の心意気

　1615（元和元）年創業の綿布商で、明治～昭和にかけて数多くの手拭を日本の生活に送り続けてきた。特に昭和初期の頃、十世・細辻伊兵衛が起こした「百いろ会」は、年間100柄以上の手拭を作って職人の技や柄の素晴らしさを競い、全国の愛好家たちをうならせてきたという。

　本店2階にあるギャラリーでは、その当時のオリジナル約60種類を展示している。額やついたてなどに収められた手拭は、どれも技術の高さはさることながら、美的センスやユーモアに優れ、眺めているだけでも楽しくなるものばかり。現代においても非常に斬新さが感じられ、日本の文化に浸透した手拭でありながら、伝統を守りつつ常に革新を目指してきた老舗の気概と粋が感じられるようである。

　1階のショップでは、復刻版をはじめ300種以上の手拭を販売している。

宮井ふろしき・袱紗ギャラリー

みやいふろしき・ふくさぎゃらりー

中央エリア 烏丸御池〜四条

見どころ

ふろしきの包み方を習うと、その便利さや応用のしやすさに初めて気づく人も多いという

🏠 中京区室町通六角下ル鯉山町510
📞 075-221-0381
📠 075-221-0397
🌐 http://www.miyai-net.co.jp
　※ギャラリー情報参照
🕐 10:00〜17:00
　（入館は16:30まで）
🚫 土・日曜・祝日
💴 500円／つつみ方体験・DVD鑑賞は別途500円・要予約
🚉 地下鉄烏丸線 四条駅22・24番出口から徒歩約5分／阪急 烏丸駅22・24番出口から徒歩約5分／市バス 烏丸三条から徒歩約3分／市バス 四条烏丸から徒歩約5分

MAP<P233・C-4

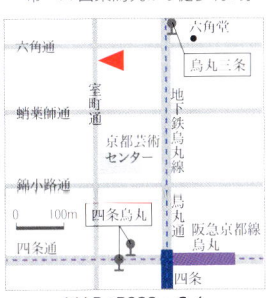

クイズ Q

ふろしきを使うのは、日本独自の文化である。〇か×か。
—— 答えは現地で発見！

繻子地嶋台模様刺繍袱紗

身近な伝統「袱紗」「ふろしき」を見直す

　袱紗の卸問屋として、1901（明治34）年に創業。以来、現在に至るまで、ふろしき・袱紗の伝統を受け継ぎつつ、時代にあったデザイン・使い方を提案している。一方で、商品開発や技術保存の参考資料として世界各国から染織資料を集め、所蔵点数は約3000点以上にもなる。歴代社長の「宮井の染織コレクションは広く一般に公開し、公共性を持つべき」という意志の下、100周年記念事業の一環として京都本社にギャラリーが設置され、年3回の企画展を行っている。ふろしき・袱紗に描かれた文様や包み方の文化などに着目した企画展はたいへんユニークな内容である。

　ギャラリーの見学者は、オプションでふろしきや贈答儀礼に関するDVDの鑑賞や、ふろしきを使ったさまざまな包み方が体験できる講習会も受けられ、人気のコースとなっている。

世界のふろしきルーマル（インド）

ギャラリー内観

染・清流館

そめ・せいりゅうかん

アートな染色世界が広がる空間

　現代染色作品を専門に取り扱う美術館で、世界で初めての染色アート美術館。「日本の染色アートを世界に向けて発信する」ことを目的とし、作家約100名による約500点の作品を所蔵している。現代の巨匠といわれる作家から新人作家まで、京都を拠点に活躍している染色作家たちの作品を展示。

　作品の収集は1991（平成3）年から始められ、毎年開催していた「染・清流展」（現在は2年に1回開催）、その他に、企画展、個展やグループ展、テーマを決めた作品展、注目の新人作家展など、1〜2カ月単位で開催している。また、染色に関わりのある人を招いてギャラリートークを開催するなど、イベントも行っている。

　展示室は畳敷き。作品を自然な光の雰囲気の中で落ちついて鑑賞できるよう照明にも工夫がなされ、繊細な色合いや艶やかな色彩を損なうことなく楽しめる。

🏠 中京区室町通錦小路上ル山伏山町550-1 明倫ビル6階
☎ 075-255-5301
📠 なし
🔗 http://someseiryu.net
🕐 10:00〜17:00
休 月曜（祝日の場合は翌日）・8月・12月・1月前半・展示替えほか臨時休館あり
料 一般300円・高〜大学生200円
🚃 地下鉄烏丸線 四条駅22・24番出口から徒歩約5分／阪急 烏丸駅22・24番出口から徒歩約5分／市バス 四条烏丸から徒歩約5分

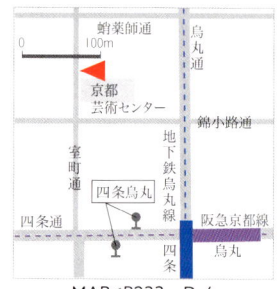

MAP<P233・D-4

田島征彦 蘇民将来由来
－牛頭天王と婆梨采女－（部分）

京都芸術
センター

きょうとげいじゅつ
せんたー

『のっぴきならない遊動:黒宮菜菜／二藤建人／若木くるみ』展示風景（2017年）
黒宮菜菜《別れ道》2017　撮影:前谷開

京都の芸術と市民が交流する拠点

　京都市における芸術の総合的な振興を目指して、京都市と
芸術家、芸術関係者が連携するとともに、アーティストの多
様な活動を支援し、芸術に関する情報を広く市民に伝える場
として開設された総合芸術施設。

　南北2カ所にあるギャラリーでの展覧会をはじめ、明倫茶
会、伝統芸能に親しむ企画や公演、音楽・演劇などの舞台公
演やワークショップなど多彩なイベントを開催している。芸
術・文化に関する蔵書を集めた図書室、各地の芸術・文化情
報を発信・収集する情報コーナーなども設けられている。

　建物は、1931（昭和6）年に改築された元小学校。戦前から
の姿を変えずに残し、元教室がそのまま図書室、カフェなど
に利用されているため、その雰囲気を楽しむために訪れる人
も少なくない。

住 中京区室町通蛸薬師下ル山伏
山町546-2
電 075-213-1000
FAX 075-213-1004
http://www.kac.or.jp
時 ギャラリー・図書室・情報コーナー
10:00 〜 20:00 ／カフェ 21:30
（L.O.21:00）／制作室・事務室
22:00まで
休 12/28〜1/4　※設備点検等のた
め臨時休館することがある
料 無料／公演などのイベントは有料
交 地下鉄烏丸線 四条駅22・24番出
口から徒歩約5分／阪急 烏丸駅
22・24番出口から徒歩約5分／市
バス 四条烏丸から徒歩約5分

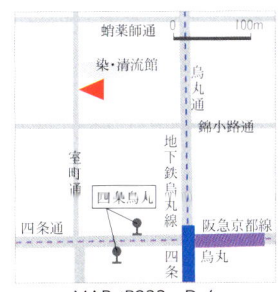

MAP<P233・D-4

絹の白生地
資料館
伊と幸ギャラリー

きぬのしろきじ
しりょうかん
いとこうぎゃらりー

見どころ

着物ひとそろい作るために必要な繭・一万粒と、それを糸にして束ねたものが展示されている

見て触って楽しむ白生地の世界

　1931（昭和6）年創業の京都室町 老舗白生地メーカーの伊と幸。白生地とは、着物に染める前の素材となる絹織物のことをいう。

　その中から最も代表的な50種類程を案内している。一越縮緬、古代縮緬、紋意匠縮緬、縫い取り、金銀通し、雲井、ふくれ、ビロード、綾織、繻子、梨地、絽、紗、もちろん羽二重も。耳にしたことのある名称も、百聞は一見に如かず！直接手で触れ間近で見比べられるユニークな資料館である。

　着物一揃いが繭一万粒でやっと出来ることを、ご存知だろうか。それって、どのくらいの量？大きさ？是非、その目で確かめてみて。繭にもいろんな種類があり、白い家蚕だけではなく、野生の蚕、天蚕、柞蚕の違いも、一目瞭然！館内ガイドが詳しく説明してくれる。（要予約）

　また絹の生地を封入した内装資材【絹ガラス】のショールームを併設。絹の空間装飾材やインテリア資材への転用事例が楽しめる。

住 中京区御池通室町東入ル竜池町448-2 伊と幸ビル4階（受付6階）
電 075-254-5884
FAX 075-256-2818
https://www.kimono-itoko.co.jp
時 10:00〜17:00（要予約）
休 土・日曜・祝日
　　（事前予約のみ開館）
料 無料
交 地下鉄烏丸線・東西線 烏丸御池駅北2番出口からすぐ

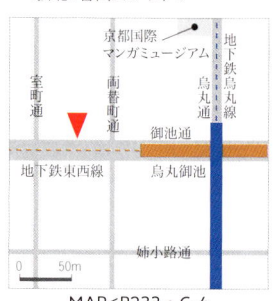

MAP<P233・C-4

3名以上の予約制で、絹織物に染めや金彩体験のワークショップを開催

着物の心を現代の空間に生かす【絹ガラス】ショールームを併設

クイズ Q

白い小さな繭一粒から繰り出す、絹糸の長さは約何メートル？

── 答えは現地で発見！

京都国際マンガミュージアム

きょうとこくさい
まんが
みゅーじあむ

見どころ

広々とした芝生でマンガを読んで過ごしたりし、多くの人がくつろいでいる

マンガのことなら何でもわかる

今や日本だけでなく、海外でも評価が高い「マンガ」。新しい文化としても認知されつつある昨今、いち早くマンガの収集・保存・展示と、マンガ文化に関する調査・研究を行うため、2006（平成18）年に開設されたのが、京都国際マンガミュージアムである。

蔵書は約30万点、このうち1970年代〜現代のマンガ5万冊が総延長200mの本棚「マンガの壁」に配架されている。また館内どこにでもマンガの棚が配置され、図書館のように自由に手にとり、館内であれば好きな場所で閲覧できるシステム。メイン展示「"マンガ"って何？」をはじめ、イベントや常設展も充実しており、ペン入れや下描きなど実際のマンガの制作現場を見学できる「マンガ工房」などがある。

レトロな雰囲気の建物は、1929（昭和4）年等築の元龍池小学校。

住 中京区烏丸通御池上ル
電 075-254-7414
FAX 075-254-7424
HP http://kyotomm.jp
時 10:00〜18:00
　（入館は17:30まで）
休 水曜（祝日の場合は翌日）・年末年始
料 一般800円・中〜高校生300円・小学生100円／特別展は別途
交 地下鉄烏丸線・東西線 烏丸御池駅2番出口からすぐ

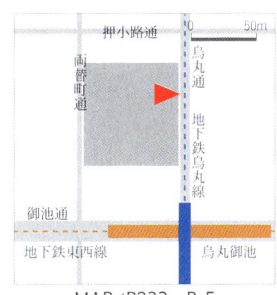

MAP＜P200　D-5

京都伝統
工芸館

きょうとでんとう
こうげいかん

1階

作り手と生活者結ぶ出逢いの場

　京都が世界に誇る仏像、陶器など数々の伝統工芸品。その美しさ、素晴らしさを国内外に発信していこうと、2003（平成15）年に設立された施設である。

　施設は4階まであり、財団法人京都伝統工芸産業支援センターが運営し、作り手側とそれらを使う側の生活者を結ぶ出逢いの場である。京都伝統工芸大学校生の作品を中心に、各工芸を代表する作家作品を常設展示している。とくに1、2階の展示室には学生の卒業制作のほか、各講師の作品、仏像彫刻、漆、竹、和紙工芸、金属工芸、陶芸などの作品が展示されている。3階には実演コーナーもあり、毎週日替わりで色々なジャンルの若手職人による制作実演が行われている。目の前で作業の実際を見ることができ、直接話も聞けるので入場者の人気コーナーになっている。ここではまた、職人、作家として第一線で活躍中の卒業生の作品を展示販売もしている。

住 中京区烏丸通三条上ル
電 075-229-1010
FAX 075-253-1020
URL http://www.dentoukougei.com/
時 10:00〜18:00
　（入館は17:30まで）
休 火・水曜日（祝日の場合は翌日）・年末年始
料 一般300円・学生、シニア100円・着物の方は無料
交 地下鉄烏丸線・東西線 烏丸御池駅6番出口からすぐ

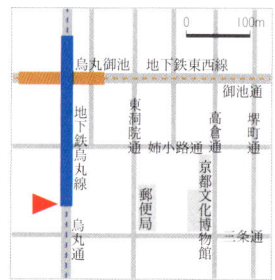

MAP<P233・C-5

建物正面

2階

クイズ Q

京都伝統工芸館の外観は何をイメージしてつくられた？
―― 答えは現地で発見！

香老舗 松栄堂
（香房見学・薫習館）

こうろうほ しょうえいどう
（こうぼうけんがく・くんじゅうかん）

中央エリア
烏丸御池〜四条

見どころ

薫習館内の Koh-labo「香りの
さんぽ」は、さまざまな香りに
出会える仕掛けがたくさん！

🏠 中京区烏丸通二条上ル東側
📞 075-212-5591（香房見学）
　　075-212-5590（薫習館）
📠 075-212-5596
🌐 http://www.shoyeido.co.jp
🕐 香房見学 10:00〜12:00・13:30〜
　　15:00（所要時間 約40分・1週間
　　前までに要予約）／薫習館 10:00
　　〜17:00
🈳 香房見学 土・日曜・祝日（店舗は
　　無休）／薫習館 不定休
💰 無料
🚇 地下鉄烏丸線 丸太町駅7番出口
　　から徒歩約3分／市バス 烏丸二
　　条からすぐ
🅿 あり（無料）

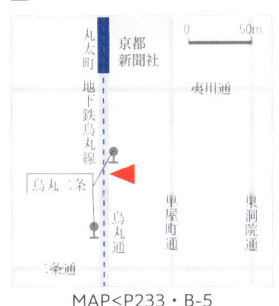

MAP<P233・B-5

お線香ができるまで
何日くらいかかるか。
── 答えは現地で発見！

知る・学ぶ・楽しむ 香りの世界へ

　松栄堂は1705（宝永2）年に畑六左衛門守吉が笹屋として商いを起こし、三代・守経から本格的に香作りに専念。今では熟練の技を持つ職人たちが昔ながらの製法を守りつつ、新しい技術も積極的に取り入れて製造を行っている。京都本店の2階にお線香作りが見られる「香房」がある。調合された原料の攪拌からはじまり、練り、押し出し・盆切り、生付け、乾燥、板上げといったさまざまな工程を見学する。

　2018（平成30）年7月11日、京都本店の南側に隣接するビルを「薫習館」と名付け、日本の香り文化の情報発信拠点として、多くの方々に立ち寄ってもらえる建物を目指してリニューアル。館内には松栄堂の香りを体験できるスペースや、香りと人との交流の場となるギャラリーやホールなどを設けている。

いけばな
資料館

いけばな
しりょうかん

見どころ

不世出の名手・池坊専好の立花を描いた『立花之次第九拾三瓶有』が見学できる

『立花之次第九拾三瓶有』（重要文化財）

いけばなの歴史を凝縮した空間

聖徳太子によって創建され、六角堂の名で親しまれている紫雲山頂法寺。このお堂に代々花を供え続けてきたのが住職を務める華道家元池坊。このことからいけばな発祥の地としても知られ、いけばな資料館ではその歴史を示す資料を展示している。

15世紀末に成立し、現存する最古の花伝書である『花王以来の花伝書』や、17世紀初めに活躍し「不世出の名手」といわれた池坊専好が、御所や貴族の屋敷で立てた立花を写した『立花之次第九拾三瓶有』（重要文化財）など、いけばなに関する文献や伝書、道具類、屏風、花瓶などを見ることができる。時代ごとの資料を見比べると、華やかな元禄年間（1688〜1704）、厳しい改革が行われた寛政年間（1789〜1801）など、花の生け方にも時代の特徴が現れていて面白い。また、ビル建設の際の出土品や六角堂の什器などもあわせて展示している。

住 中京区六角通東洞院西入ル 堂之前町248 池坊ビル3階
電 075-221-2686
FAX 075-252-1325
URL http://www.ikenobo.jp
時 9:00〜16:00（要予約）
休 土・日・祝日・年末年始・お盆期間
料 無料（花展中は有料）
交 地下鉄烏丸線・東西線 烏丸御池駅5番出口から徒歩約3分／市バス烏丸三条からすぐ

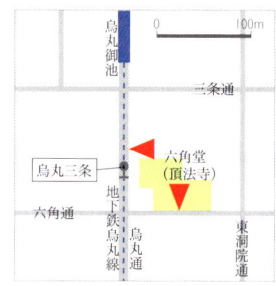

MAP<P233・C-5

クイズ Q
当館の入り口にある扉の取っ手は何を意匠化したものか？
—— 答えは現地で発見！

京都万華鏡ミュージアム姉小路館

きょうとまんげきょう
みゅーじあむ
あねこうじかん

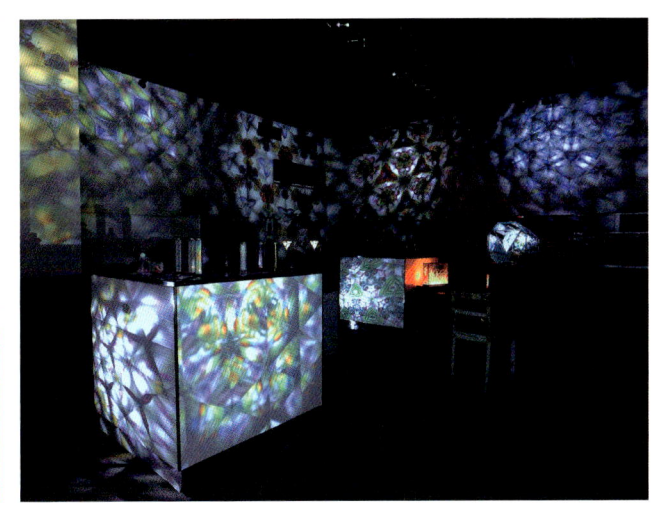

見どころ

オリジナル万華鏡を作る「手作り教室」。簡単だけど本格的で、万華鏡の仕組みがよくわかる

光と鏡が織りなす芸術

　1816（文化13）年にスコットランドの物理学者デーヴィッド・ブリュースターにより発明された万華鏡。日本へはわずか3年後、江戸時代に伝えられたという。

　ミュージアムではさまざまな種類の万華鏡を常時50点ほど展示。電動式や珍しい素材を使ったもの、芸妓さんの形をしたユニークなものなどがある。どれも実際に手にとって自由に見ることができ、広がる光と鏡が織りなす華やかな芸術を体感できる。仕組みや扱い方についてはスタッフがやさしく教えてくれる。

　そのほか、随時参加できる万華鏡作り体験と、月に1〜2回、講師を招いて作る特別教室があり、自分だけのオリジナル万華鏡が作れると人気。

　併設のカフェテリア、アートスペースは、ゆっくり過ごせる交流スペースとしても利用されている。

[住] 中京区姉小路通東洞院東入ル曇華院前町706-3
[電] 075-254-7902
[FAX] 075-254-7902
[URL] http://k-kaleido.org
[時] 10:00〜18:00（入館は17:30まで）
[休] 月曜（祝日の場合は翌日）・年末年始
[料] 万華鏡展示ルーム一般500円・高校生300円・小〜中学生200円・幼児無料
[交] 地下鉄烏丸線・東西線 烏丸御池駅3番出口から徒歩約3分
[駐] あり（有料）

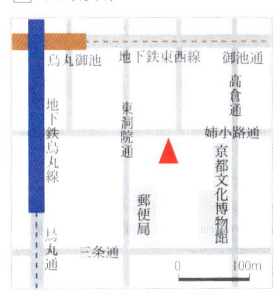

MAP<P233・C-5

京都
文化博物館

きょうと
ぶんかはくぶつかん

2階　京の歴史

歴史資料から映画まで幅広く展示

　京都の歴史と文化をわかりやすく幅広く紹介する博物館。主に展覧会を行っている本館と、国の重要文化財に指定されている別館（旧日本銀行京都支店）を持つ。

　本館4階には、国内外の貴重な資料や優れた美術・工芸作品を紹介する特別展示室があり、数々の人気展が開催されてきた。2〜3階の総合展示室は、京都の歴史・文化を紹介するスペース。貴重な出土品や文化財を、平安〜昭和までの歴史の流れに沿って展示し、映像や写真といったビジュアルも用いながら紹介している。また、各社寺の宝物、京都府や名家のコレクションなど、季節行事に合わせたり、テーマを決めて展示する企画展も行っている。

　三条通に面して立つ別館は、近代日本建築の代表者・辰野金吾とその弟子・長野宇平治による設計。京都の近代建築の代表的存在で、旧日本銀行京都支店時代の名残を色濃く残している。

住 中京区三条高倉
電 075-222-0888
FAX 075-222-0889
URL http://www.bunpaku.or.jp
時 総合展示 10:00〜19:30（入場は19:00まで）／特別展 10:00〜18:00（金曜は19:30まで・入場は各30分前まで）
休 月曜（祝日の場合は翌日）・年末年始
料 総合展示 一般500円・大学生400円／特別展は展覧会により異なる／別館 無料（各種イベントにより有料の場合もある）
交 地下鉄烏丸線・東西線 烏丸御池駅5番・3-1番・3-2番出口から徒歩約3分
駐 あり（有料）

MAP<P233・C-5

3階　フィルムシアター

別館（重要文化財）
旧日本銀行京都支店

100

京指物資料館

きょうさしもの
しりょうかん

宮廷文化が生んだ華やぎの家具

　指物とは、木の板と板を金針や金物を使わずに組み合わせて仕上げる家具のこと。クワやケヤキなど木目を生かし拭き漆で仕上げる江戸指物に対し、木の目の目立たない桐や漆を塗り蒔絵・螺鈿を施したものが京指物である。1856（安政3）年に創業の宮崎は、竹内栖鳳や上村松園、神坂雪佳など明治から昭和初期に京都画壇で活躍した日本画家に図案を依頼して制作をしてきた。また、皇室の婚礼家具や皇居、京都迎賓館の内装と家具も手がけている。

　その老舗家具店が開設したギャラリーは、日本画家による図案や技術を駆使した飾り棚などを展示。桐タンスのコーナーでは、作品の展示以外に、火災にあって外は黒こげでも内部は焼けなかったタンスの写真や更生という技術により新品同様によみがえった桐タンスを展示している。

住 中京区夷川通堺町西入ル絹屋町129 宮崎平安堂ビル2階
電 075-222-8221
FAX 075-231-1230
URL http://www.kyoto-t-f-museum.jp
時 9:00〜18:00（入館は17:30まで・1階の店舗にお声かけを）
休 水・第3火曜・夏期・年末年始
料 無料
交 地下鉄烏丸線 丸太町駅7番出口から徒歩約5分／市バス 烏丸二条から徒歩約5分

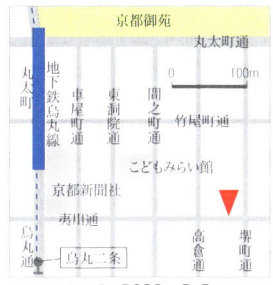

MAP◀P.233・B-5

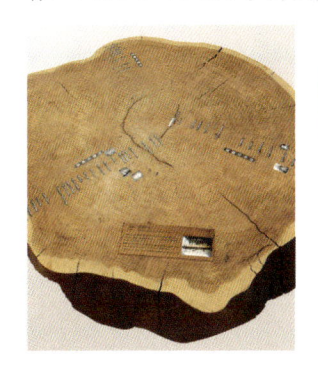

キンシ正宗・堀野記念館

きんしまさむね・
ほりのきねんかん

見どころ

大きな桃の木の下で、創業時から変わらず湧き続ける桃の井。クセのない柔らかな口当たり

元造り酒屋の町家で楽しむ名水の味

　京都の酒といえば伏見が有名。しかし、御所南と呼ばれるこの界隈は鴨川の伏流水が豊かで水がおいしく、かつて造り酒屋が150軒は立ち並び、皇室・公家に献上されていた。明治維新で天皇・公家が東京へ移ったため、多くの店がのれんを下ろし、また醸造法の進化で年中醸造が可能となった結果、ここでは手狭であることから伏見へと移っていった。

　記念館は1781（天明元）年に創業したキンシ正宗が、1880（明治13）年に酒造拠点を伏見へ移した後も、大切に残し続けてきた旧本宅や道具類を展示。1864（元治元）年の禁門の変による大火災「どんどん焼け」をくぐり抜けてきた貴重な建物であり、蔵の中の道具類、1階奥座敷や帳場、2階の座敷「鞘の間」や「虫籠窓の部屋」を見学できる。名水・桃の井では試飲も可能。

住　中京区堺町通二条上ル亀屋町172
電　075-223-2072
FAX　075-223-2072
URL　http://www.kinshimasamune.com/kinenkan.html
時　記念館 11:00〜17:00（入館は16:30まで）、団体予約は要連絡
休　火・水曜（月により変更有）・夏季・臨時休日有・年末年始
料　一般500円
交　地下鉄烏丸線 丸太町駅7番出口から徒歩約8分／市バス 烏丸二条から徒歩約8分
駐　あり（無料）

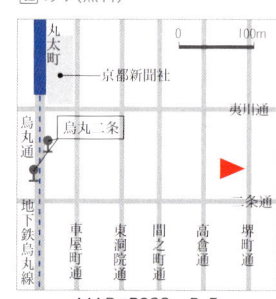

MAP<P233・B-5

福寿園
京都本店
（福寿園京都ギャラリー）

ふくじゅえん
きょうとほんてん
（ふくじゅえんきょうとぎゃらりー）

中央エリア 烏丸御池〜四条

1階内観

王朝文化と宇治茶文化の出合い

　1790（寛政2）年創業の老舗茶舗・福寿園の京都本店は、茶を主題に、「京の庭」「京の光」「京の技」を建物の中に取り入れている。京都の王朝文化と宇治茶の出合いを意図し、黒御影石を基本に、蔀戸（しとみど）を内部に取り入れ、格子を生かした外観となっている。

　「京の庭」がテーマの内装は、尼﨑博正教授の設計で、各階に茶の心を表現した坪庭が設けられている。外観の格子の照明を変化させ、建物全体を大きな行灯と見立てた「京の光」は、京の夜のシンボルの一つとなっている。

　「京の技」としては、人間国宝の近藤悠三氏（染付陶器）、喜多川俵二氏（有職織物）、早川尚古齋氏（竹工芸）、羽田登喜男氏（友禅）、中川清司氏（木工芸）、村山明氏（木工芸）、清水卯一氏（鉄釉陶器）の作品が各階に納められており、いわば、建物全体がギャラリーといえる。宇治茶をテーマにしたさまざまな体験と併せて堪能できる。

住 下京区四条通富小路角（立売東町19）
電 075-221-2920（代表）
FAX 075-221-2922
URL http://www.fukujuen-kyotohonten.com
時 11:00～19:00（フロアによって異なる）
休 元日、第3水曜（11月は除く）
　※3・5階のみ毎週水曜
料 無料（体験は有料）
交 地下鉄烏丸線 四条駅から徒歩約10分／阪急 烏丸駅から徒歩約10分／京阪 祇園四条駅から徒歩約15分

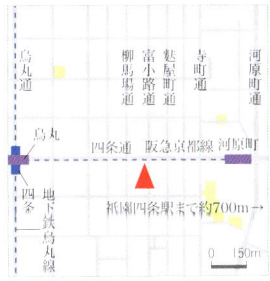

MAP<P233・D-5

友禅「瑞鳥 四季」
羽田登喜男氏作（3階）

坪庭「静寂の州浜」
（4階）

クイズ **Q**

緑茶、ウーロン茶、紅茶は同じツバキ科の茶の木からつくられる。この中で酸化酵素の働きを止めて作るお茶は？

—— 答えは現地で発見！

103

京都市
学校歴史
博物館

きょうとし
がっこうれきし
はくぶつかん

見どころ

堂々とした構えの校門は、
1901（明治34）年に建築され
たもので、高麗門の建築様式

京都から始まった近代教育の歴史

　京都では、1869（明治2）年、日本初の学区制小学校「番組小学校」が、全国に先駆けて64校創設された。京都市学校歴史博物館は、日本の近代学校教育発祥の地・京都の教育の歴史と、学校の創設・運営に尽した町衆の情熱を伝える施設として1998（平成10）年開設された。建物自体は、元開智小学校を利用しており、当時の面影がほぼそのまま残されている。

　展示は、実際に使われた明治〜昭和の代表的な教科書を、時代を追って展示した「教科書の部屋」など、13のコーナーに分かれた常設展示をはじめ、テーマを定めた企画展が年に数回開催されている。他に開智小学校の開校から統合による閉校までの変遷を残された資料でたどる「開智教育資料室」もある。また市民参加・体験事業として、講演会や唱歌・童謡、古文書などの教室も開催されている。

住 下京区御幸町通仏光寺下ル橘町437
電 075-344-1305
FAX 075-344-1327
URL http://kyo-gakurehaku.jp
時 9:00〜17:00（入館は16:30まで）
休 水曜（祝日の場合は翌日）•12/28〜1/4
料 一般200円・小〜高校生100円
※京都市内の小〜中学生は土・日曜無料
交 阪急河原町駅から徒歩約10分／市バス河原町松原から徒歩約5分

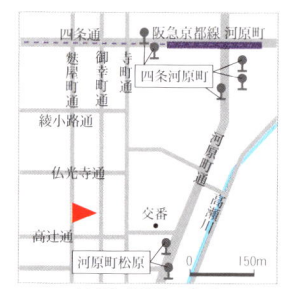

MAP<P233・D-6

クイズ Q

旧開智小学校に町衆が寄贈したピアノの名器といえば？

―― 答えは現地で発見！

本萪寺
大寶殿

ほんのうじ
だいほうでん

中央エリア　烏丸御池〜四条

見どころ

境内には織田信長の御廟があり、歴史好きの人たちが足繁く通う姿も見られる

災禍をくぐり抜けた寺宝の数々

　法華宗大本山本能寺は、1415（応永22）年に日隆聖人が油小路高辻（現・仏光寺付近）に建立した本応寺が前身。1429（永享元）年、内野（西陣あたり）に再建した際に、本能寺と改めた。他宗派による破脚や本能寺の変などの戦乱・大火によって5度の焼失や7度の再建を繰り返してきた。

　このような災禍をくぐり、守り抜かれてきた宝物が多数現在に伝わり、大寶殿にて展示・公開されている。「御本尊御曼茶羅」をはじめとする宗教的遺物や檀信徒の豪商・茶屋家寄進の「大明万暦年製景徳鎮窯大瓶」、狩野直信による「六曲一双 唐人物図扇面貼交屏風」、「建盞天目茶碗」など織田信長所蔵の茶道具類や書状、信長に危険を知らせたという唐銅香炉「三足の蛙」などの名品が楽しめる。

住 中京区下本能寺前町522-1
電 075-231-5335
FAX 075-211-2838
なし
時 9:00〜17:00
　（入館は16:30まで）
休 年末年始・展示替え期間
料 一般500円・中〜高校生300円・小学生250円
交 地下鉄東西線 京都市役所前駅1番出口からすぐ
駐 あり（有料）

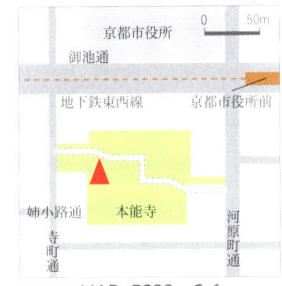

MAP<P233・C-6

三足の蛙

島津製作所創業記念資料館

しまづせいさくしょ
そうぎょうきねん
しりょうかん

京の近代化を支えた科学技術の歴史

　高瀬川のほとりにある木造2階建ての建物は、創業者・島津源蔵父子が居住し、1875（明治8）年の創業から約45年間、本店として使用されていたものである。明治中期の佇まいを残しており、この木屋町二条の地が近代科学の中心地であったことを今に伝えている。桜の花や鴨川をモチーフとした色鮮やかなステンドグラスも美しい。

　館内は5つの展示室があり、創業期から製造してきた教育用理化学器械や大正時代のレントゲン装置、日本初の洋装マネキン、標本などを展示。島津の歴史とともに、欧米の科学知識によって近代化を目指した京都についても紹介している。

　楽しみながら科学を学べる実験コーナーも人気。

住 中京区木屋町通二条南
電 075-255-0980
FAX 075-255-0985
URL https://www.shimadzu.co.jp/
　visionary/memorial-hall
時 9:30～17:00
　（入館は16:30まで）
休 祝日を除く水曜・年末年始
料 一般300円・中～高校生200円
交 地下鉄東西線 京都市役所前駅
　2番出口から徒歩約3分／市バス
　京都市役所前から徒歩約3分

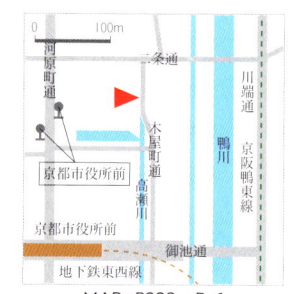

MAP<P233・B-6

実験コーナー

京都らしいデザインのステンドグラス

クイズ Q

島津製作所と薩摩藩
の関係は？
① 血縁　② 家来
③ 下賜された
―――― 答えは現地で発見！

古典の日記念 京都市 平安京創生館

こてんのひきねん
きょうとし
へいあんきょうそうせいかん

平安京復元模型(京都市歴史資料館所蔵)

見どころ

朱雀大路を中心とした都の姿が一目でわかる。1000分の1スケール、国内最大級の規模を誇る「平安京復元模型」

1200年前の都の全貌を再現

　平安京を体感するための展示施設。歴史学や建築学の研究成果を編集して作成された「平安京復元模型」をはじめ、大嘗会・節会などの儀式や、外国使節の謁見が行われた、国家的饗宴の場であった「豊楽殿復元模型」、白河上皇と鳥羽上皇ゆかりの「鳥羽離宮復元模型」や「法勝寺復元模型」を常設展示している。合わせて、発掘調査による出土品を展示し、かつて人々がどのように暮らしていたのか、生活や文化を学ぶことができるほか、貝合わせなどの遊びや、平安時代の貴族の普段着である、袿と狩衣の装束を自由に体験できるコーナーがある。また、館内に狩野永徳が描いた国宝「洛中洛外図屏風（上杉本）」の陶板壁画を掲げ、応仁・文明の乱で焦土と化した町が見事に復活した中世京都の様子を見ることができる。

　平安京創生館の入っている京都アスニーは、平安時代に朝廷が使う酒や酢を醸造した役所「造酒司（みきのつかさ）」の倉庫跡に立ち、建物の入り口前でその跡地を見学できる。

🏠 中京区丸太町通七本松西入
　京都市生涯学習総合センター
　（京都アスニー内）
☎ 075-812-7222
📠 075-803-3017
🔗 http://web.kyoto-inet.or.jp/org/
　asny1/souseikan/index.html
🕐 10:00〜17:00
　（入場は16:50まで）
休 火曜(祝日の場合は翌日)・年末年始
料 無料
交 市バス、京都バス、JRバス丸太町七本松からすぐ
駐 あり(有料)

MAP<P232・A-2

京都アスニー外観

展示室入口

ニッシャ 印刷歴史館

にっしゃ
いんさつれきしかん

ニッシャ印刷歴史館内部

見どころ

国の登録有形文化財に登録された明治の建築遺産の中で、印刷の歴史に触れてみよう

印刷の起源から近代までの歴史回廊

　遠く1200年以上前の平安時代、宇多天皇や村上天皇など歴代の天皇譲位後の住まいであった朱雀院跡地に建つNISSHA本館は、この地で事業を営んでいた紡績会社（京都メンネル）の本社事務所として1906（明治39）年に建てられた、明治を代表する貴重なレンガ造りの建物で、2011（平成23）年には国の登録有形文化財に登録されている。ニッシャ印刷文化振興財団が運営・管理する同館1階に開設されたニッシャ印刷歴史館には、4000年前の楔形文字粘土板や百万塔無垢浄光陀羅尼経、解体新書初版本、ゼネフェルダー石版印刷機、ハイデル活版印刷機などの実物や、グーテンベルク印刷機（復刻）、42行聖書（ファクシミリ版）など、印刷の起源から近代に至るまでの大変貴重な資料を展示している。他にも明治の建物遺構を展示する部屋や、古い欧文タイプライターや鉛筆削り、「国宝」「原色日本の美術」「ルーブル全集」などの豪華本を自由に手に取って見られる部屋もある。

🏠 中京区壬生花井町3
☎ 075-823-5318
📠 075-823-5317
🌐 http://www.nissha-foundation.org/
🕐 10:00～17:00（入館は16:30まで）事前申込必要
休 土・日曜・祭日
料 無料
交 阪急 大宮駅、西院駅から徒歩約10分／嵐電 四条大宮駅から徒歩約10分／市バス 四条中新道からすぐ
🅿 有（無料）

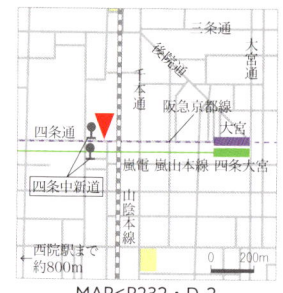
MAP<P232・D-2

NISSHA本館全景

第二展示室（明治の遺構）

クイズ Q
ルネッサンス3代発明とは？
―― 答えは現地で発見！

京の食文化ミュージアム・あじわい館

きょうのしょくぶんか
みゅーじあむ
あじわいかん

中央エリア 二条城〜大宮

見どころ

料理教室や試食付き講演会、出汁の飲み比べなど、学び、触れ、丸ごと体験できる

五感で味わう京都の食文化

　京都の四季を五感で味わい、京都の食文化に親しむ—をコンセプトに2013（平成25）年4月、京都市中央市場の敷地内にオープンした。京都府と京都市が共同運営する施設だ。

　家庭の食卓に並ぶおばんざいや、七草がゆ、冬至のかぼちゃ煮といった行事食をはじめ、有職料理や懐石など京料理の基本となる五大料理（模型）の展示のほか、京の台所を支えてきた、日本で最初に開設した市中央卸売市場の歴史もパネルで紹介している。

　8台の調理実習台を備え、おばんざいや、すし、魚のさばき方などをプロが指導する料理教室や、京の食文化の語り部による展示解説も人気で、伝統的で創造的な京の食文化のすばらしさが実感できる。

　昆布やカツオ出汁の試飲や、出汁パックづくりが無料で体験できるほか、旬の素材を使ったおばんざいレシピを自由に持ち帰れるのもうれしい。

🏠 下京区中堂寺南町130 京都青果センター3階
☎ 075-321-8680
📠 075-321-8690
🌐 http://www.kyo-ajiwaikan.com/
🕐 8:30〜17:00
📅 祝日を除く水曜・12/31〜1/4
💴 無料／料理教室（事前に申し込みが必要）など一部有料
🚉 JR 丹波口駅から徒歩約3分／市バス 京都リサーチパーク前から徒歩約2分
🅿 3台（無料）

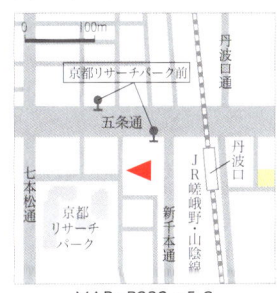

MAP＜P232・E-2

人気の料理教室

出汁パックづくりや試飲ができるコーナー

クイズ Q

丹後の海などでとれる淡泊で上品な甘さがあるアカアマダイは、京都では何と呼ぶ？

—— 答えは現地で発見！

壬生寺
文化財展観室・歴史資料室

みぶでら
ぶんかざいてんかんしつ・
れきししりょうしつ

見どころ
収蔵している壬生狂言の仮面は、室町時代〜現代の作まで約190点。その中の数点を展示

壬生狂言と新選組ゆかりの寺院

　991（正暦2）年、快賢がこの地に地蔵菩薩を安置して堂を建てたのが始まり。火災により堂宇を焼失するが、1295（正安2）年に平政平によって再興。1300（正安2）年、中興の祖・円覚上人が、悪疫駆除のため、仏の教えを身振り手振りで庶民に教えたことから地蔵信仰が盛んになった。無言劇・壬生大念佛狂言の始まりである。

　文化財展観室は本堂内に設けられた展示室。重要文化財である長谷川等伯の「列仙図屏風 一双」、平安時代の「十一面観世音立像」や江戸時代の「地蔵菩薩半跏像」（後桜町天皇念持仏）、室町時代の「壬生三面」（壬生狂言の最古の仮面）など、壬生寺と壬生狂言に関する資料が展示されている。また分室として、阿弥陀堂の地階に歴史資料室を開設。寺宝や壬生狂言、新選組の資料やパネルを展示し、常時拝観できる。

住 中京区坊城通仏光寺上ル
電 075-841-3381
FAX 075-841-4481
URL http://www.mibudera.com
時 文化財展観室 春期特別公開時のみ（通常非公開、公開は4/29〜5/5 9:30〜16:30）／歴史資料室9:30〜16:30
休 なし
料 文化財展観室 一般600円・中〜高校生400円／歴史資料室 一般200円・小〜高校生100円
交 阪急 大宮駅から徒歩約10分／嵐電 四条大宮駅から徒歩約10分／市バス 壬生寺道から徒歩約4分

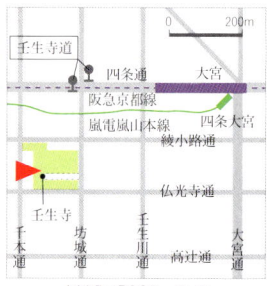

MAP<P232・D-2

壬生三面
（3点のうち1点）

京都
清宗根付館

きょうと
せいしゅうねつけかん

見どころ

根付の小さな世界にふれつつ、江戸後期の重厚な武家屋敷の様子も同時に見学できるのも魅力

小さな彫刻の精巧さに見入る

　根付とは、印籠・煙草入れ・袋などの提げ物を帯から紐で吊すときの留め具となるもので、落としたり紛失しないよう、また盗難防止の役割を持っていた。古来より人々にとって身近な小道具であり、一種のお洒落アイテムだった。象牙や鹿の角、つげ、琥珀、金属を素材とし、小さくとも精緻な彫刻が施され、ユニークなデザインのものもある。

　京都 清宗根付館は、日本で初めての根付専門の美術館。そのコレクションは約5000点に上り、江戸時代以降の古典根付から、昭和20年以降に作られた現代作家のものまでそろっている。1階・2階の両方に展示され、現代根付は作者（根付師）ごとに分類している。

　また、建物は1820（文政3）年に建てられた武家屋敷・旧神先家住宅。書院造の上流民家としての特徴を残し、京都市の指定文化財になっている。作品と会場の風情、両方を楽しめる美術館である。

🏠 中京区壬生賀陽御所町46-1
☎ 075-802-7000
📠 075-802-7001
🔗 http://www.netsukekan.jp
🕐 10:00〜17:00（入館は16:30まで）
📅 月曜（祝日の場合は翌日）・夏季（8/13〜16）及び年末年始（12/29〜1/5）※開館時間、休館日は臨時に変更する場合あり
💴 一般1,000円・小〜高校生500円
🚃 阪急 大宮駅から徒歩約10分／嵐電 四条大宮駅から徒歩約10分／市バス 壬生寺道から徒歩約2分

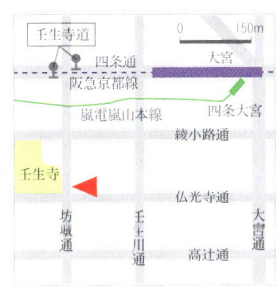

MAP<P232・D-3

おもちゃ映画ミュージアム

一般社団法人
京都映画芸術文化研究所

おもちゃえいがみゅーじあむ
いっぱんしゃだんほうじん
きょうとえいがげいじゅつぶんかけんきゅうしょ

見どころ

実際に展示物に「さわれる博物館」。大河内伝次郎や「冒険ダン吉」も甦る。光学玩具、幻灯機なども多数展示

映画・アニメのルーツが息づく京町家

　1930年代以前の映画は、35ミリフィルムの無声映画だった。当時は可燃性フィルムだったこともあり、トーキー化すると不要になった無声映画のほとんどが失われたが、上映後に面白い場面を切って化粧缶に入れ、デパートの玩具売り場などで売られたことで、わずかに残った。30秒〜3分程度の短いものだが、戦前の日本映画史を埋める貴重な映像である。ブリキ製の手回し映写機(玩具映写機)を使って、これらの「おもちゃ映画」を見て家庭で楽しんでいた。当館は、そんな映画フィルムを発掘、修復して、次世代に継承する活動をしている。チャンバラ映画、アニメ、ニュース映像もあり、保存した約900本のおもちゃ映画は、デジタル化したものを館内で自由に見ることができる。16ミリ以下の家庭用小型映画フィルムも約400本を数え、各種小型映写機など約200点を所蔵。

　館内のホールは、企画展示や無声映画の上映会を行うほか、映画研究者の発表の場などにも活用。映画を愛する人々が交流し、映像文化の集積の場として大切に育てていきたい。

住 京都市中京区壬生馬場町29-1
電 075-803-0033
FAX なし
http://toyfilm-museum.jp
時 10:30〜17:00
休 月・火曜
料 高校生以上500円、中学生300円、小学生以下無料(特別イベント・ワークショップなどは別料金)
交 JR、地下鉄東西線 二条駅から徒歩約8分／阪急 大宮駅から徒歩約7分／嵐電 四条大宮駅から徒歩約7分／市バス みぶ操車場前からすぐ

MAP<P232・C-3

クイズ Q

「おもちゃ映画」ってどんなもの?
—— 答えは現地で発見!

京都産業大学ギャラリー

きょうとさんぎょうだいがくぎゃらりー

見どころ

わが国のコンピュータ教育草創期の大型電子計算機や洋書目録の実物を見ることができる

学術調査の成果公開、「知」の発信担う

京都産業大学ギャラリーは、2012（平成24）年5月にオープンした。北区上賀茂にあるキャンパスと社会を結ぶ「知」の発信拠点として壬生の地に設けられた同大学「むすびわざ館」2階にある。

毎年テーマを定め、歴史、文化、芸術、民俗、産業、自然科学に関する調査や取材を行い、年2、3回「企画展」を開催。テーマに関連する資料の展示や、独自に制作した映像を公開している。

同大学のコンピュータ教育は、国内の大学で最も早い時期に始まり、日本のコンピュータ教育の先駆的存在として、最初に導入した大型電子計算機や、その計算機で作成したわが国の最初の洋書目録は年間を通して展示している。

また、下嵯峨の旧家から寄贈された近世〜近代の薪炭商に関わる古文書、道具類を中心に678点を所蔵しており、年に数回「所蔵品展」で紹介している。

- 下京区中堂寺命婦町1-10 京都産業大学むすびわざ館2階
- 075-277-0254
- 075-277-1699
- https://www.kyoto-su.ac.jp/facilities/musubiwaza/gallery/index.html
- 火〜土曜 10:00〜16:30、月曜 13:00〜16:30（入館はいずれも16:00まで）
- 日曜・祝日・年末年始・大学一斉休業日・ギャラリーの定める日
- 無料
- JR 丹波口駅から徒歩約4分／阪急 大宮駅から徒歩約7分／嵐電 四条大宮駅から徒歩約7分／市バス 五条壬生川から徒歩約4分

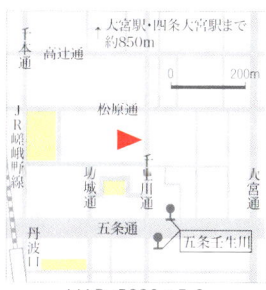

MAP<P232・E-3

昭和42年に導入された大型電子計算機「TOSBAC-3400」

下嵯峨・小山家旧蔵の火事装束

クイズ Q

京都産業大学の創設者・荒木俊馬が書いた「大宇宙の旅」に影響を受けた漫画家は？

—— 答えは現地で発見！

113

二條陣屋
（重要文化財
小川家住宅）

にじょうじんや
（じゅうようぶんかざい
おがわけじゅうたく）

見どころ

泊り客の目を和ませる風雅な
造作の中にも奇襲に備えた巧
妙な防衛建築が見られる

お能の間

風雅な部屋に隠された防衛の仕掛け

　江戸期に米・両替商を営んでいた萬屋平右衛門の店舗兼住
居。京都所司代屋敷、東西の京都町奉行、藩邸が軒を連ねる
場所にあったため、裁判待ちの武士らが滞在する公事宿とし
て、また参勤交代で京都に立ち寄った時の大名の宿泊所とし
て「陣屋」の役割も担っていた。現在の建物は嘉永年間（1848
～54）の頃に合わせて復元修理している。

　応接の間として使用された「大広間」や、二間四方の敷き
舞台となる「お能の間」、一畳台目の対面式茶室「皆如庵」、
屋敷横の小川に乗り出すように造られた茶室「苫舟の間」な
ど26室あり、どの部屋も茶室としての使用が可能だという。
大名らが敵から身を守るための「武者隠」「吊り階段」「隠し
階段」「猿梯子」といった仕掛けが随所にあり、防衛建築とし
ても名高い。また、嘉永年間（1848～54）に作られた珍しいタ
イル貼りの風呂場も見どころである。

住 中京区大宮通御池下ル三坊大
　宮町137
電 075-841-0972
FAX なし
URL http://nijyojinya.net
時 10:00・11:00・14:00・15:00
　（要電話予約）
休 祝日を除く水曜・年末年始
料 一般1,000円・中～高校生800円
交 地下鉄東西線 二条城前駅3番出
　口から徒歩約3分／市バス 神泉
　苑前から徒歩約2分

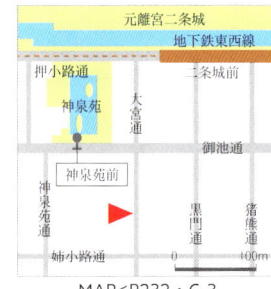

MAP<P232・C-3

玄関

米・両替商看板

元離宮
二条城

もとりきゅう
にじょうじょう

見どころ

大広間は二の丸御殿の中で最も公的な対面所で、一段高くなった一の間は将軍が座る場所

桃山文化の粋を極めた荘厳な城

　1603（慶長8）年、徳川家康によって京都御所の守護と将軍上洛時の宿泊所として造営。三代将軍・家光が、後水尾天皇の行幸を仰ぐため増築を行い、1626（寛永3）年に完成した。慶長年間（1596〜1615）の建築と、絵画・彫刻など桃山文化の栄華を見ることができる。明治時代には天皇の離宮になった。

　国宝の二の丸御殿は、6棟からなる武家風書院造で、狩野派の絵師たちによって描かれた障壁画、欄間や彫刻、飾り金具など非常に豪華な内容。そばには小堀遠州が改修したと伝わる二の丸庭園が広がっている。本丸御殿は重要文化財で2019年現在、本格修理中のため非公開。明治天皇の命によって造り替えられた本丸庭園を通り天守閣跡に上ると、比叡山などが一望できる。城内の庭園には桜や梅、ツツジなど四季折々の花が咲き、茶室も備えた清流園も見学できる。1994（平成6）年に世界文化遺産に登録。

住 中京区二条通堀川西入二条城町
電 075-841-0096
FAX 075-802-6181
URL http://www2.city.kyoto.lg.jp/bunshi/nijojo/
時 8:45〜17:00（入城は16:00まで）
休 12/29〜12/31
　1・7・8・12月の火曜と12/26〜12/28・1/1〜1/3は二の丸御殿観覧休止
料 一般600円・中〜高校生350円・小学生200円
　一般の方は二の丸御殿観覧料別途400円
交 地下鉄東西線 二条城前駅1番出口からすぐ／市バス 二条城前からすぐ
駐 あり（有料）

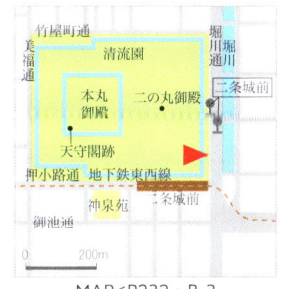

MAP<P232・B-3

遠藤剛熙
美術館

えんどうごうき
びじゅつかん

見どころ

ひとりの女性を丹念に見つめた「日本の女」シリーズ。女性の思いが届くようである

情熱と信念の画家

　ギリシャの神殿をモデルにしたファサードが印象的な建物。遠藤剛熙自らがデザインした美術館で、正面玄関や階段の手すりなど、随所に楢木のデコラティブなデザインが施された内装。今なお描き続けている遠藤氏の作品を初期から新作まで約2000点収蔵し、コーナーごとに展示している。

　内面を深く見つめ、個人として、真実のために、自分自身の信仰のために制作を続けてきた。その作品のほとんどは屋外で描かれ、直接対峙した自然の新鮮で生々しく強烈な存在と生命に感動と畏敬の念を持って制作している。重厚で透明感のある油絵は、一作に10～20年かけて完成。鉛筆や墨、絵の具の黒で描いたデッサンは情熱が注がれ、既にデッサンの域を超え力強い生命力が感じられる。

　「黒と白」の絵、線（デッサン）を生かし、その上に油絵具等で彩色した絵、油絵［薄（透明技法）・中厚・厚］、水彩画、混合技法の絵など、様々な手法で作品を作り続けている。

住 下京区猪熊通高辻下ル
電 075-822-7001
FAX 075-801-0626
URL http://www.gohki.com
時 10:00～17:00
　（入館は16:30まで・要予約）
休 月曜
料 一般500円・高～大学生400円・小～中学生200円
交 阪急 大宮駅から徒歩約7分／嵐電 四条大宮駅から徒歩約7分／市バス 堀川松原、大宮松原から徒歩約3分

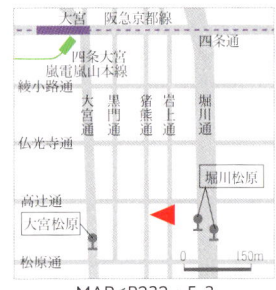

MAP<P232・E-3

Wacoal Museum of Beauty

わこーる
みゅーじあむ おぶ
びゅーてぃー

<table>
見どころ

1949年、ワコール創業者が女性の洋装化を察知し、販売した"ブラパッド"
</table>

理想のボディラインを追求

「世の女性に美しくなってもらう」ことを目標に掲げる下着メーカー・ワコールが歩んできた歴史を紹介し、「美」の文化の情報を発信している企業博物館。

女性下着を取り扱うきっかけとなった「ブラパット」から最新の人間工学に基づいたブラジャーまで、歴代のワコールのヒット商品が並ぶコーナーでは、業界トップとして女性美を追い求めた歴史が凝縮されていることが一覧できる。「ブラパーツ」コーナーでは、一枚のブラを作るために用意されたパーツを分解して紹介。この一つ一つのパーツをミリ単位の手作業で縫製していくと、1枚のブラが完成する。

「ワコール人間科学研究所」のコーナーでは、"美しさ"を追求する女性たちの思いに応えるため、科学の視点から研究するワコールのものづくりを紹介している。

住 南区吉祥院中島町29 ワコール本社1階
電 フリーダイヤル 0120-307-056
　（ワコールお客様センター）
駐 なし
P なし
時 10:00～17:00 ※事前予約要（希望日の2カ月前より予約可）
　（入館は16:30まで）
休 土・日曜・祝日・年末年始
料 無料
交 JR西大路駅から徒歩約3分／市バス 西大路駅前から徒歩約3分

MAP<P234・C-1

クイズ Q

一つのブラジャーを作るために用意された「ブラパーツ」はいくつ？
—— 答えは現地で発見！

KCIギャラリー
（京都服飾文化研究財団）

けーしーあいぎゃらりー
（きょうとふくしょくぶんか
けんきゅうざいだん）

『ファッション』のもう一つの読み方
第2回 革命のファッション：エンパイアドレス／撮影 福永一夫

見どころ
近代以降の西欧の服飾品が展示されている様子は、まるでメゾンのショーのような華やかさ

西欧ファッションの変遷を追う

　KCIギャラリーは、女性用下着を主力とする衣料品メーカー大手・ワコールの出資により設立された、公益財団法人京都服飾文化研究財団（略称KCI）が運営。服そのものはもちろん、関連する文献や資料を体系的に収集・保存し、研究・公開することを目的としている。

　17世紀から現在までの西欧の衣服・靴・アクセサリーなど約1万3000点、文献資料約1万7000点を所蔵、その中には世界的なメゾンからの寄贈品も含まれている。テーマを決めて不定期に公開する展覧会で、これらの収蔵品を一般に公開している。

🏠 下京区七条御所ノ内南町103
　ワコール京都ビル5階
☎ 075-321-9221
📠 075-321-9219
🖥 http://www.kci.or.jp/gallery/index.html
🕐 9:30〜17:00（入館は16:30まで）
🈺 土・日曜・祝日・年末年始
💴 無料
🚃 JR西大路駅から徒歩約3分／市バス 西大路八条から徒歩約2分

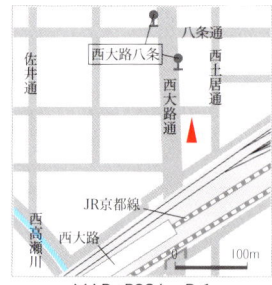

MAP<P234・B-1

洋服にあらわれた日本の文様／
撮影 福永一夫

英国紳士のエレガンス＆キッチュ ポール・スミス寄贈品展／
撮影 福永一夫

クイズ Q
60〜70年代に、「ミニ（スカート）の女王」と呼ばれたイギリスのファッションモデルは？
──── 答えは現地で発見！

角屋
もてなしの文化
美術館

すみや
もてなしのぶんか
びじゅつかん

松の間

見どころ

1階は大座敷と臥龍松の庭、2階は「青貝の間」など創意工夫でもてなす建築意匠

江戸文化のもてなしと宴の舞台

　1641（寛永18）年に開設され、太夫を中心としたサロンの役割を担ってきた花街・島原。その華やかな江戸期の饗宴・もてなしの文化の場を今に伝えている美術館で、揚屋建築の唯一の遺構として国の重要文化財に指定されている。揚屋とは、太夫や芸妓を呼んで歌舞音曲を楽しむ宴会場で、現在の料理屋・料亭にあたる施設。豪商や文化人など風流人が集い、文芸活動も盛んで江戸中期には島原俳壇が形成されたという。また幕末には勤王志士や新選組も足繁く訪れ、久坂玄瑞や西郷隆盛も利用していた。

　建物には粋で斬新な意匠が随所に見られ、座敷はそれぞれ趣向が異なり、壁には螺鈿細工と空間自体が芸術品。所蔵美術品には、与謝蕪村「紅白梅図屛風」（重要文化財）、円山応挙や岸派の襖絵などがある。また、展示場では春秋に企画展を行い、所蔵美術品を入れ替えながら展示している。

住 下京区西新屋敷揚屋町32
電 075-351-0024
FAX 075-343-9102
http://sumiya.sakura.ne.jp/
時 3/15〜7/18・9/15〜12/15のみ開館10:00〜16:00（16:30に閉館）
休 会期中月曜（祝日の場合は翌日）
料 1階 一般1,000円・中〜高校生800円・小学生500円／2階（要予約）一般800円・中〜高校生600円・小学生以下は見学不可
交 JR丹波口駅から徒歩約7分／市バス梅小路公園前から徒歩約7分

MAP<P234・A-2

クイズ Q

島原の正式地名は「西新屋敷」だが、三度の移転で島原と呼ばれるようになった江戸初期の農民一揆は？

—— 答えは現地で発見！

京都鉄道博物館

きょうとてつどう
はくぶつかん

JR西日本を代表する車両

見どころ

懐かしの蒸気機関車や電気機関車、新幹線が勢ぞろいしている

蒸気機関車から新幹線まで53両も展示！

　日本の鉄道の総合博物館として平成28年4月にオープン。前身の梅小路蒸気機関車館を発展的にリニューアルしたもの。ハイライトは、やはり本館や扇形車庫で保存展示されている53両の日本の産業と交通を支えてきた各種車両である。

　日本を代表する蒸気機関車のD51、日本最大の貨物用蒸気機関車D52、英国から輸入された勾配線区用の蒸気機関車1800形、当時としては世界最速の時速300キロを実現した500系新幹線の先頭車両などが間近で見学できる。

　SLスチーム号の体験乗車や運転シミュレータ体験など体験コーナーも充実。鉄道ファンだけでなく広く家族連れらも十分に楽しむことが出来る。

住 下京区観喜寺町
電 0570-080-462
🅕 なし
🌐 http://www.kyotorailwaymuseum.jp/
時 10:00～17:30
　（入館は17:00まで）
休 水曜日、年末年始ほか
料 一般1,200円・高～大学生1,000円・小～中学生500円・幼児（3歳以上）200円
　SL乗車は別料金
交 JR 梅小路京都西駅から徒歩約2分／市バス 梅小路公園・京都鉄道博物館前からすぐ、梅小路公園前から徒歩約3分

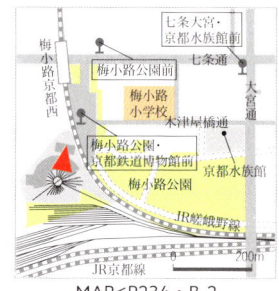

MAP<P234・B-2

エントランス

扇形車庫

クイズ Q

日本の鉄道事業がスタートしたのは明治時代?それとも大正時代?
—— 答えは現地で発見!

京都水族館

きょうとすいぞくかん

見どころ

「京の川」エリアには、国の特別天然記念物オオサンショウウオを展示

水と共につながる、いのち

　海のない京都盆地は、鴨川・桂川・宇治川など、山々のもたらす川の恵みによって古より独特の川文化を築いてきた。丹波の山々や芦生原生林に降った雨が湧き水となり、川となって海へと流れ込んでいく。京都水族館では、こうした源流から海に至るつながりと、多くの命が共生する生態系を展示するなど、12のエリアから構成されている。

　「京の川」エリアでは、京都を流れる鴨川と由良川をそれぞれを再現。国の特別天然記念物オオサンショウウオを見ることができる。オットセイ、アザラシ、水の中を飛ぶように泳ぐペンギンの姿も楽しめる。また京の海をまるごと再現した「京の海」大水槽や、京都の希少な水生生物を展示する「山紫水明」エリア、京の里山風景を再現した「京の里山」エリアなど、京都らしい展示も充実している。

住 下京区観喜寺町35-1（梅小路公園内）
電 075-354-3130
FAX 075-354-3170
URL http://www.kyoto-aquarium.com
時 10:00〜18:00（入場は閉館の1時間前まで／季節により変更あり）
休 無休
料 大人2,050円、高校〜大学生1,550円、小〜中学生1,000円・幼児（3歳以上）600円
交 JR梅小路京都西駅から徒歩約7分／市バス 七条大宮・京都水族館前、七条壬生川から徒歩約6分

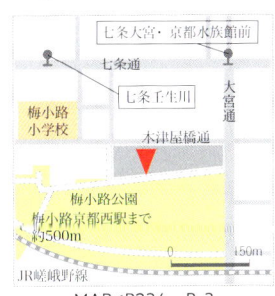

MAP<P234・B-3

クイズ Q

サンショウウオは魚類？両生類？

—— 答えは現地で発見！

121

東寺宝物館

とうじほうもつかん

住 南区九条町1
電 075-691-3325
FAX 075-671-9191
URL http://www.toji.or.jp
時 9:00〜17:00
（入館は16:30まで）
休 会期中（春3/20〜5/25・秋9/20〜11/25）は無休
料 一般500円・小〜中学生300円
※共通券あり
交 近鉄東寺から徒歩約15分／市バス 東寺東門前、九条大宮から徒歩約1分、六孫王神社前から徒歩約2分
駐 あり（有料）

MAP<P234・B-3

重要文化財 千手観音立像

空海以来の密教美術にふれる

　京都のシンボルともいえる五重塔で有名な東寺。正式には教王護国寺といい、796（延暦15）年に朱雀大路南端の羅城門の東に建立された初の官寺。唐で新しい仏教を学んできた弘法大師空海へ嵯峨天皇から下賜された密教寺院である。密教美術の宝庫といわれ、国宝や重要文化財指定だけでも2万点を所蔵している。

　羅城門に置かれていたといわれる国宝の「兜跋毘沙門天立像」、高さ約6mもある重要文化財の「千手観音立像」などの彫刻、国宝「密教法具」などの工芸品、空海が最澄に送った国宝の書状「風信帖」などの書跡、国宝「伝真言院曼荼羅」などの絵画がある。春・秋の年2回の特別展でテーマを掲げて宝物館1〜2階で公開している。

国宝 兜跋毘沙門天立像

122

京都市市民防災センター

きょうとししみん
ぼうさいせんたー

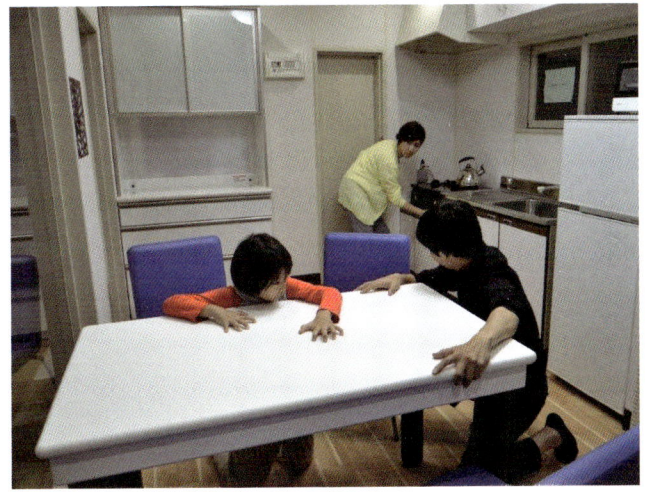

見どころ

ホテルで火災が起こったと想定し、実際に煙の中を避難していく避難体験コーナー

「見る、聴く、触れる、感じる」防災学習

　地震、台風、火災など、災害発生時の対処の方法を体験してもらうため、館内には大小17のコーナーがある。

　風速32mの強風を体験できる「強風体験」、震度7までの横揺れを体験できる「地震体験」、ホテル火災をリアルに再現した煙の中での避難行動を体験できる「避難体験」、消火器や屋内消火栓を使用した「消火訓練」、地下街への浸水をテーマにした4Dシアターなどがある。

　3階には、実物の消防ヘリコプターを展示しており、フライトシミュレーターで操縦体験もできる。

　大災害が起きても適切な判断や行動がとれるチカラを身につけるために、「京都市市民防災センター」では、災害時に不可欠な防災知識や行動を「見る」「聴く」「触れる」「感じる」ことで学び、くらしの安全を守るための防災意識や行動力を高めることができる。

住 南区西九条菅田町7
電 075-662-1849
FAX 075-662-6050
URL http://www.kyotobousai-c.com/
時 9:00～17:00（体験受付は16:00まで）
休 月・第2火曜・12/28～1/4
料 無料
交 近鉄 十条駅から徒歩約8分／市バス 市民防災センター前からすぐ
駐 あり（無料）

MAP<P234・C-3

クイズQ

防災センター1階体験室で上映している映画のタイトルは何？

―― 答えは現地で発見！

風俗博物館

ふうぞくはくぶつかん

見どころ

『源氏物語』の世界を1/4スケールの寝殿模型を使って再現！

平安時代の貴族文化を体験

　『源氏物語』の世界を1/4スケールの寝殿模型と人形を使って展開することで、平安時代を立体的に体感できる博物館。光源氏35歳の頃の大邸宅・六條院春の御殿の「寝殿」と「東の対」という二つの建物を舞台に、物語が繰り広げられている。

　光源氏や恋の相手となる姫君たちだけでなく、女房たちの仕事ぶりなど細部まで見せているので、当時の貴族たちがどのような暮らしをしていたかを知ることができる。

　また『竹取物語』の「かぐや姫の昇天」を展示。物語が描かれた平安初期の衣装を忠実に再現している。1974（昭和49）年にオープンした。

（住）下京区堀川通新花屋町下ル井筒左女牛ビル5階
（電）075-342-5345
（FAX）075-351-6947
http://www.iz2.or.jp
（時）10:00〜17:00
　（入館は16:30まで）
（休）日曜・祝日・6/1〜7/31、8/11〜8/18、12/1〜2/3
（料）一般500円・中〜大学生300円・小学生200円
（交）市バス 西本願寺前からすぐ

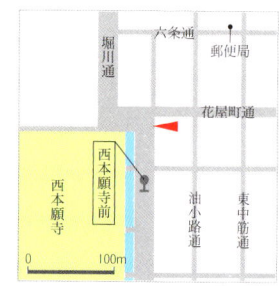

MAP<P234・A-3

クイズ Q

『源氏物語』を書いたのは誰か。

―――― 答えは現地で発見！

龍谷大学龍谷ミュージアム

りゅうこくだいがく
りゅうこくみゅーじあむ

ベゼクリク石窟復元大回廊（撮影 東出清彦）

仏教の誕生から現代の仏教まで

　龍谷大学創立370周年を記念して開館した仏教総合博物館。仏教を中心とした貴重な文化財や学術資料を所蔵・公開している。

　シリーズ展では、約2500年前にインドで誕生した仏教が、アジア諸国を伝播する様子や、6世紀に日本へ伝来し、どのように展開したのかをわかりやすく紹介。特別展・企画展では、テーマを設けてさまざまな角度から仏教を捉え、調査研究の成果を公開している。また、2階には、中国・新疆ウイグル自治区のトルファン郊外にあるベゼクリク石窟寺院の第15号窟の仏教壁画を原寸大でデジタル復元し、展示している。

　3階にはミュージアムシアターがあり、展示内容や仏教に関するオリジナル映像が楽しめる。カフェやミュージアムショップも充実。

住 下京区堀川通正面下ル（西本願寺前）
電 075-351-2500
FAX 075-351-2577
URL http://museum.ryukoku.ac.jp
時 10:00～17:00
　（入館は16:30まで）
休 月曜（祝日の場合は翌日）、年末年始など
料 シリーズ展 一般500円・大学生、65歳以上400円・高校生300円／企画展・特別展は別途
交 市バス 西本願寺前から徒歩約2分、七条堀川から徒歩約3分

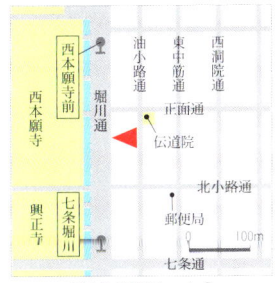

MAP<P234・A-3

仏坐像

中庭の様子

西川油店

にしかわあぶらてん

菜種油を絞り出す貴重な道具類

　江戸時代には大坂や伏見、鳥羽吉祥院から多くの人が行き交う幹線道路だったといわれる油小路通沿いに立つ一軒の油店。元新選組参謀で御陵衛士の伊東甲子太郎が新選組に討たれた殉難の地がすぐ近くにある。創業は1835（天保6）年。屋号はかね源。菜種油の製造を続けていたが、現在は小売のみ。西本願寺など界隈の寺院のお灯明の油も扱っている。

　「油を絞る」という慣用句はひどい苦労をするという意味だが、実を粉にして蒸し上げ、絞木にくさびを打ち込んで絞って油を抽出して漉すという菜種油作りは文字通りのたいへんな重労働であった。

　菜種を圧縮する道具、油売りの桶と天秤棒など、かつて使っていた道具類は今でも大切に保存されており、展示室で公開している。近松門左衛門の人形浄瑠璃『女殺油地獄』で使われた道具は当店にある実物が参考にされた。

住 下京区油小路通七条下ル油小路町294
電 075-343-0733
FAX 075-343-0733
P なし
時 9:00～18:00
　（入館は17:00まで）
休 無休
料 無料
交 地下鉄烏丸線、JR京都駅から徒歩約5分／市バス 七条堀川、下京区総合庁舎前から徒歩約3分

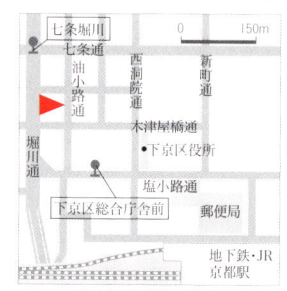

MAP<P234・B-3

クイズ Q

菜種の花は何色か。

—— 答えは現地で発見！

オムロン コミュニケーション プラザ

おむろん
こみゅにけーしょん
ぷらざ

見どころ

運転手の集中度をモニタする
コックピット型デモ機や透明
の自動改札機

「ソーシャルニーズの創造」に取り組むオムロン

オムロンでは、潜在する社会のニーズを感知し、社会課題を解決する技術・製品・サービスを世に先駆けて開発、提供していくことを「ソーシャルニーズの創造」と称し、創業以来、当社のDNAとして受け継いできた。

コミュニケーションプラザは、当社の歴史と技術の2つのフロアからなり、創業から現在、未来に続く「ソーシャルニーズの創造」の取り組みを伝える企業博物館となっている。

歴史フロアでは、創業から現在までの歩みを当時の商品や映像で分かりやすく紹介。技術フロアでは、オムロンの最新技術について、体験型デモ機やプロジェクションマッピングを取り入れた映像を通じて紹介している。

人の顔を認識して、年齢・性別や「笑顔度」を推定する「顔認識技術」や自動運転に必要とされる運転手の集中度をモニターする技術など、さまざまな最先端の技術を体験することができる。

🏠 下京区塩小路通堀川東入ル オムロン京都センタービル啓真館内
📞 075-344-6092
📠 075-344-6093
🌐 http://www.omron.co.jp/about/promo/showroom/plaza
🕐 10:00〜12:00・13:00〜16:00
📅 土・日曜・祝日・会社休業日
💴 無料
🚃 地下鉄烏丸線、JR京都駅から徒歩約5分／市バス 下京区総合庁舎前からすぐ

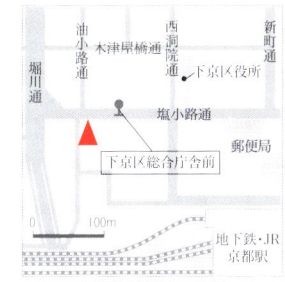

MAP←P284・B3

【ご案内】
ご見学は予約制となっております。
所要時間：1時間程度
ご案内言語：日本語もしくは英語
※説明の映像やパンフレットのみ中国語のご用意がございます。

クイズ **Q**

オムロンの創業者の名前は?
—— 答えは現地で発見!

127

ワコール
スタディホール
京都

わこーる
すたでぃほーる
きょうと

見どころ

美に関する書籍を閲覧でき、勉強や資料作成、出張の際などに活用できるゆったりとした施設

女性の美を文化の事業化でめざす

　姿、かたちにプラスして内面まで美しくなってもらいたい。2016（平成28）年に、京都駅南に竣工した。

　ワコール新京都ビルの1、2階を、スクール、ライブラリー・コワーキングスペース、ギャラリーを備えた「スタディホール」として、広く一般に開放している。（一部有料）

　1階のライブラリーには、「美」をテーマに、11のカテゴリーにセグメントされ、ブックディレクター幅允孝氏が選んだ国内外の約5000冊の本が並ぶ。仕事や自習にも活用できるコワーキングスペースも併設している。スクールでは、「身体の美」「感性の美」「社会の美」の3つの美をテーマに各種講座を開いている。ワコールの原点である「女性を美しくする」―の実現を、文化の発信・事業化を通して目指している。

住 南区西九条北ノ内町6
電 075-556-0236
FAX 075-556-0230
https://www.wacoal.jp/studyhall/
時 平日10:00～21:30
　土曜10:00～17:30
休 日・月曜・祝日
料 1日利用料は1日1人1,620円（月会員もあり）
交 地下鉄烏丸線、JR、近鉄 京都駅から徒歩約7分

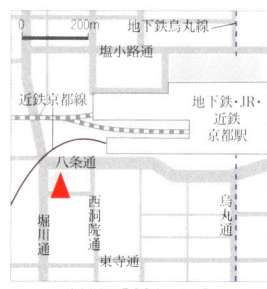

MAP<P234・B-3

クイズ Q

1階・エントランスの照明に書かれている言葉は誰のものか。

―――― 答えは現地で発見！

若林京仏壇ミュージアム

わかばやしきょうぶつだん
みゅーじあむ

中央エリア 京都駅周辺

見どころ

蝋型鋳造、金アマルガム鍍金法など職人の高度な技術にふれることができる

仏具に宿る匠の技と魂を集結

　宗派によって様式も異なる仏壇・仏具は木工、金工、漆工などの技術を駆使して造り上げる総合芸術とされる。各宗派の本山が集まる京都では、なおさら高い技術が求められてきた。

　1830（天保元）年創業の若林佛具製作所は、脈々と受け継がれてきた京仏壇・京仏具に宿る職人たちの匠の技と魂を、この仏壇ミュージアムに集結させたという。

　まず目を引くのが金色に輝く仏壇だ。岩手県平泉・中尊寺金色堂の内陣を参考に製作したもので、須弥壇に孔雀蒔絵、格子天井の柱や主要部分には純銀の板を使用した透かし彫りの金具を施している。明治期～大正期製作の仏壇・仏具において、高度な技術は現在でも再現は難しいという。

　寺院町家で「香時計」として、古くから使用された常香盤や、東大寺大仏と同じ鍍金の技法が施された菊輪灯や五具足などが並び、総合芸術であることを実感させてくれる。

住　下京区七条通新町東入ル西境町147 若林佛具製作所京都本店5階
電　075-371-3131
FAX　075-371-3140
URL　https://www.wakabayashi.co.jp/
時　9:00～18:00（要予約）
休　年末年始
料　無料
交　地下鉄烏丸線、JR、近鉄 京都駅から徒歩約7分

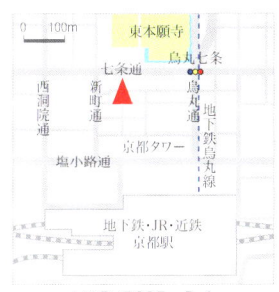

MAP<P235・B-4

中尊寺型の金仏壇

香時計としても使われた常香盤

クイズQ

11世紀初頭に、ある仏師が七条に仏所を設けたのが本格的な京仏具の始まりとされている。平等院の国宝・阿弥陀如来像の製作者としても知られる仏師とは？

—— 答えは現地で発見！

129

京都市景観・まちづくりセンター

きょうとしけいかん・まちづくりせんたー

1階展示室京のまちかど

市民が主役のまちづくりを支援

　美しい自然。寺社仏閣や京町家などの歴史的建物と近代建築。伝統と革新、それを支えてきた町衆。重層性が魅力の歴史都市・京都の景観保全や、市民のまちづくり活動を支援するため創設されたセンターで、施設は2003（平成15）年にオープンした。

　目指すのは「ひとりひとりが主役のまちづくり」。地下1階に事務室があり、交流サロンや図書コーナー、相談室などを備え、調査研究や情報発信も行う。デジタル技術で再現した狩野永徳筆の洛中洛外図屏風は、400年前の町衆、武士や貴族の生活が鮮やかに描かれており、興味が尽きない。

　1階展示室「京のまちかど」では、まちなみを再現した模型やタッチパネル式の映像装置で京都のまちの成り立ち、現状が楽しく学べる。

古いまちかどの模型

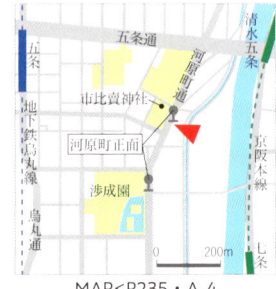

デジタル技術で再現の洛中洛外図

住 下京区西木屋町通上ノ口上ル梅湊町83-1「ひと・まち交流館　京都」地下1階
電 075-354-8701
FAX 075-354-8704
URL http://kyoto-machisen.jp
時 月〜土曜9:00〜21:30 日曜・祝日9:00〜17:00／図書コーナー　月〜土曜10:00〜20:30 日曜・祝日10:00〜17:00
休 第3火曜（祝日の場合は翌日）・年末年始
料 無料
交 地下鉄烏丸線 五条駅から徒歩約10分／京阪 清水五条駅から徒歩約8分／市バス 河原町正面からすぐ
駐 あり（有料）

MAP<P235・A-4

クイズ Q

豊臣秀吉が京都大改造の一環として、京都のまちの周囲に築いた土塁とは?
――― 答えは現地で発見!

130

眼科・外科医療歴史博物館

がんか・げかいりょうれきしはくぶつかん

中央エリア 京都駅周辺

貴重な歴史医療機器を公開

　奥沢眼科・竹岡外科の両医院に保存されていた、江戸時代からの医療器具をはじめ、大学や個人の医師から寄贈された器械、およそ3000点を所蔵。

　明治〜大正時代の診療に使われていた器械を見ると、先人の医師や技術者たちが苦労し、努力した跡が見えてくる。それは、眼科・外科学、診断学の発展に大きく寄与した証しともいえる。

　しかし、古くなるとすぐ廃棄処分され、特に明治・大正時代の診断用器械となると現存するものは非常に少なく、治療を目的とした医療用消耗用具類については、実物を見るのはもはや極めて困難である。

　そこで、貴重な医療機器を各方面から収集、代表的な診断器械、手術器械、処置治療用具の歴史に大別し、町家造りの元眼科医院に展示している。明治時代に実際に使われていた診療室が、雰囲気もそのまま復元。ドイツにもコレクション・コーナーはあるが、京都の古い町医家で一般公開されるのは初めて。

住 下京区正面通木屋町東入ル鍵屋町340
電 075-391-7721　奥沢眼科医院
FAX 075-392-9651　奥沢眼科医院
URL http://www.2u.biglobe.ne.jp/~mushokkn/mahm/index_j.html
時 (要予約、予約時に要相談)
休 不定休
料 無料
交 京阪 七条駅から徒歩約6分／市バス 河原町正面から徒歩約3分

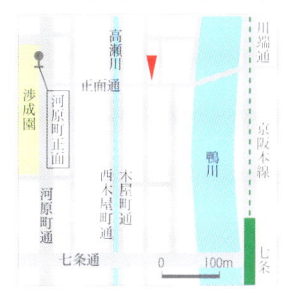

MAP<P235・A-4

柳原銀行記念資料館
（京都市人権資料展示施設）

やなぎはらぎんこう
きねんしりょうかん
（きょうとしじんけんしりょう
てんじしせつ）

被差別民が創った京都に現存する
最古の木造建築の銀行

　1899（明治32）年、柳原町（崇仁地区）元町長明石民蔵ら地元有志によって旧同和地区内に設立された銀行。木造としては京都に現存する最古の銀行建築のひとつであり、1994（平成6）年には京都市登録有形文化財に登録された。当初は河原町通と塩小路通の南西角に建てられていたが、国道24号線の拡張工事に伴い解体が検討されたため、地元のまちづくりのシンボルとして保存運動がおこり、現在の場所に移築・復元され、1997（平成9）年に柳原銀行記念資料館として開設した。

　資料館は、同地区の産業振興や教育の向上に貢献した柳原銀行の精神を受け継ぎ、人権の尊さを伝えるため、地元の方から寄贈された貴重な資料を元に、地域の歴史・文化・生活などについて常設展示を展開。また年に1回ずつ特別展と企画展を行っている。同和問題をはじめ、さまざまな人権問題への正しい理解と人権意識の普及・高揚を図る啓発拠点となることを目指している。

住 下京区下之町6-3
電 075-371-0295
FAX 075-371-0295
URL http://suujin.org/yanagihara
時 10:00～16:30
休 月・火曜・祝日・振替休日・12/29～1/3、展示替の日
料 無料
交 地下鉄烏丸線 京都駅3番出口から徒歩約8分／JR 京都駅中央出口から徒歩約10分／京阪 七条駅から徒歩約8分／市バス 塩小路高倉から徒歩約5分

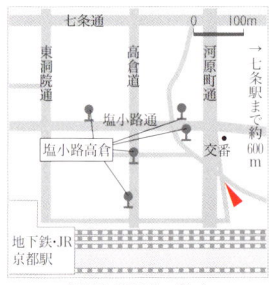

MAP<P235・B-4

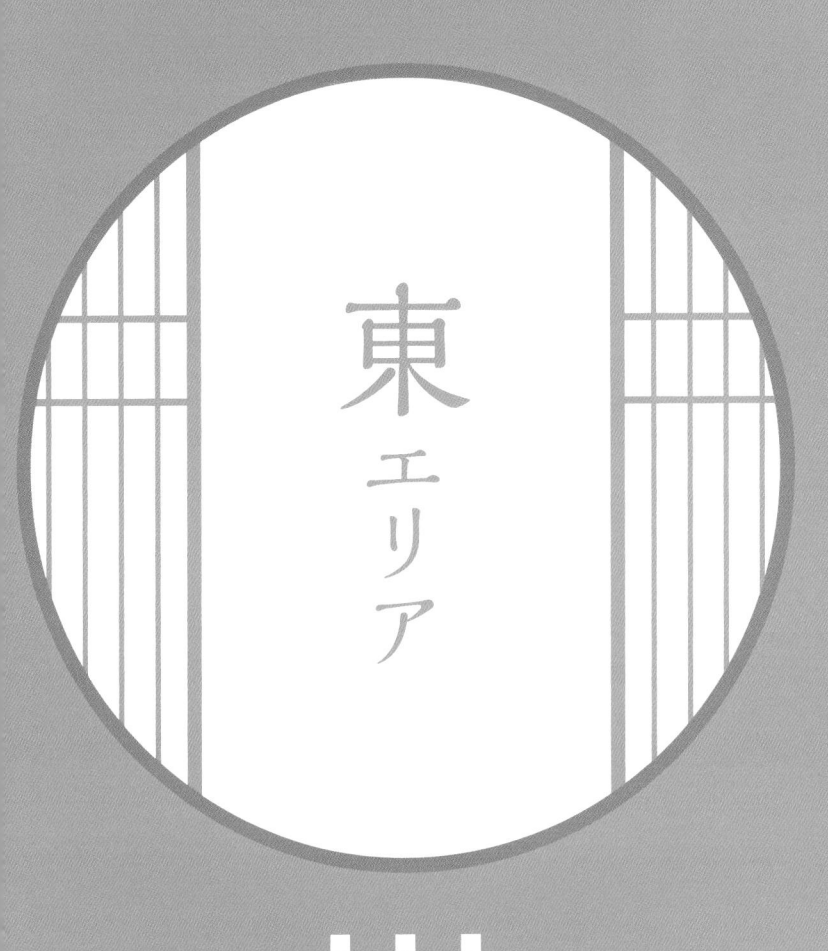

東エリア

- 岡崎
- 東山
- 山科〜醍醐

細見美術館

ほそみ
びじゅつかん

四季折々のテーマで美術を愉しむ

　大阪の実業家・細見良（初代古香庵）に始まる細見家3代のコレクションを所蔵。日本の美術工芸のほとんどすべての分野・時代を網羅。中でも平安・鎌倉時代の仏教・神道美術、室町の水墨画、根来や茶の湯釜、桃山の茶陶、七宝工芸、江戸時代の絵画は優品が多く、内外屈指のコレクションとして知られている。特に琳派や伊藤若冲は人気が高く、本阿弥光悦や俵屋宗達、尾形光琳、酒井抱一、神坂雪佳までほぼ一連がそろっている。また、豊臣秀吉の吉野の花見を題材にした桃山時代の重要文化財「豊公吉野花見図屏風」や、南北朝時代の重要文化財「金銅春日神鹿御正体」なども所蔵。常設は設けず、四季折々のテーマで年に数回企画展が開催されている。

　3階の茶室「古香庵」では薄茶と和菓子で茶道の文化が楽しめ、地階のショップ「アートキューブ」には多彩なグッズがそろっている。

住 左京区岡崎最勝寺町6-3
電 075-752-5555
FAX 075-752-5955
URL http://www.emuseum.or.jp
時 10:00〜18:00（入館は17:30まで）
休 月曜（祝日の場合は翌日）、展示替期間
料 展覧会によって異なる
交 地下鉄東西線 東山駅1番出口から徒歩約10分／市バス 東山二条・岡崎公園口、岡崎公園 ロームシアター京都・みやこめっせ前から徒歩約2分

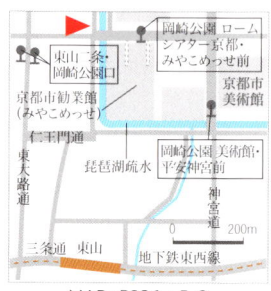

MAP<P236・B-2

茶室「古香庵」

クイズ Q

① 細見美術館は何層建ての建物?
② 茶室「古香庵」の広さは何畳?
—— 答えは現地で発見!

134

京都ハンディ
クラフトセンター

きょうとはんでぃ
くらふとせんたー

見どころ

体験・職人実演・ショッピングを通じて、京都らしいはんなりとした時間を楽しく過ごせる

日本の伝統工芸の世界にはまる

　京都・岡崎、平安神宮の北に位置するショッピングセンター。1967（昭和42）年にオープンして以来50年間、日本はもとより世界各国の人々が集う人気のスポット。伝統工芸品から着物に至るまで「日本」にこだわったさまざまな商品を扱っている。

　職人による京象嵌（きょうぞうがん）の製造実演や伝統工芸にじかにふれる体験教室も開催。京象嵌、京七宝、匂い袋の調合、七味の調合、木版画、土鈴人形の絵付け、京こま作り、京扇子の絵付けなど、京都にゆかりのある伝統工芸9種類が体験できる。スタッフが丁寧に教えてくれるため誰でも気軽に参加でき、京象嵌以外はその日に持ち帰りが可能。英語対応も可能で海外からの観光客も安心して参加できると喜ばれており、国内外の人々から京都の伝統工芸を楽しめる場所として注目されている。

🏠 左京区聖護院円頓美町17
☎ 075-761-8001
📠 075-761-2684
🌐 http://www.kyotohandicraftcenter.com/
🕐 10:00〜19:00
🚫 1/1、1/2
💴 無料／体験は有料
🚃 地下鉄東西線 東山駅2番出口から徒歩約15分／京阪 神宮丸太町駅から徒歩約10分／市バス 熊野神社前から徒歩約3分
🅿 あり（無料）

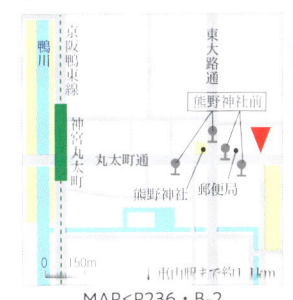

MAP<P236・B-2

クイズ Q

京都の伝統技術である京象嵌（きょうぞうがん）は、江戸時代には主に何の装飾に使われていた？

—— 答えは現地で発見！

京都伝統産業ふれあい館

きょうとでんとうさんぎょう
ふれあいかん

京の伝統と美と技の世界を紹介

　京都千年の歴史に育まれた都の手業を、常設展示やイベント、体験を通じて一堂に紹介している施設で、京都市勧業館（みやこめっせ）の地下1階にあり、伝統工芸品のテイストを生かした商品を販売するミュージアムショップ京紫苑もある。

　常設展示には、京都の伝統工芸74品目を展示。現代に引き継がれる伝統産業の「用の美」の世界を鑑賞することができる。また、京の職人さんによる実演（月・木曜除く）がある。

　今なお受け継がれ、京都の町に息づいている美と技の世界を堪能できる場所である。

　2019年10月～2020年2月の期間リニューアル工事のため閉館予定。

🏠 左京区岡崎成勝寺町9-1 京都市勧業館（みやこめっせ）地下1階
☎ 075-762-2670
📠 075-761-7121
🖥 http://kmtc.jp
🕐 9:00～17:00（入館は16:30まで）
📅 8月中旬の2日間・12/29～1/3
💴 無料（一部有料）
🚃 地下鉄東西線 東山駅1番出口から徒歩約10分／市バス 岡崎公園 ロームシアター京都・みやこめっせ前からすぐ、岡崎公園 美術館・平安神宮前から徒歩約4分
🅿 あり（有料）

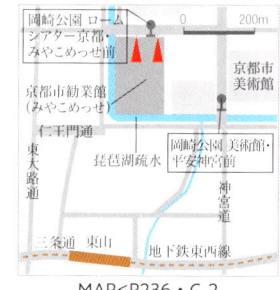

MAP<P236・C-2

日図デザイン博物館

にちずでざいん はくぶつかん

見どころ

図案・デザインに関する展覧会を数多く開いている展示会場

未来に向けたデザイン文化

京都市勧業館（みやこめっせ）の地下１階にある日図デザイン博物館は、デザインを通じて、その美意識の高揚と豊かな教養を函養する場として、公益社団法人日本図案家協会によって設立された。

デザイン文化、デザイン美術の過去・現在・未来に関する生活美文化の変遷資料を収集・保管・展示公開し、わが国のデザイン文化開発に寄与することを目的としている。館内には、多方面に利用できる展示室・会議室を備え、イベントスペースとしての貸し出しも行っている。

また、「全国公募日図展」など、図案やデザインに関する展覧会を実施。京都こども美術展・全国公募拓展など市民を対象とした催事も開催している。

住 左京区岡崎成勝寺町9-1 京都市勧業館（みやこめっせ）地下1階
電 075-761-5381
FAX 075-751-0706
URL http://www.nichizu.or.jp
時 9:00～17:00（入館は16:30まで）
休 土・日曜・祝日（催しによっては開館）・12/27～1/4・夏季休暇あり（詳細はHPで）
料 無料（催しによっては有料）
交 地下鉄東西線 東山駅1番出口から徒歩約10分／市バス 岡崎公園 ロームシアター京都・みやこめっせ前からすぐ、岡崎公園 美術館・平安神宮前から徒歩約5分
駐 あり（有料）

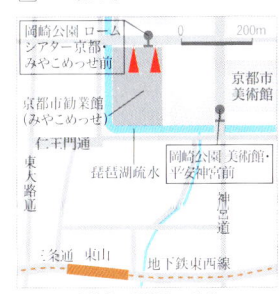

MAP<P236・C-2

東エリア 岡崎

藤井斉成会
有鄰館

ふじいさいせいかい
ゆうりんかん

住 左京区岡崎円勝寺町44
電 075-761-0638
FAX 075-771-0005
http://www.yurinkan-museum.jp
時 第1・3日曜のみ開館 11:00~16:00
（入館は15:30まで）
休 1・8月
料 本館 一般1,000円・小～高校生
800円／第2館 600円 ※6歳
以下はいずれも無料・要同伴
交 地下鉄東西線 東山駅2番出口か
ら徒歩約8分／市バス 東山仁王
門、神宮道から徒歩約5分

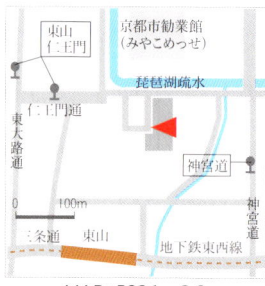

MAP<P236・C-2

中国文化を肌で感じる美術館

　かつて政財界に活躍した実業家・藤井善助のコレクション
を所蔵。建物は、2館からなり、本館は建築家・武田五一の
設計により1926（大正15）年に創設され、屋上に中国からの八
角堂を置き、約3万6000枚の乾隆年製の黄釉瓦で葺いた中国
風建築。私立美術館としては日本で2番目に古く、建築当時
の姿そのままのものとしては最古の美術館である。第2館は、
明治20年代にフランス人によって建てられたルネッサンス風
の2階建て木造建築。

　収蔵品は、殷代～清代の約4000年の間に生み出された、皇
帝から庶民までの中国民族遺産。絵画・書・仏像・青銅器・
陶磁器・古印・漆器・文房具・拓本・寝台など多種におよん
でいる。1階の重要文化財「弥勒三尊像」、明の「螺鈿寝台」、
2階の「卵形青銅容器」、カンニング衣、古印類、3階の翡翠香
炉、唐三彩などが見どころ。

清乾隆梅花碗 古月軒

重要美術品「犠牛」戦国前期 山西省

並河靖之
七宝記念館

なみかわやすゆき
しっぽうきねんかん

烏帽子紅葉銀杏文高足杯

見どころ

豊かな水に囲まれた母屋に座って庭園を眺めることもできる。京都市の指定名勝

訪れる人を魅了する邸宅美術館

　明治・大正期に活躍した、日本を代表する七宝家・並河靖之が営んだ自宅兼工場を、記念館として公開。展示作品は、自身が手元に残した七宝や下図、道具を、季節ごとに入れ替えをし展示している。有線七宝技法が特徴で、鮮やかで深い渋みのある色彩と細やかな色の階調が、独創的な器形と調和している。花や鳥、蝶、風景などさまざまな意匠が描かれている。

　1894（明治27）年に建てられた表屋造の京町家は、職住一体となる明治住宅の佇まいを現代に伝えている。窯場なども見ることができ、並河靖之の生活と創作活動が体感できる場所となっている。

　七宝の研磨用に使うために琵琶湖疏水から引き込んだ水をたっぷりとたたえた庭園は、名高い造園家の七代目小川治兵衛によるもの。この景色を楽しむため、主屋にはガラス障子が巡らされている。

住 東山区三条通北裏白川筋東入ル堀池町388
電 075-752-3277
FAX 075-752-3277
⊗ http://www.kyoto-namikawa.jp
時 10:00〜16:30（入館は16:00まで）
休 月・木曜（祝日の場合は翌日）・夏期・冬期
料 一般800円・70歳以上、大学生600円・中〜高校生400円
交 地下鉄東西線 東山駅1番出口から徒歩約3分

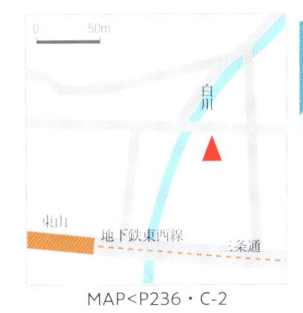

MAP<P236・C-2

東エリア　岡崎

139

京都国立
近代美術館

きょうとこくりつ
きんだいびじゅつかん

関西を中心とした近代美術を展示

　国内外の近代美術を中心に、絵画・版画・陶芸・彫刻・写真・デザインなど、多彩な作品を所蔵・研究・公開している。日本の近代美術史全体の歩みに配慮しながら、特に京都や関西で活躍した作家に比重を置き、作品の収集・展示を行っている。

　4階の常設展示会場「コレクション・ギャラリー」では、日本画・洋画・版画・彫刻・陶芸・漆器・染織・工芸品・写真など、所蔵作品を随時入れ替えながら展示しており、企画展と連動した関連展示を行うこともある。版画家・長谷川潔のコレクションでも有名である。

　特別展に合わせて、ワークショップや講演会などイベントも開催しているほか、時期によっては夜間開館も開催。

　美術館1階はフリースペースで、ミュージアムショップやカフェなど、入館料なしでも自由に入って過ごせるようになっている。

住 左京区岡崎円勝寺町26-1
電 075-761-4111
FAX 075-771-5792
http://www.momak.go.jp
時 9:30～17:00（入館は16:30まで）毎週金・土曜は9:30～20:00（入館は19:30まで）
休 月曜（祝日の場合は翌日）・12/28～1/4
料 コレクションギャラリー 一般430円・大学生130円／特別展は展覧会により異なる
交 地下鉄東西線 東山駅1番出口から徒歩約10分／市バス 岡崎公園 美術館・平安神宮前からすぐ、岡崎公園 ロームシアター京都・みやこめっせ前から徒歩約5分

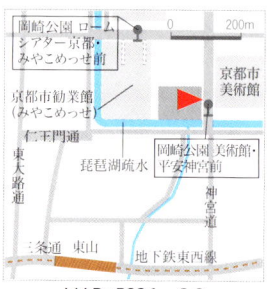

MAP<P236・C-2

クイズ Q

1階ロビーの奥にある大きな円を制作した作家の名前は？

—— 答えは現地で発見！

京都市美術館（通称:京都市京セラ美術館）

きょうとしびじゅつかん
（つうしょう：きょうとし
きょうせらびじゅつかん）

さまざまなイベントも開催できる広場

待望のリニューアル!京都画壇の名作や現代アート等、日本の美の拠点に

　重厚な銅板葺屋根の帝冠様式の建築がひときわ目を引く美術館が、青木淳・西澤徹夫の手によって、さらに魅力的な空間へと生まれ変わる（2019年度中リニューアルオープン予定）。1933（昭和8）年に前田健二郎が手がけた、近代建築として高く評価されている意匠はそのままに、現代アート展の開催が可能な新館「東山キューブ」やカフェやショップ、ギャラリーが並ぶ本館地下空間を新設。また、北中庭「光の広間」にはガラス屋根を設置し、光の射すイベント空間となるほか、中央ホールではゆったりとくつろぐことができるようになる。館内の特徴的な空間や小川治兵衛が作庭にかかわった日本庭園などは無料で見学できる。

　所蔵品は約3500点。近代日本画については、竹内栖鳳・上村松園・菊池契月ら京都画壇の作品を中心に、国内屈指の所蔵数を誇る。リニューアル後は、常設展を新設。京都・日本文化の魅力を堪能できる京都画壇の名品にいつでも会える。また、新館の現代アート展やマンガ・アニメ展など、多彩な文化芸術に触れあえる機会を提供する。

菊池契月 散策（1934年）

住 左京区岡崎円勝寺町124
電 075-771-4107
FAX 075-761-0444
URL http://www.city.kyoto.jp/bunshi/kmma
時 9:00～17:00（入館は16:30まで）
　※リニューアル後は10:00～18:00
休 月曜（祝日の場合は翌日）・12/28～1/2　※本館はリニューアルのため休館中。別館のみ開館
料 展覧会により異なる
交 地下鉄東西線 東山駅1番出口から徒歩約10分／市バス 岡崎公園 美術館・平安神宮前からすぐ、岡崎公園 ロームシアター京都・みやこめっせ前から徒歩約5分

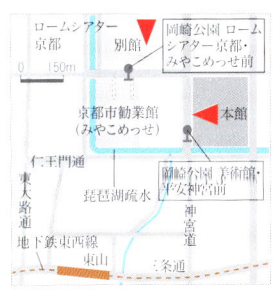

MAP<P236・C-2

東エリア 岡崎

京都市動物園

きょうとしどうぶつえん

動物とのふれあいを重視する

1903（明治36）年に日本で2番目に開園した動物園であり、市民の寄附によって創設された日本初の動物園でもある。京都大学と連携協定を結んで、動物が持つさまざまな魅力を引き出す施設の整備や動物の知性についての研究を進めている。

2015（平成27）年に7年にわたるリニューアルを終え、テンジクネズミなどの動物とふれ合える「おとぎの国」、トラやジャガー、ツシマヤマネコ、ヨーロッパオオヤマネコを展示する「もうじゅうワールド」、キリン・シマウマなどを展示する「アフリカの草原」、アジアゾウの群れを展示する「ゾウの森」、ニシゴリラ・チンパンジーなどサルの仲間を展示する「サルワールド」、京都の動物を展示し、自然を体感できる「京都の森」など6つのゾーンに分かれ様々な動物を展示している。

「飼育員のお話」「獣医が行く！」など動物たちの魅力を解説するガイドや普段は入ることのできない動物舎を訪ねる「お宅拝見」など、動物への興味と理解を促す工夫が詰まったイベントも多数開催中。

🏠 左京区岡崎法勝寺町
☎ 075-771-0210
📠 075-752-1974
🖥 http://www5.city.kyoto.jp/zoo
🕐 9:00～17:00（入園は16:30まで）・12～2月は16:30（入園は16:00まで）
🚫 月曜（祝日の場合は翌日）・12/28～1/1
💴 高校生以上600円
🚉 地下鉄東西線 蹴上駅1番出口から徒歩約7分／市バス 岡崎公園動物園前からすぐ

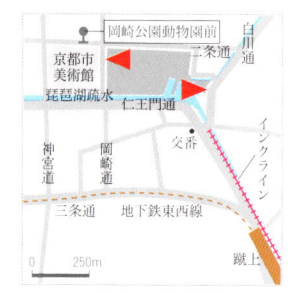

MAP<P236・C-2

クイズ Q

開園当初からほとんど姿を変えずに残っている噴水池の水源は？
①水道水　②井戸水
③琵琶湖疏水
—— 答えは現地で発見！

無鄰菴

むりんあん

東山を主山とした開放的な庭園

近代庭園の画期となった山縣有朋の別荘

　明治・大正期に活躍した政治家・山縣有朋の別荘。1894（明治27）年から1896（同29）年にかけて作られた。敷地内全体の構成を山縣有朋自身が行っており、庭園の作庭を七代目小川治兵衛（通称「植治」）が行った。

　敷地内には、近代数寄屋建築黎明期の特徴を有する母屋と、新家孝正の設計によるレンガ造りの洋館、薮内流「燕庵」を模した茶室の三つの建築物と庭園により構成されている。

　庭園は、東山を中心に作られ、躍動感あふれる流れと開放的な芝生の空間が特徴の、野趣あふれる近代日本庭園の代表的作品。明治天皇から下賜された松を記念して建てられた「御賜稚松乃記」には、山縣有朋が庭園で何を楽しんでいたのかなどの記載があり、当時の様子がうかがえる貴重な資料となっている。

住 左京区南禅寺草川町31
電 075-771-3909
FAX 075-771-3909
URL https://murin-an.jp/
時 8:30～18:00（4～6月・9・10月）、7:30～18:00（7・8月）、7:30～17:00（11月）、8:30～17:00（12～3月）
休 12/29～12/31
料 小学生以上410円、抹茶600円
交 地下鉄東西線 蹴上駅2番出口から徒歩約7分／市バス 南禅寺・疏水記念館・動物園東門前から徒歩約4分、神宮道または岡崎公園 美術館・平安神宮前から徒歩約10分
駐 なし

東エリア 岡崎

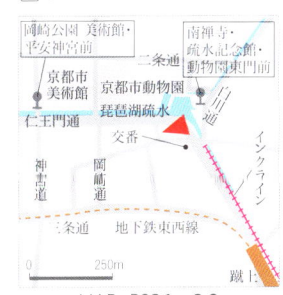
MAP<P236・C-2

母屋2階からの眺め

金碧障壁画が見事な洋館2階

クイズ Q

無鄰菴庭園を作庭した七代目小川治兵衛は通称で何と呼ばれる？
—— 答えは現地で発見！

143

kokoka 京都市国際交流会館

ここか
きょうとしこくさい
こうりゅうかいかん

京都の国際化の拠点として

　京都市民と在住外国人が、人種・宗教・社会体制の違いを超えて交流するための活動拠点として広く親しまれている施設。3階建ての本館と和風別館からなり、通称"kokoka"と呼ばれている。

　館内は出入り自由で、様々なサービスの利用、サポートを受けることができる。個人メッセージや各種国際交流イベント情報をやりとりできる「メッセージコーナー」、京都市の姉妹都市9都市のパネル・工芸品などを常設展示している「姉妹都市コーナー」、世界約130言語の辞書や、約90カ国の絵本、世界各国・地域の新聞、雑誌を自由に閲覧できる「図書・資料室」、情報サービス、交流ロビー、屋外広場・庭園、カフェがある。また、季節感を盛り込んだ体に優しい和定食を提供するレストランを併設。店内からは東山を一望できる。

住 左京区粟田口鳥居町2-1
電 075-752-3010
FAX 075-752-3510
URL http://www.kcif.or.jp
時 9:00〜21:00　※館内施設、催しにより異なる
休 月曜（祝日の場合は翌日）・年末年始
料 無料
交 地下鉄東西線 蹴上駅2番出口から徒歩約6分／市バス 岡崎公園美術館・平安神宮前から徒歩約10分
駐 あり（有料）

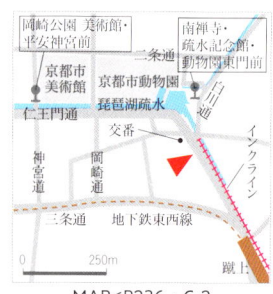

MAP<P236・C-2

琵琶湖疏水
記念館

びわこそすい
きねんかん

見どころ

第1展示室の琵琶湖疏水の京都〜大津間を描いた測量図「通水路目論見実測図」

京都を支える疏水の誕生と歴史

南禅寺や哲学の道に流れる琵琶湖疏水。当時の京都府知事・北垣国道が提唱した京の近代化事業のひとつで、1890（明治23）年に完成。生活用水・工業用水が確保され、また京都〜琵琶湖間を船で行き来し、交通・流通がたいへん便利になったという。

第一疏水竣工100周年を記念して建設された琵琶湖疏水記念館では、その先人の偉業を後世に伝えるべく様々な資料が展示されている。1階は「琵琶湖疏水の計画と建設」をテーマに、疏水の計画と建設の過程を紹介。疏水建設計画に用いた図面や、工事に使用した道具などを展示している。地階は「琵琶湖疏水が果たした役割」「京都市三大事業の実施」に関する展示や、岡崎地域一帯のジオラマを展示している。

住 左京区南禅寺草川町17
電 075-752-2530
FAX 075-752-2532
HP http://biwakososui-museum.jp
時 9:00〜17:00（入館は閉館の30分前まで）
休 月曜（祝日の場合は翌日）・12/29〜1/3
料 無料
交 地下鉄東西線 蹴上駅1番出口から徒歩約7分／市バス 南禅寺・疏水記念館・動物園東門前からすぐ、岡崎法勝寺町から徒歩約4分

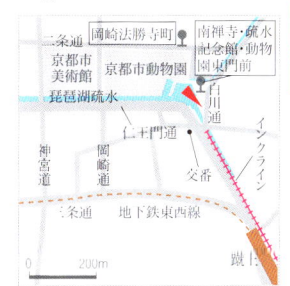

MAP<P236・C-2

東エリア 岡崎

クイズQ

琵琶湖疏水工事の総責任者として、世紀の大事業を成功に導いたのは？

—— 答えは現地で発見！

野村美術館

のむらびじゅつかん

佐竹本三十六歌仙 紀友則（重要文化財）

近代随一の数寄者が愛した名品

　野村證券、旧大和銀行など金融財閥を一代で築き上げた二代目野村徳七が生涯にわたって収集したコレクションを約1700点所蔵。春・秋の年2回、テーマを変えて企画展示している。

　徳七氏は「得庵」と号してさまざまな趣味に親しみ、近代を代表する数寄者でもあった。「茶の湯」と「能楽」に深く傾倒していたこともあり、茶道具・能面・能装束を中心に収集していた。また、雪村周継筆「風濤図」、千利休の書「妙一字」や本阿弥光悦筆・俵屋宗達下絵の和歌巻などの絵画・書・工芸品や貴重な作品もあり、重要文化財、重要美術品など、指定美術品も含まれている。

　南禅寺北門のすぐ近くに位置し、周囲には古くから別荘が立ち並んでいる。春の桜・秋の紅葉ともに名所で風光明媚な場所。館内に設けられた立礼席では、季節の生菓子と薄茶を楽しみ、ゆっくりと過ごすことができる。

住 左京区南禅寺下河原町61
電 075-751-0374
FAX 075-751-0586
URL http://nomura-museum.or.jp
時 3月上旬〜6月上旬・9月上旬〜12月上旬のみ開館 10:00〜16:30（入館は16:00まで）
休 月曜（祝日の場合は翌日）
料 一般800円・高〜大学生300円／立礼席700円（5名以上は要予約）
交 地下鉄東西線 蹴上駅1番出口から徒歩約10分／市バス 南禅寺・永観堂道から徒歩約5分
駐 あり（無料）

MAP<P236・C-3

能面 早苗尉（重要美術品）　　練上志野茶碗 銘猛虎

泉屋博古館
（住友コレクション）

せんおくはくこかん
（すみともこれくしょん）

住 左京区鹿ヶ谷下宮ノ前町24
電 075-771-6411
FAX 075-771-6099
http://www.sen-oku.or.jp/kyoto
時 10:00〜17:00（3月上旬〜7月上
旬、9月上旬〜11月のみ開館、入
館は16:30まで）
休 月曜（祝日の場合は翌日）
料 一般800円・高〜大学生600円・
中学生350円（展覧会により変
更になる場合あり）
交 市バス宮ノ前町からすぐ、東天王
町から徒歩約3分
駐 あり（無料）

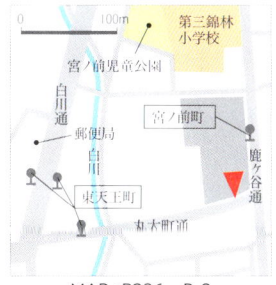

MAP<P236・B-3

商後期 酒器「虎卣」

評価の高い青銅器コレクション

　住友家が収集した中国の古代青銅器約500点の寄贈を受け
て設立された。紀元前11世紀頃に作られ、祭祀に用いられた
青銅器や、漢時代以降に隆盛をみた鏡鑑などを体系的に鑑賞
できる美術館は少なく、そのため「住友コレクション」と呼
ばれ世界的にも高く評価されている。現在は、これらに併せ
て中国や日本の絵画や書跡、茶道具、文房具など約3000点を
所蔵している。

　青銅器館では、住友コレクションの青銅器を四つのテーマ
に分けて展示。企画展示室では日本・中国の書画や美術工芸
品などを、折々のテーマを設けて展示している。

　館名の泉屋は、江戸時代の住友家の屋号「泉屋」、博古は宋
の時代に編纂された青銅器の図録「博古図録」に由来してい
る。

八大山人「安晩帖」より
叭々鳥図

館外観
市電の敷石を再利用した駐車場

クイズ Q

建物のなかで青銅器の
文様をモチーフに使用
した箇所がある。それは
何か？

── 答えは現地で発見！

お辨當箱博物館

おべんとうばこ
はくぶつかん

見どころ

船、民家、釜、碁盤など、多彩でユニークな形のからくりタイプのお弁当箱も多い

お弁当箱が語る江戸時代の食文化

1689（元禄2）年創業の京の麩屋・半兵衛麩。伝統的な食文化の素晴らしさを後世に伝えていきたいとの思いから収集を始め、江戸時代に使われていた多彩なお弁当箱が展示されている。

貴族や大名、商家などの裕福な人々が、お花見や蛍狩り、川遊び、お月見、紅葉狩り、観劇などに持って出かけたお弁当箱は、そこで料理を取り分けたりお酌をしたりするため、皿や器、酒器、箸などを収納できるようになっている。また、蒔絵や螺鈿など細かな細工のもの、陶器製や錫製など、季節感や風流な遊び心のある意匠で、まるで美術工芸品のようである。船や家、碁盤の形をした風変わりなタイプのお弁当箱は、まるでからくり細工のような面白さがある。

当時の人々にとって、お弁当箱は単に食べ物を入れて運ぶだけでなく、文化を楽しむための小道具だったようである。

住 東山区問屋町通五条下ル上人町433 半兵衛麩本店2階
電 075-525-0008
FAX 075-531-0748
URL http://www.hanbey.co.jp/store/bento/index.html
時 9:00～17:00（入館は16:30まで）
休 年末年始
料 無料
交 京阪 清水五条駅から徒歩約1分／市バス 五条京阪前から徒歩約1分／京阪バス 五条京阪から徒歩約1分

MAP<P235・A-5

クイズ Q

舟型弁当に付いている櫂は何に使うか？
―― 答えは現地で発見！

洛東遺芳館

らくとういほうかん

紙本金地著色 源氏物語野外風俗図 六曲一双(部分)

江戸期の豪商によるコレクション

　　肥後熊本・加藤清正の家臣・柏原郷右衛門を祖とすると伝わる柏原家。商いを始めた初代・三右衛門が1645（正保2）年、現在の地に居を構え、元禄の頃には木綿・漆器・紙などを扱う江戸店持京商人として豪商と称されるほどの富を築いた。

　　所蔵品は、柏原家に江戸時代から伝承する婚礼衣装・調度品など約8000点、経営記録・古文書・古書籍約1万冊のほか、『源氏物語』の風景を描いた「紙本金地著色 源氏物語野外風俗図 六曲一双」など、絵画（掛軸・屏風・浮世絵）・墨蹟・陶磁器・茶道具・刀剣・衣装などがあり、これらを春・秋にテーマを決めて、順次特別公開している。また、1763（宝暦13）年築の建物も一部見学が可能。幾多の大小火難を逃れほぼ当時のままの体裁を保つ、回り廊下の豪華な邸宅で、豪商の質実剛健な暮らしぶりがうかがえる。

住 東山区間屋町通五条下ル三丁目西橘町472
電 075-561-1045
FAX 075-561-3651
URL http://www.kuroeya.com/05rakutou/index.html
時 4/1～5/5・10/1～11/3のみ開館 10:00～16:00（入館は16:00まで）
休 月曜（祝日の場合は翌日）
料 一般300円・高～大学生200円・小～中学生、きもの100円
交 京阪 清水五条駅から徒歩約3分／市バス 五条京阪前から徒歩約5分／京阪バス 五条京阪から徒歩約5分

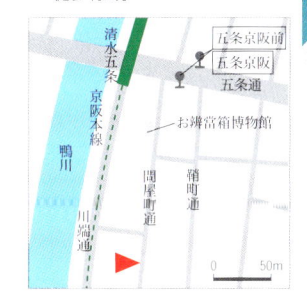

MAP<P235・A-5

東エリア 東山

ぎをん思いで博物館

ぎをんおもいで
はくぶつかん

祇園の華やかな賑わいを紹介

　かつて四条川端付近には南座をはじめいくつも芝居小屋が立っていた。そこで、明治中期まであった「北座」にちなみ、井筒八ッ橋本舗の本店を建設。その5階に開設されたのが、ぎをん思いで博物館である。

　北座があった頃の祇園界隈の写真を展示した「祇園かいわいの四百年の歴史」や、舞妓さんの髪形を紹介する「伝統的髪型」、祇園にゆかりのある文化人を取り上げた「祇園を彩る先人たち」、和紙人形作家・藤村愛子による「阿国歌舞伎」、島原の太夫・夕霧の手紙や衣装を展示した「夕霧コーナー」などを常設している。また、特別展も開催し、歌舞伎や舞妓、祇園にまつわる資料や作品を期間を定めて展示している。

　京都に関するあらゆる書籍を取り扱う「北座書店」も入場無料で開設しており、気になった物事について調べることもできる。

住 東山区川端通四条上ル常盤町
　北座ビル5階
電 075-531-2121
FAX 075-531-2124
呪 なし
時 10:00～17:00（入館は16:30まで）
休 無休
料 一般300円・小～高校生150円
交 京阪 祇園四条駅から徒歩約2分／市バス 四条京阪前からすぐ
駐 なし

MAP<P236・D-1

何必館・京都現代美術館

かひつかん・きょうと
げんだいびじゅつかん

見どころ

最上階の5階にある光庭。自然光が降り注ぎ、自然と人工物の調和が美しい

北大路魯山人 つばき鉢（1938年）何必館・京都現代美術館蔵

写真作品から現代作家まで幅広い企画展を開催

　「何必館・京都現代美術館」は、定説を「何ぞ、必ずしも」と疑う自由な精神を持ち続けたいという願いをこめて命名され、昭和56年（1981）に開館した美術館。

　賑やかな祇園町の中にありながら、館内に入れば、静寂な空間が広がる。5階には「光庭」と茶室があり、作品を自然光で鑑賞していただけるように工夫されている。

　日本画家の村上華岳、洋画家の山口薫、北大路魯山人のコレクションを中心に、近現代の絵画、工芸、写真、書などの企画展を開催している。

　特に北大路魯山人のコレクションは質・量ともに日本有数といわれ、企画展とあわせて、地下の「北大路魯山人作品室」も常設展として見ることができる。

住 東山区祇園町北側271
電 075-525-1311
FAX 075-525-0611
http://www.kahitsukan.or.jp
時 10:00〜18:00（入館は17:30まで）
休 月曜・年末年始・展覧会準備期間
料 一般1,000円・中〜大学生800円
交 京阪 祇園四条駅から徒歩約3分／市バス 祇園から徒歩約2分

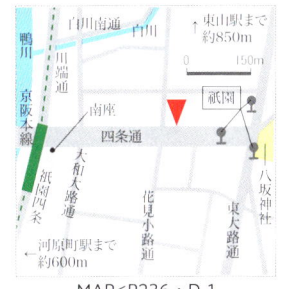

MAP<P236・D-1

東エリア 東山

151

六波羅蜜寺
文化財宝物館

ろくはらみつじ
ぶんかざいほうもつかん

見どころ

本尊は秘仏であり普段は見られないが、12年に1度、辰年の一定期間にのみご開帳される

平安・鎌倉期の名彫刻を間近で見る

　空也上人により、951（天暦5）年に開創された西国第十七番の札所。その当時、京の町を襲っていた悪疫を退散させるため、空也上人自ら十一面観音像を彫って曳き車に乗せて市中を回った。この時、青竹を蓮華の花びらのように八葉に薄く割ったものを茶筅代わりにお茶を点て、中へ小梅干と結昆布を入れて仏前に献じ、これを病者に授けたという。歓喜踊躍しつつ念仏を唱えて回り、ついに病魔を鎮められたという。

　文化財宝物館には、この寺のシンボルともいえる重要文化財「空也上人立像」をはじめ、剃髪姿の重要文化財「平清盛坐像」、平安時代と鎌倉時代作の二つの「地蔵菩薩立像」（ともに重要文化財）、「薬師如来坐像」「四天王立像」などが安置されている。

住 東山区松原通大和大路東入ル2丁目轆轤町81-1
電 075-561-6980
FAX なし
URL http://rokuhara.or.jp
時 8:30～17:00（入館は16:30まで・開門は8:00から）
休 無休
料 一般600円・中～大学生500円・小学生400円
交 京阪 清水五条駅から徒歩約10分／市バス 清水道から徒歩約7分
駐 なし

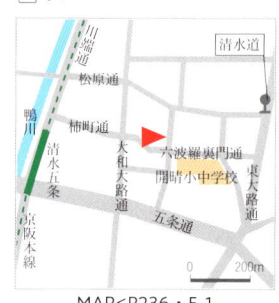

MAP<P236・E-1

井伊美術館

いいびじゅつかん

住 東山区花見小路通四条下ル4丁目小松町564
電 075-525-3921
FAX 075-531-5121
URL http://www.ii-museum.jp
時 13:00～17:00(要予約、入館は16:30)
休 不定休
料 一般1,500円・高～大学生1,000円・小～中学生500円／鎧着用体験2,500円
交 市バス 東山安井から徒歩約3分
駐 なし

MAP<P236・D-1

甲冑に近づき戦国時代を感じとる

日本で唯一の歴史と刀剣・甲冑の考証専門美術館で、1階には大名駕籠や仏像などさまざまな大名家に関わる美術品を陳列。2階には甲冑が所狭しと並ぶ中、毎年テーマを設定した長期特別展を開催している。建物は幕末～明治初期のお茶屋を改装、表には彦根藩京都藩邸大門を復元した重厚な門が構えている。

所蔵品は、古墳時代の兜にはじまり、各時代の大鎧・腹巻・胴丸・具足・刀剣・軍配・旗指物など、武士が戦場で実際に身につけていたものを中心に保管。また、甲冑・刀剣史学研究家である館主は調査のための研究委託が数多く、その歴史的遺品を所蔵者の理解を得て展示しているため、歴史好きにはたいへん魅力的な空間である。そのほか、館主の出身である彦根藩および後を継いだ与板藩井伊家のコレクションも有名。希望すれば鎧を着用する体験もできる。

東エリア　東山

クイズ Q

井伊家の鎧の色は何色か。
—— 答えは現地で発見!

153

金比羅
絵馬館

こんぴら
えまかん

大きな絵馬に託された人々の思い

　日本人の先祖は古くから、「神霊は馬に乗って降臨される」と信仰してきた。そこから、神事や祈願の時に、馬を神霊に捧げる「生馬献上」という風習が生まれたという。やがて土馬・木馬になり、板立馬、板絵と変化して絵馬が登場した。

　金比羅絵馬館は、日本独特の信仰絵画である絵馬を保存・展示するため、元の古い絵馬堂の建築美をなるべく損なうことなく改築したもの。1階は大絵馬展示室。江戸中期～末期に豪商たちが商売繁盛・病気平癒を願って奉納した絵馬など約50点を展示している。弁慶と牛若丸、馬上の巴御前、鍾馗さんなど武者が中心である。四条派の画家が描いたものもある。2階は約500点が壁一面に掛けられた小絵馬展示室。マンガ家、芸能人が奉納した絵馬もある。

　隣には19世紀のアール・ヌーボーなどガラス工芸品の部屋も併設。

住 東山区東大路通松原上ル下弁天町70
電 075-561-5127
FAX 075-532-2036
⊠ http://www.yasui-konpiragu.or.jp
時 10:00～16:00（入館は15:30まで）
休 ※現在休館中、再開時期未定
料 一般500円・小～高校生400円（ガラスの部屋入館料含む）
交 市バス 東山安井からすぐ
駐 あり（無料）

MAP<P236・D-1

漢検 漢字
博物館・図書館
(漢字ミュージアム)

かんけん かんじ
はくぶつかん・としょかん
（かんじみゅーじあむ）

見どころ

日本初、漢字の体験型ミュージアム。子どもから大人まで一日中楽しめる

2階受付

漢字に触れ、学び、楽しむ

　日本人は、中国から伝来した漢字を変容、発展させ、独自の文字文化を生み出した。その誕生から成り立ち、特徴など、体験を通して漢字に触れ、学び、楽しめる漢字博物館である。

　1階で目につくのが、清水寺貫主による「今年の漢字」。一文字で世相を表し、造形の美をも感じさせる漢字の奥深さ、魅力を知ることができる。甲骨文字占い、万葉仮名のスタンプのほか、壁には長さ30mの「漢字の歴史絵巻」を展示。シアタールームでの音と映像も加わり、漢字の世界にいざなってくれる。

　圧巻は1階と2階を貫く「漢字5万字タワー」。漢字の大海から自分の名前を探しだせるか試してみたい。2階では、魚の名前が書かれた巨大湯飲みは格好の撮影スポット。「漢字回転す」、「生き物漢字図鑑」などテーマパーク感覚で学べるブースが並ぶ。企画展や講座なども開催。

住 東山区祇園町南側551
電 075-757-8686
FAX 075-531-0340
URL http://www.kanjimuseum.kyoto
時 9:30～17:00（入館は16:30まで）
休 月曜（祝日の場合は翌日）・年末年始・臨時休館あり
料 大人800円・高～大学生500円・小～中学生300円
交 地下鉄東西線 東山駅2番出口から徒歩約10分／京阪 祇園四条駅から徒歩約5分／阪急 河原町駅から徒歩約8分／市バス 祇園からすぐ

東エリア 東山

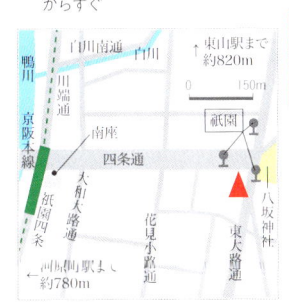

MAP<P236・D-1

漢字の歴史絵巻

今年の漢字

クイズ Q

漢字のルーツとされている最古の漢字は？
―― 答えは現地で発見！

京都祇園
らんぷ美術館

きょうときおん
らんぷびじゅつかん

見どころ

明治時代に作られた石油ランプ。優美なフォルムで柔らかな明かりを灯していた

優美なランプを灯した時代へ

　八坂神社の西楼門から少し南へ。江戸末期〜明治時代に人々の暮らしを照らし続けた日本製・外国製の石油ランプを展示している全国的にも珍しい美術館がある。美術品として価値のあるランプから、日常に使われていたランプまであり、当時の暮らしや風俗がよくわかるようなものが幅広くそろっている。珍しいものでは、地球儀付きランプや逆さ吊りランプ、また、切子細工など日本の伝統技術を凝らしたお座敷ランプなどがある。古い物では、江戸時代の菜種油を使う菜種ランプも必見である。

　所蔵数は約1600点。常時800点ほどを展示しており、大人だけでなく学生たちの学習教材としても役立つほど。それぞれの特長や仕組み、歴史的背景など、気になることがあれば館長に質問してみよう。

住 東山区祇園町南側540-1
電 075-525-3812
秘 なし
見 なし
時 10:30〜17:30（入館は17:00まで）
休 水曜（祝日の場合は翌日）、臨時休館あり
料 一般500円・中〜高校生300円
交 京阪 祇園四条駅から徒歩約6分／市バス 祇園からすぐ

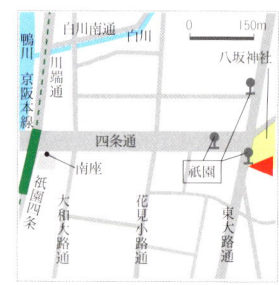

MAP<P236・D-1

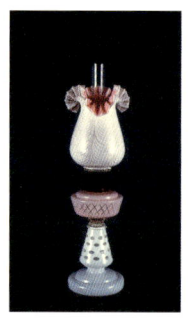

河井寛次郎
記念館

かわいかんじろう
きねんかん

見どころ

当時のままの展示で、今にも作家本人が顔を出して出迎えてくれそうな、温もりある場所である

芸術家の美意識あふれる空間

　大正〜昭和にかけ、京都を拠点に活躍した陶芸作家・河井寛次郎。1937（昭和12）年に自身で設計し、亡くなるまで過ごしていた住居・仕事場・登り窯が、家具などの配置に至るまで暮らしていた時と同様、当時のままに公開されている。家具・調度類などもほとんどが彼のデザイン、または収集したもので、陶芸や木彫作品のほか、釣棚・電灯の笠・イス・テーブル・タンスなど全てが無造作に置かれ、そこに、一人の芸術家の美意識によって構築された独自の世界が広がっている。本人の作品—陶芸・木彫・書画・デザインなどは、季節によって入れ替えつつ常設展示しているため、作品と暮らしていた空間から寛次郎という人間性までより深く感じられるようである。

　館内には、民芸運動の活動で深い親交のあった柳宗悦や黒田辰秋らのゆかりの品もさりげなく展示している。

東山区五条坂鐘鋳町569
075-561-3585
075-561-3585
http://www.kanjiro.jp
10:00〜17:00
　（入館は16:30まで）
月曜（祝日の場合は翌日）・8/11〜20頃・12/24〜1/7頃
一般900円・高〜大学生500円・小〜中学生300円
京阪 清水五条駅から徒歩約10分／市バス 馬町、五条坂から徒歩約2分

MAP<P235・A-5

東エリア　東山

白地花手文鉢

157

豊国神社
宝物館

とよくにじんじゃ
ほうもつかん

見どころ

豊国祭礼図屏風は、1604（慶長9）年の秀吉七回忌に行われた臨時祭が描かれている

住 東山区大和大路正面茶屋町530
電 075-561-3802
FAX 075-531-1643
なし
時 9:00～17:00
　（入館は16:30まで）
休 無休
料 一般300円・高～大学生200円・
　小～中学生100円
交 京阪 七条駅から徒歩約10分／
　市バス 博物館三十三間堂前から
　徒歩約5分
駐 あり（有料）

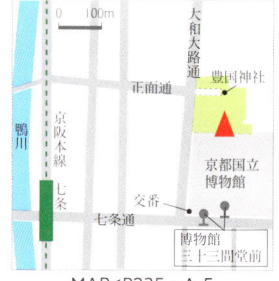

MAP<P235・A-5

重要文化財 豊国祭礼図屏風 六曲一双（左隻部分）

人々に愛された太閤秀吉の神社

　「ほうこくさん」の名で親しまれている神社で、境内には伏見城の遺構と伝わる国宝の唐門と、そのそばには豊臣家恩顧の大名が寄進した慶長灯籠8基が並んでいる。伏見城で亡くなった秀吉は、東山の阿弥陀ヶ峯に埋葬されて「豊国大明神」の神号を朝廷より与えられ、壮麗な神社が創建されたという。豊臣家滅亡後は徳川幕府の命で廃祀となるが、明治天皇の命により1880（明治13）年に方広寺大仏殿跡に再興された。

　宝物館は、1925（大正14）年に開館した桃山造風の建物。当時はたいへん珍しかったコンクリート製で、展示ケースのガラスもその当時のものである。重要文化財「豊国祭礼図屏風」や辻与二郎作「鉄燈籠」など、桃山時代を中心に、秀吉や豊臣家ゆかりの資料を展示・所蔵している。

重要文化財
鉄燈籠天下一
辻与二郎作

重要文化財桐鳳凰文蒔絵唐櫃

158

京都国立博物館

きょうとこくりつはくぶつかん

見どころ

江戸時代初期の京都における公家文化の伝統を受け継いだ数寄屋造の茶室・堪庵の見学も可能

平成知新館

古都・京都の文化財を守る

　明治の始め、破壊や散逸の危機にさらされた文化財の保護を大きな目的とし、1897（明治30）年に帝国京都博物館として開館。赤レンガ造りの明治古都館は、赤坂離宮などを設計した宮廷建築家・片山東熊の設計によるもので、正門とともに重要文化財に指定（現在、展示は休止中）。2014年にオープンした平成知新館は世界的な建築家として知られる谷口吉生氏の設計により、穏やかな外光がグランドロビーを満たす開放感のある建築となっている。

　所蔵品は、日本をはじめとする東洋の美術品が中心。時代・分野とも非常に多岐にわたり、その内訳は古墳時代の考古学資料・染織品・陶磁器・彫刻・絵画・書跡・漆器・鎧・刀剣などである。特に、京都の社寺から寄託されているものが多く、中には国宝・重要文化財も少なくない。

　広々とした野外庭園は四つのエリアに分かれ、平安時代の石仏や鎌倉時代の石塔、数寄屋造の茶室・堪庵、ロダンの「考える人」などを展示している。

数寄屋造の茶室・堪庵

住　東山区茶屋町527
電　075-525-2473
　　（テレホンサービス）
FAX　なし
HP　https://www.kyohaku.go.jp/
時　9:30〜17:00、特別展期間中は9:30〜18:00・金・土曜は9:30〜20:00（入館は各閉館の30分前まで）
休　月曜（祝日の場合は翌日）・年末年始
料　一般520円・大学生260円　特別展は別料金
交　京阪 七条駅から徒歩約7分／市バス 博物館三十三間堂前からすぐ
駐　あり（有料）

MAP<P235・A-5

養源院

ようげんいん

見どころ

俵屋宗達の「唐獅子図」は、どの方向から見ても正面を向いているように見える不思議な絵

俵屋宗達　白象図

天皇家・徳川家・豊臣家に関わる寺

　1594（文禄3）年、淀殿が父・浅井長政の菩提を弔うために創建。養源院とは長政の法名である。1619（元和5）年に落雷のため焼失するが、1621（元和7）年、第二代将軍・徳川秀忠夫人・崇源院によって、伏見城の遺構をもって再建。以後、徳川家の菩提所として第十四代将軍・家茂までの位牌が安置されている。秀忠・崇源院の両名の位牌には菊・葵・桐の三つの紋が記されているが、このように天皇家・徳川家・豊臣家の紋があるものは、他には例がない。

　杉戸には俵屋宗達の「白象図」、「唐獅子図」、「波と麒麟図」、襖には狩野山楽が描いた「牡丹図」と宗達の「松図」がある。

　本堂の廊下は江戸初期の彫刻家・左甚五郎による「うぐいす張り」と伝わり、その天井は、伏見城で自害した徳川家の武将・鳥居元忠とその部下たちを弔うため床板を使った、「血天井」として有名。2016（平成28）年2月、本堂、護摩堂、中門、鐘楼堂等が国の重要文化財に指定された。

住 東山区三十三間堂廻り町656
電 075-561-3887
FAX 075-561-3887
P なし
時 9:00〜16:00
休 1/21・5/21・9/21の午後・12/31
料 500円
交 京阪 七条駅から徒歩約7分／市バス 博物館三十三間堂前から徒歩約3分

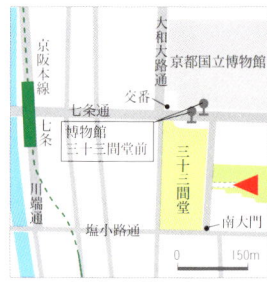

MAP<P235・B-5

玄関

俵屋宗達
唐獅子（部分）

京都陶磁器会館

きょうととうじき
かいかん

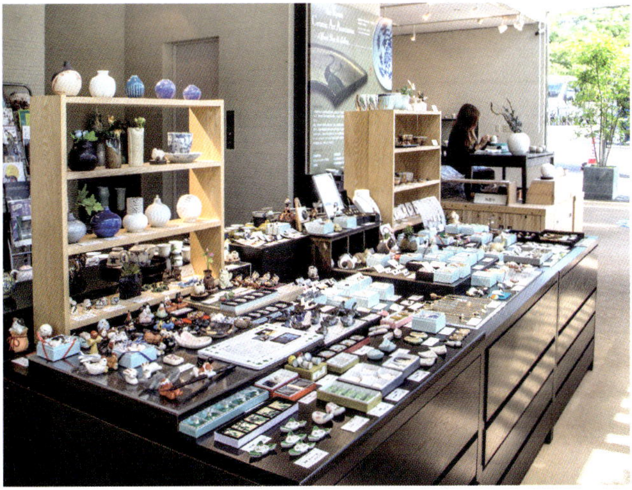

見どころ

手にとって眺めたり、座ってゆっくり検討したり、くつろいで作品を鑑賞できる

伝統的な焼き物の魅力にふれる

京都は“みやこ”として平安時代から文化の中心であり発信地であったため、京焼には特別なスタイルがなく、裕福な公家や武家、豪商、神社仏閣などから注文を受け、それぞれの時代の流行を反映した焼き物を作り続けてきた。

京都陶磁器会館は、清水焼の発祥の地・五条坂に位置する。伝統ある京焼・清水焼をもっと多くの人に親しんでもらうため、京の焼き物の発信基地として建てられ、より人々に近い立場で魅力を発信し続けている。

1階は常設展示コーナー。伝統に磨かれた京都の名工の作品や、京都で活躍している若手陶芸家の感性豊かな新作を展示・販売していて、実際に手にとって作品を見ることができる。2階は企画展示コーナーで、定期的に作家の個展や企画展を行っている。

住 東山区東大路通五条上ル遊行前町583-1
電 075-541-1102
FAX 075-541-1195
URL http://kyototoujikikaikan.or.jp
時 10:00～18:00
休 祝日を除く木曜
料 無料
交 京阪 清水五条駅から徒歩約10分／市バス 五条坂からすぐ
駐 あり（有料）

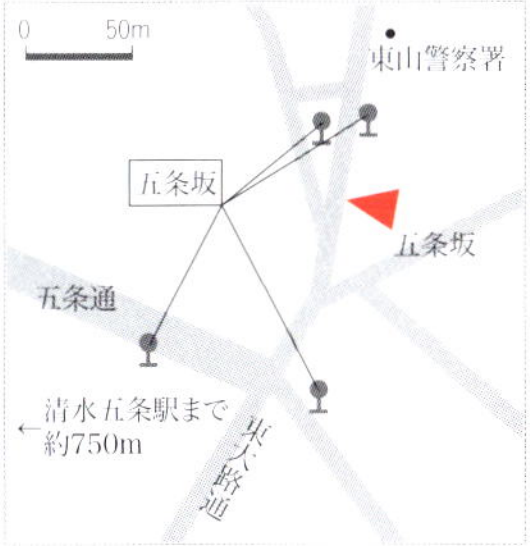

MAP<P236・E-1

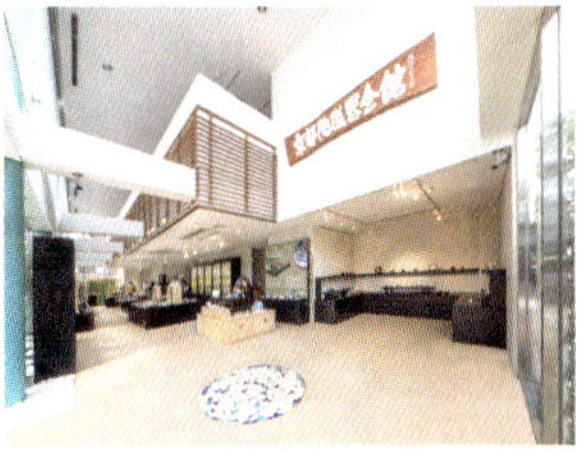

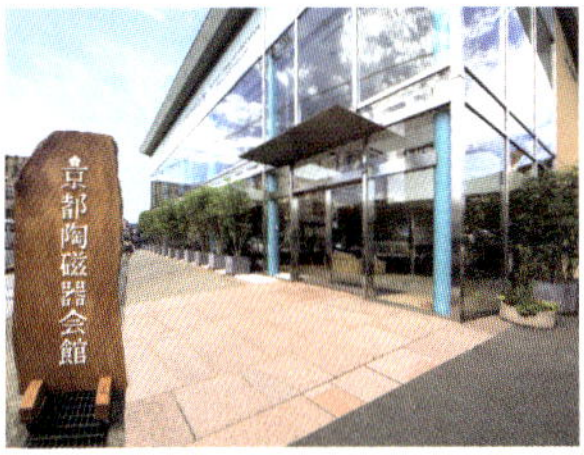

高台寺
掌美術館

こうだいじ
しょうびじゅつかん

見どころ

細かな表現と金蒔絵の美しさは、まさに桃山美術の粋であり、武将たちを和ませてきた

重要文化財 楓桐菊蒔絵薬味壺(作品展示替えあり)

秀吉がこよなく愛した高台寺蒔絵

　豊臣秀吉の正室・北政所(ねね)が開いた高台寺と、関連寺院に収蔵されてきた名品を中心に展示公開している。

　中でも「高台寺蒔絵」の品々は秀吉もこよなく愛したという。高台寺蒔絵とは、漆塗りの平面に金粉や銀粉をまいて描いた「平蒔絵」という技法で、桃山時代を代表する華麗な漆工芸である。黒漆の面に金粉をまいて文様を浮かび上がらせ、黒地と金蒔絵が美しく対比している。主に秋草をモチーフとしたものが多く、家紋散らしのデザインに絵梨地や針描といった技法を用いた、型にはまらない自由で斬新な発想で多彩かつ華麗な表現は、当時の武将たちが好んでいたという。

　他に、北政所を描いた重要文化財「高台院像」や「豊臣秀吉像」などの寺宝(絵画・美術工芸品・文書類)を順次公開している。

住 東山区高台寺下河原町530 京・洛市「ねね」2階
電 075-561-1414
FAX 075-561-1624
URL http://www.kodaiji.com/museum/
時 9:30〜18:00、高台寺・圓徳院の夜間拝観期間中は夜間も開館
休 12/31・展示替期間
料 大学生以上300円(掌美術館のみ)／2カ所 一般600円・中〜高校生250円(高台寺・高台寺掌美術館)／3カ所(高台寺・高台寺掌美術館・圓徳院)大学生以上900円
交 市バス 東山安井から徒歩約5分
駐 あり(有料)

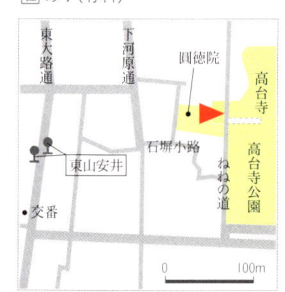

MAP<P236・D-2

重要文化財 秋草蒔絵天目台(作品展示替えあり)

クイズ Q

高台寺の名前にちなんだ蒔絵技法名は?
—— 答えは現地で発見!

京都市文化財建造物保存技術研修センター

きょうとしぶんかざい
けんぞうぶつほぞん
ぎじゅつけんしゅうせんたー

見どころ

檜皮葺・柿葺・茅葺で実際に使われている材料や道具、檜の皮で葺かれた屋根（模型）が間近で見られる

継承される日本の伝統的建築技術

　京都をはじめ日本の文化財建造物はほとんどが木造で、神社の式年遷宮などのように何十年かごとに修理が必要となる。使う材料は前回と同じものでなければならず、また技法も同じでなければならない。そうすることで後世にできるだけ元の姿のままで伝えていくのである。しかし近年、材料が入手しづらく、技術者が減少している傾向にあることから、文化財建築の保存・技術の継承と職人の養成を目的とし、なおかつ広く一般にも知らしめるために用意された施設。

　2階にある第1資料室では、檜皮葺・茅葺・柿葺という三つの伝統的な屋根葺の工程や道具などを、実物やパネル紹介で知ることができる。檜皮葺の釘打ち体験もある。

　ほかに、企画展や会議室として利用できる第2資料室・会議室・研修室や、技術者の研修の場となる実習室などがある。

住 東山区清水二丁目205-5
電 075-532-4053
FAX 075-532-4064
URL http://www.city.kyoto.lg.jp/bunshi/page/0000005595.html
時 9:00〜17:00
休 月・日曜・祝日・12/28〜1/4
料 無料（研修室・会議室などの使用は有料）
交 市バス 清水道から徒歩約5分
駐 あり（無料）

MAP▶P236・E-2

東エリア 東山

クイズQ

檜皮葺、柿葺に使われる釘は何でできている？
—— 答えは現地で発見！

163

清水三年坂美術館

きよみずさんねんざか
びじゅつかん

見どころ

七宝の並河靖之、金工の正阿弥勝義ほか、超絶技巧で作られた名品を常時展示している

住 東山区清水門前産寧坂北入清水三丁目337-1
電 075-532-4270
FAX 075-532-4271
URL http://www.sannenzaka-museum.co.jp
時 10:00〜17:00 (入館は16:30まで)
休 祝日を除く月・火曜・年末年始
料 一般800円・中〜大学生500円・小学生300円
交 市バス 清水道から徒歩約7分

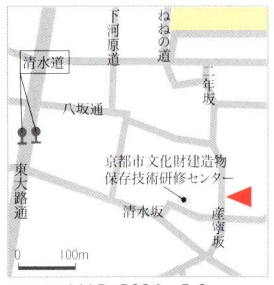

MAP<P236・E-2

並河靖之「蝶図瓢形花瓶」

京で見る幕末・明治の美術工芸品

　日本の工芸品は文明開化と同時に世界へと広まり、ジャポニズムという言葉が生まれるほど人気を得ていった。結果、幕末・明治時代に作られた美術工芸品の多くが海外に流出していったのである。

　ここは、幕末・明治の七宝や金工・蒔絵・京薩摩などの工芸品の数々を"常設展示"する日本で初めての美術館で、およそ1万点を所蔵。1階の常設展示室にはコレクションから厳選した作品が並んでいる。皇室より制作の奨励を受けていた帝室技芸員の手による作品や海外から買い戻した作品が数多く含まれる。これらの展示品は一年を通じて全作品が入れ替わるよう、随時展示替えが行われている。あわせて、道具や工程サンプルなどを使った技法や制作過程が紹介されている。2階では3カ月ごとに企画展を開催している。

クイズQ
幕末・明治の超絶技巧による作品を常設する美術館は何坂にある?
―― 答えは現地で発見!

長楽寺
収蔵庫

ちょうらくじ
しゅうぞうこ

見どころ

庭園は、室町時代、相阿弥が
足利義政の命で銀閣寺の庭を
造る時、試作的に造ったもの

東山の麓に佇み歴史を見てきた寺

　805（延暦24）年、桓武天皇の勅命で、天台宗の延暦寺別院として最澄が創建。最澄が唐への旅の途中に嵐で遭難しかけた時、准胝観音を乗せた二頭の龍神が現れ嵐が静まったといわれ、その准胝観音を最澄自ら刻んで本尊とした。勅封の秘仏であり、勅使が来られた時だけ開帳される。鎌倉時代初期に浄土宗に、室町時代に時宗に改宗している。平清盛の娘である建礼門院徳子が、壇ノ浦の戦いの後、京都に連れ戻されて落飾、尼・直如覚となったのが、この長楽寺である。

　建礼門院の子・安徳天皇の御衣で作った「安徳天皇御衣幡」や上から黒塗りして源氏の目から隠していたという「建礼門院御影」、無邪気に遊ぶ様子を描いた「安徳天皇画像」、時宗宗祖「一遍上人像」など重要文化財7体などが宝物館に収蔵され、常設されている。春と秋に特別展も開催。

住 東山区円山町626
電 075-561-0589
FAX 075-561-8550
図 http://www.age.ne.jp/x/
　chouraku
時 9:00～17:00（入館は16:30まで）
休 木曜　※特別拝観期間中は無休
料 高校生以上500円・中学生以下
　250円／特別展は別途
交 市バス 祇園から徒歩約10分、東
　山安井から徒歩約13分

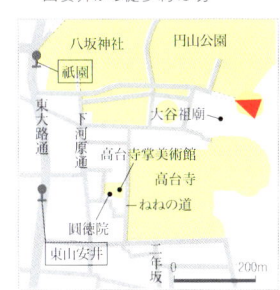

東エリア　東山

MAP<P236・D-2

霊山歴史館（幕末維新ミュージアム）

りょうぜんれきしかん
（ばくまついしん
みゅーじあむ）

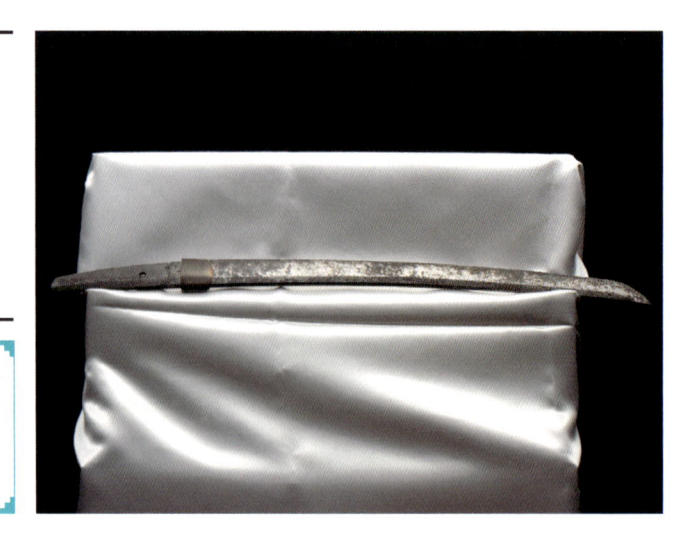

倒幕・佐幕両派の貴重な資料を展示

　幕末・明治維新の専門歴史博物館であり、幕末維新史を多面的に学べる施設。幕末に活躍した志士や大名、天皇、公家、文人、画家などの遺品や書状、文献など約5000点を収蔵し、約100点を展示している。坂本龍馬・中岡慎太郎・西郷隆盛・木戸孝允・高杉晋作など倒幕派志士の遺品とともに、新選組・徳川慶喜・松平容保など幕府側に関する資料も多数所蔵しており、倒幕派・佐幕派双方の視点から見ることができる。

　「坂本龍馬を斬った刀」や「近藤勇の所用刀」、「土方歳三の所用刀」、「龍馬直筆の手紙」、「高杉晋作愛用の鉄扇」などの資料によって、日本の近代化に命を懸けた志士たちの人物像に迫る内容。

　また、年に数回の「維新土曜トーク」や「特別講習会」、「子ども歴史教室」も開催している（有料・要申込・先着順）。

住 東山区清閑寺霊山町1
電 075-531-3773
FAX 075-531-3774
http://www.ryozen-museum.or.jp
時 9:00～17:30（入館は17:00まで）
休 月曜（祝日の場合は翌日）・年末年始
料 一般900円・高～大学生500円・小～中学生300円
交 市バス 東山安井から徒歩約7分
駐 あり（無料）

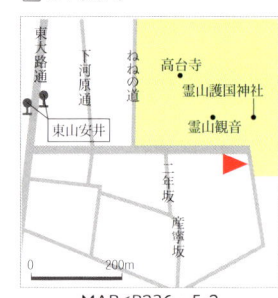

MAP<P236・E-2

近藤悠三記念館
－KONDO
Museum－

こんどうゆうぞうきねんかん
－こんどう
みゅーじあむー

見どころ

茶わん坂に面した記念館正面の直径126cmの梅染付大皿は圧巻

住 東山区清水一丁目287
電 075-561-2917
FAX 075-581-8755
URL http://www.yuzo.kondo-kyoto.com/
時 11:00～18:00
休 水曜
料 1,000円（RYUSUI Bar Space にて飲み物付）
交 市バス 五条坂から徒歩約8分

MAP<P236・E-2

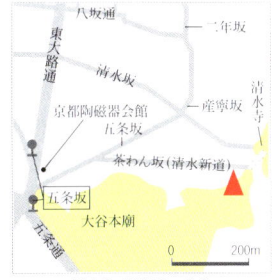

富士染付赤地金彩壺（1977年）

梅染付大皿（1975年）

磁器染付「伝統と革新」

　茶わん坂と呼ばれる坂を上がった清水寺の門前に、陶磁染付の分野で人間国宝の認定を受けた陶芸家・近藤悠三の記念館がある。12歳で陶磁器試験場付属伝修場ロクロ科に入所して以来一筋に陶芸の道に励み、河井寛次郎・浜田庄司との出会いや恩師・富本憲吉の元での修業を経て22歳で独立。この場所に仕事場を設け、晩年まで所蔵。その作風は、重厚な造形と自然の風物を大胆な筆致で描いた生命観あふれる染付作品が主に展示されている。展示室の奥には作陶場の再現と愛用の道具類も並んでいる。また、長男・豊、次男・潤、孫・高弘の三世代にわたる伝統と革新的な作品もあわせて展示されている。なお、ギャラリー内、RYUSUI Bar Spaceでは、近藤家の器にて、日本酒・抹茶・煎茶などを楽しむこともできる。

智積院宝物館・庭園

ちしゃくいんほうもつかん・ていえん

長谷川等伯 楓図壁貼付（部分）

見どころ

力強く描かれた楓の幹の豪快さと、細やかで繊細に描かれた秋草の可憐さとが同居する作品

桃山美術が堪能できる寺院

　もとは紀州（和歌山）の根来寺の塔頭のひとつ。後に、京都・東山にあった寺院——豊臣秀吉が3歳で亡くなった息子・鶴松の菩提を弔うために建立した祥雲寺（祥雲禅寺）——を徳川家康より寄進され、現在の地に再興した。

　宝物館には、日本の障壁画の代表作として知られている国宝の長谷川等伯「楓図」・長谷川久蔵「桜図」をはじめ「松に秋草図」や「松に立葵図」など、長谷川派の障壁画が展示されている。これらは祥雲寺を飾るために描かれたものであり、明るく豪華絢爛な作風は、桃山美術の典型的な作品といえる。

　大書院に面した大きな池とサツキの刈り込みが印象的な名勝庭園。利休好みの庭として有名で、刈り込みに自然石を配し、深山幽谷の趣きを表現。書院に座って眺める池泉鑑賞式の庭園である。その一部に、祥雲寺時代の庭が残っている。

住 東山区東大路通七条下ル東瓦町964
電 075-541-5361
FAX 075-541-5364
URL http://www.chisan.or.jp/
時 9:00～16:30
　（入館は16:00まで）
休 12/29～31
料 宝物館・名勝庭園 一般500円・中～高校生300円・小学生200円
交 京阪 七条駅から徒歩約10分／市バス 東山七条からすぐ

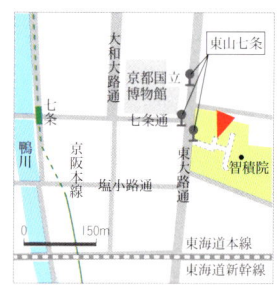

MAP<P235・B-5

名勝庭園

大本山 東福寺

だいほんざん　とうふくじ

見どころ

開山国師の「頂相」、画聖・
兆殿司筆の禅画や絵画・古文
書・経典などが並んでいる

重要文化財 阿弥陀如来坐像

度重なる火災を乗り越え伝わる宝物

　摂関・九條道家が聖一国師を開山として菩提寺建立を発願。1236（嘉禎2）年より19年の歳月をかけて東福寺を建立し、聖一国師を開山に仰いで京都最大の伽藍を発足させたのが摂関・九條道家である。1319（元応元）年、1334（建武元）年、1336（延元元）年に起こった火災で大部分を焼失するが、1346（貞和3）年に前関白・一條経道により復興し、京都最大の禅宗寺院としての寺観を整えたのである。しかし、1881（明治14）年には仏殿・法堂・方丈・庫裡を焼失し、大正～昭和にかけて順に再建されていった。

　境内には、国宝で日本最古の三門、浴室・東司・禅堂など重要文化財の古建築が並んでいる。

　光明宝殿では、国宝「絹本着色無準師範像」や重要文化財の「阿弥陀如来坐像」といった仏像のほか、東福寺とその塔頭寺院の文化財、5000点以上を収蔵。不定期開催の特別名宝展で公開している。

🏠 東山区本町15丁目778
☎ 075-561-0087
📠 075-533-0621
🖥 http://www.tofukuji.jp
🕐 4月～10月末 9:00～16:00（16:30に閉門）・11月～12月初旬 8:30～16:00（16:30に閉門）・12月初旬～3月末 9:00～15:30（16:00に閉門）
🈺 なし
💴 通天橋・開山堂／東福寺本坊庭園 一般400円・小～中学生300円 ※光明宝殿／通常は非公開。春の特別名宝展期間（4月下旬～5月上旬）は有料
🚃 京阪 鳥羽街道駅から徒歩約8分／JR、京阪 東福寺駅から徒歩約10分／市バス 東福寺から徒歩約10分
🅿 あり（無料・秋の特別拝観期間中は閉鎖）

東エリア 東山

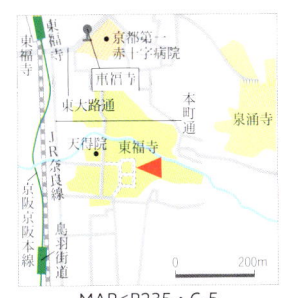

MAP<P235・C-5

本堂

169

京都青窯会会館

きょうとせいようかい
かいかん

人気の絵付コース

気軽に清水焼を触れる体験

　泉涌寺周辺は、大正時代初期より京焼・清水焼一筋に作陶を生業とする職人が集まり、幾人もの署名な陶芸家や職人を輩出してきた泉涌寺窯の地。現在30軒余りの窯元が暮らし、作品を作り続けている。その歴史と伝統を引き継ぎ、さらには新しい作風を目指して若手陶芸家たちが50年前に結成したのが「青窯会」。作陶技術の発展と市民・観光客に清水焼を広める場として、1975（昭和50）年に青窯会会館が設置された。

　館内には、会員の窯元が制作した作品約200点が展示され、気に入ったものを購入することも可能。素焼きの素地に呉須（絵具）で絵を描く「下絵コース」（完成は約3週間後）や手動ろくろや電動ろくろを回し成形まで行い、その後の釉掛けと焼成は先生にお任せする「手びねりコース」と「電動ろくろコース」（完成は約30日後）は、気軽に作陶が出来ると人気の一日体験。その他、窯元を訪ねる「窯元探訪コース」もある。毎年11月に開催しているもみじまつりは今や京都の定番行事となっている。

住 東山区泉涌寺東林町20
電 075-531-5678
FAX 075-531-3700
URL http://www.seiyoukai.com
時 11:00〜16:00
休 土・日曜・祝日・ゴールデンウィーク・夏季休暇・年末年始
料 無料／体験は有料・要予約
交 JR、京阪 東福寺駅から徒歩約10分／市バス 泉涌寺道から徒歩約5分
駐 1台（無料）

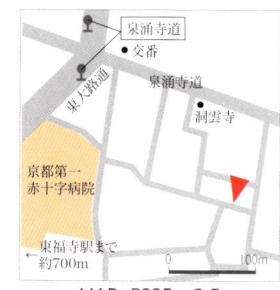

MAP<P235・C-5

青窯会会館 外観

手びねりコース

クイズ Q
泉涌寺の地と、やきものの係わりは？
—— 答えは現地で発見！

170

泉涌寺 宝物館 心照殿

せんにゅうじほうもつかん
しんしょうでん

見どころ

歴代皇室ゆかりの品々が並ぶ第2室。御尊影をはじめ、屏風、硯箱、化粧道具や衣装など

皇室ゆかりの宝物も所蔵

平安時代に藤原緒嗣が神修上人に帰依して「法輪寺」（後に仙遊寺と改称）を建立したことに始まるという。その後、宋から帰国した俊芿律師（月輪大師）により、1226（嘉禄2）年に再建され、寺地の一角に清泉が涌き出たことから泉涌寺と改められた。1242（仁治3）年に四条天皇が葬られて以降、歴代天皇の菩提所（皇室香華院）として信仰を集めている。

寺宝には、国宝の開山大師の「勧縁疏」をはじめ、重要文化財や府・市指定の文化財などが多数あり、また皇室の菩提所として歴代天皇の御尊影をはじめ御遺品などを所蔵している。これらの文化財を保存・管理・展示していくために宝物館「心照殿」が開設された。第1室では泉涌寺の歴史や仏教についての企画展示を、第2室では皇室に関わる企画展をそれぞれ年3回行っている。

住 東山区泉涌寺山内町27
電 075-561-1551
FAX 075-551-2788
URL http://www.mitera.org/
時 9:00〜17:00（入館は16:30まで）
（12〜2月は16:00まで）
休 第4月曜・元日・成人の日
料 伽藍拝観・心照殿 一般500円・小〜中学生300円
交 市バス 泉涌寺道から徒歩約7分
駐 あり（無料）

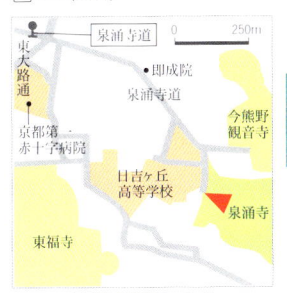

MAP<P235・C-6

滝昇鯉蒔絵硯箱（霊元天皇御遺品）

清水焼の郷会館

きよみずやきの
さとかいかん

京焼・清水焼 イメージ図

見どころ

清水焼の郷に住む愛すべきマスコット「きよまろ」がお出迎えしてくれることもある！

焼き物に親しむ町の伝統工芸

清水焼団地は、京焼・清水焼の企業の合理化・煙公害の刷新を図り、1962（昭和37）年に京都市東山区から山科区新大石道地区へと移動してできた京焼・清水焼を中心とした工芸の町。

清水焼の郷会館では、京焼・清水焼の源流となった野々村仁清、尾形乾山などの名工が育んだ伝統を受け継ぎながら、常に新しいかたち、新しい感覚を息吹かせた陶芸作家、窯元などの手作りの作品を常設展示。販売も行っており、アンテナショップの役割も果たしている。団地協同組合の事務所と工房も付設しており、手びねりや絵付けなどの陶芸体験も出来る（要予約）。

また、毎年10月の第3金・土・日曜日には年に一度の大陶器市「清水焼の郷まつり」を開催し、100軒を超える出展者が連なる。

住 山科区川田清水焼団地町10-2
電 075-581-6188
FAX 075-593-8120
http://www.kiyomizuyaki.or.jp
時 9:00〜17:00
　（土・日・祝日 10:00〜17:00）
休 年末・年始・お盆
料 無料／体験は有料・要予約
交 京阪バス 清水焼団地から徒歩約3分
駐 あり（無料）

MAP<P237・B-4

清水焼の郷会館

清水焼の郷マスコット「きよまろ」

クイズ Q

ゆるきゃら「きよまろ」のいでたちは？
—— 答えは現地で発見！

小堀京仏具工房
京仏壇
京仏具資料館

こぼりきょうぶつぐこうぼう
きょうぶつだん
きょうぶつぐしりょうかん

京仏壇・京仏具の伝統を知る

　6世紀の仏教伝来以降、日本における仏壇・仏具の役割は人々の生活に密着し、特に京都においては総合芸術の域にまで発展してきた。京都では、平安時代後期に仏師・定朝とその一族が居住し、工房を構えた七条仏所が創設され、その頃から仏具の制作が行われていたと伝えられている。

　彼らの優れた技術、意匠を伝承していくことを理念とし、精緻で確かな技術を持つ京仏具小堀が京仏具工房を設立。さらに、一般の人々に本物の仏壇・仏具の素晴らしさを感じてもらうために「京仏壇京仏具資料館」を公開し、さまざまな資料を展示している。仏具の素材や道具の質の違いが一目でわかる部材見本や、仏具の名品のほか、木地作りから彩色、蒔絵などの制作工程に関する実物資料も展示していて、技術の高さが感じられる。見学予約時に申し込むと杯に金箔を貼る体験ができ、持ち帰って使用することも可能。現在は休館中。

住 山科区西野山百々町88
電 075-341-4121
FAX 075-341-4128
URL http://kobori.co.jp
休 現在休館中
交 京阪バス 射庭ノ上町から徒歩約5分、花山稲荷、清水焼団地から徒歩約10分
駐 あり(無料)

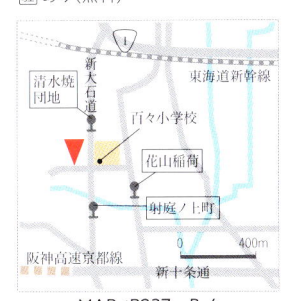

MAP<P237・B-4

東エリア　山科〜醍醐

173

醍醐寺霊宝館

だいごじれいほうかん

国宝 薬師三尊像

見どころ

醍醐天皇の発願で建立された薬師堂の本尊・薬師三尊像（国宝）。病気や苦しみを除く仏として多くの信仰を集めている。

花見の名所で名品の宝庫を訪ねる

874（貞観16）年に開創された真言宗醍醐派の総本山。世界文化遺産に登録されている。豊臣秀吉が盛大な「醍醐の花見」をしたことで有名で、桜の名所として知られる。200万坪にもおよぶ広大な寺域には、951（天暦5）年建立の五重塔や金堂、薬師堂といった歴史的建造物が多く立ち並んでいる。

また、仏画や絵画、美術工芸品など国宝や重要文化財を多数所蔵し、その研究・整理を1914（大正3）年から今もなお続けている。

霊宝館では、これら宝物を保存し、春と秋の年2回、特別展を開催している。総計10万点以上の宝物の中には、「醍醐寺文書」と呼ばれる古文書類、800年前に中国から持ち帰られた「宋版一切経」、平安時代に造られた国宝の「薬師如来坐像」、鎌倉時代前期の「五大尊像」、俵屋宗達筆「舞楽図」などがある。

伏見区醍醐東大路町22
電 075-571-0002
FAX 075-571-0101
https://www.daigoji.or.jp/
時 9:00〜17:00（発券は16:00、入館は16:30）・12月第1日曜の翌日1〜2月末は16:30
休 無休
料 3ヵ所拝観券（三宝院・伽藍・霊宝館）のみ　一般800円、中〜高校生600円　※春（3/20〜5/15）・秋（10/15〜12/10）は一般1,500円、中〜高校生1,000円
交 地下鉄東西線 醍醐駅2番出口から徒歩約10分／京阪バス 醍醐寺、醍醐寺前からすぐ
駐 あり（有料）

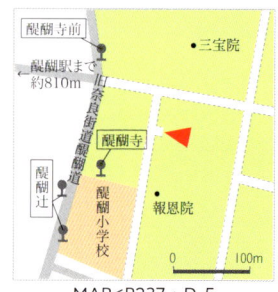

MAP<P237・D-5

重要文化財 俵屋宗達筆 舞楽図（部分）

一燈園資料館「香倉院」

いっとうえんしりょうかん「こうそういん」

見どころ

棟方志功作「二菩薩釈迦十大弟子」など、親交のあった芸術家の作品も多数

一燈園の精神と作家たちとの交流

　争いのない暮らしを目指して1913（大正2）年に開かれ、1928（昭和3年）に山科に移転した一燈園。その創設者・西田天香は、滋賀県・長浜に生まれ、日露戦争の前年に、トルストイの著書『我が宗教』に接して感銘を受け、その翌年から「全てを捨てた奉仕活動による生活」を始めた人物である。

　香倉院は、西田氏の墨蹟・遺品を中心に、交際のあった著名人たちの作品や書簡を展示している。棟方志功の版画、河井寛次郎の陶芸品、須田剋太や綱島梁川の書、直原玉青の南画、尾崎放哉や倉田百三の書簡、コルベ神父より贈られたマリア像、ガンジーゆかりの手紬車など、歴史・文芸・宗教など、多分野にわたる所蔵品である。

　資料館の前を流れる琵琶湖疏水は春には桜が咲き、秋には紅葉が彩りを添える散歩道で、美しい風景を同館の訪問の目的とする人は少なくない。

住 山科区四宮柳山町8
電 075-581-3136
FAX 075-581-3139
http://www.kosoin.com
時 10:00〜17:00（入館は16:30まで）
休 日曜・祝日・第2・4土曜・お盆・年末年始（事前予約による開館可能）
料 一般500円・中〜大学生400円／特別展は別途
交 京阪 四宮駅から徒歩約5分
駐 あり（無料）

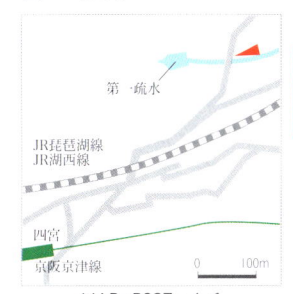

第一疏水
JR琵琶湖線
JR湖西線
四宮
京阪京津線
0　100m

東エリア　山科〜醍醐

MAP▶P237・A-6

棟方志功作　二菩薩釈迦十大弟子（のうち文殊菩薩）

クイズ Q

争いのない生活を目指して一燈園の生活を始めた人物は誰か。
—— 答えは現地で発見！

175

京の田舎民具資料館

きょうのいなかみんぐ
しりょうかん

見どころ

展示のひとつひとつに、イラストや写真など、わかりやすく丁寧な説明が添えられている

実物を見て庶民の暮らしやその変遷を学ぶ

　京都で教員を務めていた初代館長は、昔の暮らしや道具について教える社会科の授業で、農家だった自分の家の古い農具を学校に運んで見せていた。その時、子供たちが感想を述べる姿を見て、実物を見せることの意義深さを感じたという。

　そこで現代の生活に直結する庶民文化を伝えたいと考えてこの資料館をオープン。暮らしと仕事の道具を約2500点収集し、展示している。

　1階は米作りや畑仕事の道具、織り仕事の道具を展示。特に田植えから脱穀、精米まで、稲作の工程順に並べられた米作りの道具は、時代によって大きく変遷していったことがわかる。数百年前に使われていた「龍骨水車」や江戸時代の脱穀機「千歯扱」は必見。2階には衣食住の暮らしの道具が並び、別館には商いに関する道具が展示されている。

住 山科区小山小川町2
電 075-501-8862
FAX 075-501-8862
休 なし
時 9:00～16:30
　（入館は16:00まで）
休 月曜・12/29～1/3
料 一般500円・中～高校生400円・小学生300円
交 京阪バス 小山から徒歩約5分
駐 あり（無料）

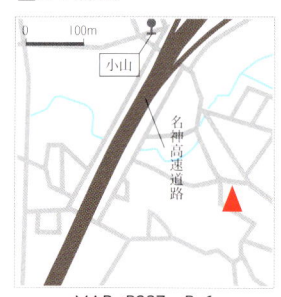

MAP<P237・B-6

館の外観

水車

クイズ Q

「民具」という言葉は誰がいつ初めて使ったのか？
── 答えは現地で発見！

176

焼き物の豆知識

焼き物の歴史は古く、約1万2千年前の縄文土器が最古のものだろう。その後、弥生土器が作られ、5世紀の古墳時代になると高温で焼成する須恵器が登場。奈良時代には釉薬をかけた陶器が作られるようになり、それに伴い各地方で特色ある焼き物が作られるようになった。常滑焼(愛知県)、瀬戸焼(愛知県)、越前焼(福井県)、信楽焼(滋賀県)、丹波焼(兵庫県)、備前焼(岡山県)を日本六古窯という。

陶器と磁器

陶器は「土もの」ともいわれるように、「陶土」と呼ばれる粘土が原料。磁器は「石もの」とも呼ばれ、石英や長石などの原料を粉砕して粉にし、粘土と混ぜて使う。陶器が800度〜1250度で焼き上げるのに対し、磁器は1200度〜1400度で焼き上げる。

京焼の歴史

平安京以前の古墳時代には焼き物が作られていた。

16世紀頃には、三条・粟田口に陶磁器の窯元が集中し、粟田焼が作られた。安土桃山時代になると、大陸から技術が伝わり、中国人陶工による三彩や交趾焼などが京都で製陶されていた。

江戸時代に入ると、茶碗や茶入れなど茶陶の製造が盛んになった。さらに瀬戸や唐津など地方の職人も京で作陶し、各地方の技法も取り入れて発展。清水焼が誕生したのもこの頃とされ、他にも御室焼、御菩薩池焼、修学院焼も作られていた。

御室焼は色絵陶器を大成した野々村仁清が始めた。その後、尾形乾山は兄・尾形光琳とともに乾山焼と呼ばれる斬新な作品を生み出した。永楽家は千家十職の一つ、「土風炉・焼物師」として活躍した。

樂家は天正年間、瓦職人の長次郎が聚楽第造営の際、掘り出した土で焼いた「聚楽焼」が始まりとされる。手とへらだけで成形する「手捏ね」で750〜1100度で焼成するのが特徴。秀吉から聚楽第の「樂」の字を賜り、樂焼となったとされ、現在も営々と受け継がれている。

磁器は古くから大陸より伝来していたが、江戸時代に奥田穎川が京都で初めて作った。青木木米、仁阿弥道八も磁器作品を焼いている。

京焼って?

現在では、京都の焼き物を総称して「京焼」という。伝統的工芸品「京焼・清水焼」として登録されている。都であった京都では、磁器、陶器をはじめ、色絵付け・金彩など、各地の技法を取り入れながら独自に発展し、多様な窯が生まれた。桃山時代には茶の湯とともに洗練された独自の作品が誕生。今も個性豊かな京焼は、多くの人を惹きつけてやまない。

写真は焼き物作品(清水焼の郷会館　P172)

染織の豆知識

経(たて)糸と緯(よこ)糸が組み合わさって、布に織り成される。先染めはこの織りの段階前に模様をあらわすために糸を染めることをいい、後染めは織り上がった布に模様を染めることをいう。織の組織の種類としては、経糸と緯糸が1本ずつ交差した平織りが一番一般的。羽二重、綴れ、紬などがそうだ。ほかに綾織(斜文織)、繻子織、綟り織(溺み織)などがあり、織物はこの四原則、或いはその変形によって成り立っている。

紋織

織物は無地織物と紋織（模様織）に大きく分かれる。

経糸で模様を表わす絣などは平織りだが、緯糸に模様を織りだす絵緯、文様を浮織のように表現する縫取織など様々な技法がある。さらに複雑な文様を織り成すために、経糸、もしくは緯糸に色糸を加え高機の上に櫓を組んで人が乗り、織り手に合わせて経糸を引き上げる空引機が考案された。これは明治時代に輸入されるジャカード織機以前の機である。

西陣織

名前は応仁の乱のとき、西軍の山名宗全が本陣を置いた地名にちなむ。乱の後、職人たちが西陣の跡地に帰還し、京織物を再興した。秦氏ゆかりの絹織物集団「大舎人座」が将軍家直属の絹織物の生産所として「西陣織」へと発展させた。その範囲は上京区、北区（北は北大路通、南は今出川通、西は千本通、東は堀川通）に及ぶ。綴機で織る綴織だが、経糸を杼ですくって緯糸を爪で掻き寄せて文様を織る、爪掻本綴れ織りが独特の技法である。西陣織といえば帯が有名だが、舞台幕である緞帳もまた有名である。西陣織の重厚感と鮮やかな色彩が各地の舞台を飾っている。

高校野球の優勝旗も西陣織の場合が多い。祇園祭の見送り幕も西陣織（復元品など）。山鉾の豪華な雰囲気を盛り上げている。

各地の織物

日本各地でその風土や素材に合った染織品が織られていた。沖縄の芭蕉布はイトバショウから採取した繊維で織った布。大宜味村喜如嘉の芭蕉布は国の重要無形文化財。静岡県の葛布、山形県の科布と併せて三大古代布という。まだ流通が発達していない時代、一家の主婦が農閑期に糸を紡ぎ、染め、家族の着物を織った。木綿の普及とともに、江戸時代になると紡いだ糸は町内にある紺屋（藍染屋）に持って行って染めてもらうのが一般的になった。絣にするときは、糸を小切れで括ってその部分が染まらないように防染した。福岡県の久留米絣、愛媛県の伊予絣、広島県の備後絣は日本三大絣といわれる。いずれも紺絣だ。上布は極細い麻糸で平織りした麻織物。沖縄の宮古上布、滋賀県の近江上布、新潟県の越後上布を日本三大上布といい、越後上布は重要無形文化財。織成館などの施設で全国の染織史料を観ることができるのも京都ならではである。

写真は西陣織の帯（西陣織会館　P71）

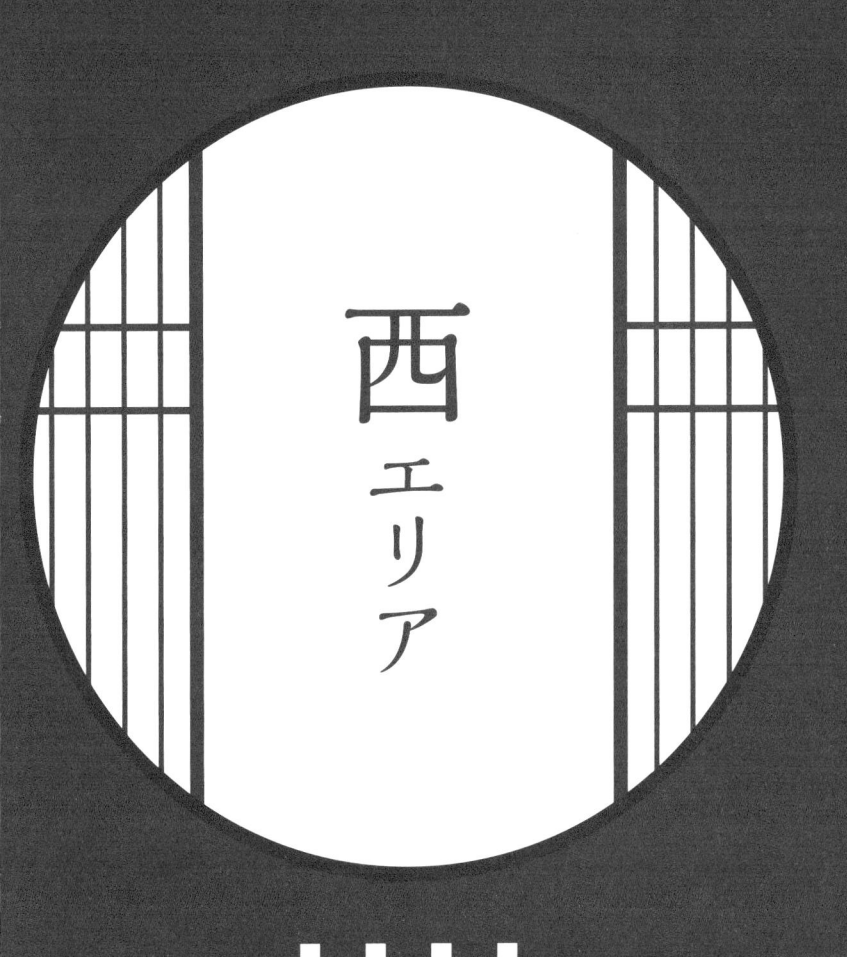

西 エリア

- ■ 太秦〜花園〜西京極
- ■ 嵐山〜松尾
- ■ 洛西
- ■ 京北

東映太秦映画村 映画文化館 （京都太秦 美空ひばり座）

とうえいうずまさえいがむら えいがぶんかかん（きょうとうずまさみそらひばりざ）

映画文化館の外観

日本映画の足跡と、美空ひばりのすべてがここに

　映画村のシンボル的存在で、洋館風外観が印象的。映画文化館の2階には、日本映画の父・牧野省三の遺徳を偲び後進の映画人を表彰する「牧野省三賞コーナー」、日本映画の発展に特に大きな功績のあった映画人を顕彰する「映画の殿堂」、京都の映画史を中心に日本映画史を解説する「写真で綴る日本映画史」、ポスターコーナー、撮影機材などの映画資料を展示。

　1階は歌、映画、舞台などあらゆるジャンルにわたって日本人を魅了した永遠のスター美空ひばりの映画ポスターや貴重な衣装、小道具を展示している。

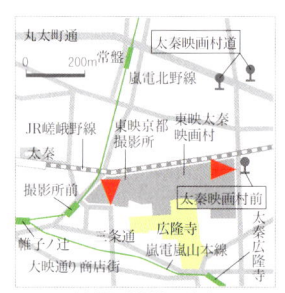
MAP<P239・C-4

🏠 右京区太秦東蜂岡町10
☎ 0570-064349(ナビダイヤル)
📠 075-864-7763
🔖 映画文化館　http://www.toei-eigamura.com/event/detail/23
　京都太秦美空ひばり座　http://www.toei-eigamura.com/event/detail/24
🕐 9:00〜17:00（12月〜2月は9:30〜17:00）（入館は16:00まで）
🈺 1月中旬
💴 無料／別途入村料 一般2,200円・中〜高校生1,300 円・3歳以上1,100 円
🚃 JR太秦駅から徒歩約5分／嵐電太秦広隆寺駅、撮影所前 駅から徒歩約5分／市バス 太秦映画村道から徒歩約5分／京都バス 太秦映画村前からすぐ
🅿 あり(有料)

美空ひばり座

映画の殿堂

クイズ Q
日本映画の父・牧野省三が初めて映画を制作したのは何年か。
——— 答えは現地で発見！

八つ橋庵と
ししゅうやかた

やつはしあんと
ししゅうやかた

見どころ

京刺繍画の見事な造形美に感嘆。鮮やかな彩りとともに、細部の細やかさにも注目

金龍の図（部分）

刺繍と和菓子のカルチャー体験

　テーマは"京都・京菓子カルチャー体験館"。質素でありながら華やかさを求める京都で、熟練した職人たちが受け継いできた手作りの素晴らしさを、刺繍文化と和菓子で伝える。

　平成30年にリニューアルした館内では、さまざまなカルチャー体験ができる。手軽な「生八つ橋手づくり体験」のほか、みたらし団子・京菓子まんじゅう作り・ねりきり細工などがある。1階では、生八つ橋の製造工程の見学や、できたての生八つ橋など京都土産の買い物ができる。2階のししゅう美術館は、花鳥風月をテーマにした四つの展示室を持つ。額に納められた作品は全て繊細で華麗な京刺繍画で、約80点の作品が圧倒的なスケールで並んでいる。非常に細い糸で制作され、絵画や写真と見間違うほどの出来栄えで、初めての感動が味わえる。

住 右京区西京極西衣手町36
電 075-313-2151
FAX 075-311-9581
http://sisyu.yatuhasian.jp
時 9:00〜17:15（入館は16:45まで）
休 12/26〜31
料 無料／体験は有料・要予約
交 体験・食事予約の方は阪急 西京極駅への迎えのサービスあり／阪急 西京極駅から徒歩約20分／市バス 西京極午塚町、西京極から徒歩約5分
駐 あり（無料）

MAP<P239・D-5

西エリア

大秦〜花園〜西京極

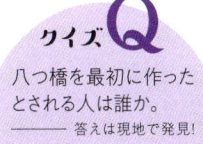

クイズQ

八つ橋を最初に作ったとされる人は誰か。
―― 答えは現地で発見！

181

陽明文庫

ようめいぶんこ

五摂家筆頭による歴史資料の宝庫

　藤原鎌足から始まり、平安時代に栄華を極めた藤原道長の系譜に連なる、千数百年の歴史を持つ近衛家。日本の首相を3度にわたって務めた二十九代当主・近衛文麿によって1938（昭和13）年に設立された陽明文庫は、伝来する古文書・典籍類を中心に、さまざまな美術工芸品など合わせて20万点もの貴重な資料（国宝8件、重要文化財60件を含む）を今日まで守り、伝えている。

　歴代当主の関白記や天皇の直筆文書など、五摂家筆頭の近衛家ならではの貴重資料は国文学者・歴史研究者にとっての宝庫。特に、藤原道長が記した『御堂関白記』全14巻は、朝廷の公事に関するものが中心となっていて、当時の儀事典礼を知る重要な資料となっている。

　平安以降の貴族文化の美意識が感じられる作品も多く、絵巻・屏風・掛軸などの絵画・太刀・加茂人形・茶杓箪笥などがある。

住　右京区宇多野上ノ谷町1-2
電　075-461-7550
FAX　なし
URL　なし
時　3月中旬・9月からそれぞれ3カ月間のみ開館（要予約・個人による見学は不可）
休　無休
料　1,500円
交　市バス 福王子から徒歩約6分
駐　なし

MAP<P239・A-5

仁和寺
霊宝館

にんなじ
れいほうかん

見どころ

創建時より伝わる一木造の本尊。腹前で定印を結ぶ現存最古の阿弥陀像としても知られている

住 右京区御室大内33
電 075-461-1155
FAX 075-464-4070
URL http://www.ninnaji.jp
時 4月～5月第4日曜・10/1～11/23
　9:00～17:00（入館は16:30まで）
休 開催期間中無休
料 一般500円・中～高校生300円
交 嵐電 御室仁和寺駅から徒歩約2分／市バス 御室仁和寺からすぐ
駐 あり（有料）

MAP<P239・A-5

国宝 阿弥陀如来坐像

由緒ある名宝が伝わる古刹

　光孝天皇により発願され、888（仁和4）年に宇多天皇が仁和寺を創建。以来1867（慶応3）年まで代々皇室出身者が門跡を務めた宮門跡寺院であった。現在は真言宗御室派の総本山で、1994（平成6）年には世界文化遺産に登録される。

　1468（応仁2）年、応仁の乱によって、伽藍が焼失するが、本尊の阿弥陀三尊や宝物類は大切に守られ続け現在に伝えられている。江戸時代には、幕府によって1646（正保3）年に伽藍が再建されており、今も当時の姿を偲ぶことができる。桜の名所として知られている。

　霊宝館では、創建当時の本尊である阿弥陀三尊をはじめ絵画や書跡、工芸、考古、古文書など多分野の資料を収蔵しており、春・秋の2回、一般公開している。

宇多法皇像

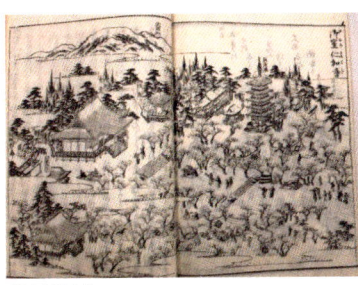

都名所図会

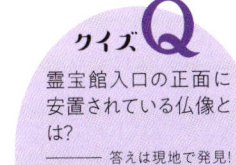

クイズ **Q**

霊宝館入口の正面に安置されている仏像とは?

—— 答えは現地で発見!

西エリア

太秦～花園～西京極

183

龍安寺

りょうあんじ

見どころ

国の名勝である鏡容池は、オシ鳥が群れでいたことから「おしどり池」とも呼ばれている

禅の教えを説く究極の石庭

　1450（宝徳2）年、徳大寺家の別荘を譲り受けた細川勝元が、妙心寺の義天和尚を開山として創建。応仁の乱で焼失するも、1488（長享2）年に勝元の実子・政元によって再興する。石庭はこの時に作庭されたという。1797（寛政9）年に、方丈・開山堂・仏殿を焼失しており、塔頭である西源院から方丈を移した。世界文化遺産に登録。

　訪れる人を引きつけてやまない石庭は、作者やはっきりとした作庭年代は不明である。わずか75坪の白砂の空間を油土塀で囲み、大小の石を15個配置したのみの簡潔な構成である。極めて抽象的であり、禅の思想の影響を端的に表した格調高い庭といえる。

　その他に、徳大寺家の別荘地時代から残る鏡容池、参道の脇を飾る龍安寺垣、秀吉も称賛したという侘助椿、知足の心を図案化したつくばいなど、見どころは多い。

住 右京区龍安寺御陵ノ下町13
電 075-463-2216
FAX 075-463-2218
URL http://www.ryoanji.jp
時 8:00〜17:30（受付は17:00まで）・12〜2月は8:30〜17:00（受付は16:30まで）
休 無休
料 一般500円・小〜中学生300円
交 嵐電 龍安寺駅から徒歩約7分・市バス 竜安寺前からすぐ
駐 あり（拝観者のみ1時間無料）

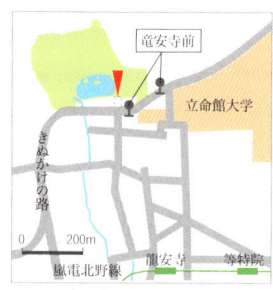

MAP<P239・A-5

クイズ Q

石庭の別称は何というか。

—— 答えは現地で発見！

京都ddd ギャラリー

きょうとでぃーでぃーでぃー
ぎゃらりー

> ## 見どころ
> ここでは過去・現在・未来、
> 世界各地のデザインに触れる
> ことができる

展覧会風景

グラフィックデザインの潮流の発信

　ポスターや書籍、タイポグラフィなど、国内外の優れたグラフィックデザインとアートにまつわる企画展を開催するギャラリー。1991（平成3）年、大日本印刷が関西の文化活動の場として大阪に開設。その後、2008（平成20）年に設立されたDNP文化振興財団が企画運営を引き継ぎ、2014（平成26）年に京都に移転。

　時代の流行や風俗を反映する優れた作品の展示と併せて、第一線で活躍するデザイナーやアーティストらが出演する講演会やワークショップなども行っている。企画展は年5〜6回開催。その中には地元大学との共催展なども含まれている。これからも国際的な芸術文化の地「京都」を拠点に、アーティスト、伝統工芸継承者、芸術系大学とも連携しながら様々なコラボレーションや新メディアとの実験的試みなどの活動を仕掛けていく。

住 右京区太秦上刑部町10
電 075-871-1480
FAX 075-871-1267
URL http://www.dnp.co.jp/gallery/ddd/
時 11:00〜19:00（土・日曜特別開館は18:00まで）
休 日曜、祝日（会期中、1回程度、日曜特別開館）
料 無料
交 地下鉄東西線 太秦天神川駅1番出口から徒歩約3分／嵐電 嵐電天神川駅から徒歩約3分
駐 なし

MAP<P239・C-5

西エリア　太秦〜花園〜西京極

展示に関するトークショー

ギャラリーの入る建物

クイズ Q
ギャラリーの入り口にあるのは何？
―― 答えは現地で発見！

京都外国語大学
国際文化資料館

きょうとがいこくごだいがく
こくさいぶんかしりょうかん

見どころ

実物大に複製された「中国の兵馬俑」など、直接見て感じられる常設展示となっている

住 右京区西院笠目町6 京都外国語大学10号館4階（第二分館内）
電 075-864-8741
FAX 075-864-8760
http://www.kufs.ac.jp/umc/index.html
時 10:00〜17:00（入館は16:30まで）
休 土・日曜・祝日
　※特別展は異なる
料 無料
交 地下鉄東西線 太秦天神川駅2番出口から徒歩約5分／嵐電 嵐電天神川駅から徒歩約5分

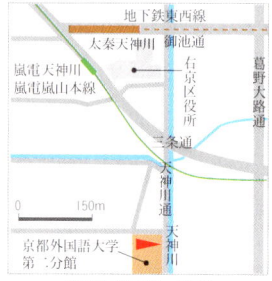

MAP<P239・D-5

クイズ Q
入り口にある兵馬俑はだれの守護隊か。
—— 答えは現地で発見!

中近東と中南米の民俗文化を収集

　イスラム圏・メキシコ・ブラジルなどの民俗資料を研究・展示する施設として開館した国際文化資料館。大学の建学の精神 "PAX MUNDI PERLINGUAS"（言語を通して世界の平和を）に基づき、公開講座、研究講座など博物館活動を通して国際的理解を深め、学術・文化の向上および世界の平和に寄与することを目的としている。

　収蔵品には、イスラム世界の生活用品、メキシコ考古資料（複製品）・民芸品・民俗資料、グアテマラ・マヤの民俗資料、ラテンアメリカの現代美術、ブラジル・バイーア州の民俗資料、ポルトガル大航海時代のアジア進出関係資料、中国の兵馬俑（複製品）などがある。また、メキシコで活躍した日本人アーティスト・忍 TOBITA の作品約260点も所蔵。

　総数はおよそ1400点に上り、年間4〜5回の展覧会を開催している。

展示室内

展示物　レバノンのガラス細工

雅楽器
博物館

ががっき
はくぶつかん

見どころ

鎌倉時代の琴や笙など、貴重
な楽器も多数伝わっており、
歴史の重さと専門性の高い充
実の内容

平安時代の雅な音色を今に伝える

　奈良時代から数えると1300年もの歴史を持つ雅楽。中国大陸（唐）・朝鮮半島（高句麗）から伝わった宮中との関わりが深い日本の伝統音楽であり、楽器は日本の伝統工芸を総合した芸術品である。山田家は雅楽器の制作・修理を、江戸時代より受け継いでいる雅楽器師の家。木工工程のみならず、漆芸・螺鈿細工・金彩など仕上げまでのすべての工程を五代目・六代目ともに1人でこなしている。また実際に演奏も行い、後継者育成にもあたるなど多くの人々にその魅力を伝えている。

　博物館は、古代楽器を筆頭に、笙・龍笛・篳篥・高麗笛・神楽笛・楽太鼓・楽琵琶・楽琴・和琴・能管・楽譜にいたるまで、雅楽と能楽、長唄、祇園祭にまつわる品などを60数点所蔵。完全予約制で自宅兼工房の2階を開放し、実物を見ながらひとつひとつわかりやすく丁寧な解説をしてくれる。

住 中京区西ノ京月輪町13-3
電 075-802-2505
FAX 075-802-2505
なし
時 10:00〜17:00（要予約）
休 不定休※現在休館中、再開時期未定
料 一般1,000円・高校生800円・中学生700円・小学生500円（ガイド付き）
交 地下鉄東西線 西大路御池駅から徒歩約15分／市バス 西小路御池から徒歩約2分

MAP<P239・C-6

西エリア

太秦〜花園〜西京極

花園大学
歴史博物館

はなぞのだいがく
れきしはくぶつかん

蓄積された資料を広く公開

　約2000点の収蔵品と寄託品を持ち、このうち考古学・民俗学・歴史学・美術史・禅文化・典籍に関わる資料を展示する第1展示室の常設展示と、独自に企画・立案したユニークな企画展を年2回行う第2展示室があり、「学生参加」の理念の下、学生・院生スタッフも展示活動に積極的。

　常設展は四つの部門に分けられている。大学の考古学研究室が行った発掘調査の出土資料で、4世紀末の伏見区黄金塚2号墳の埴輪群、花園大学構内遺跡からの平安京関係遺物などが中心の考古学資料。民俗学資料は、奈良県・大宇陀町（現・宇陀市大宇陀区）で収集した人の生活・文化に関わる事物。美術・禅文化については禅画や墨跡を中心に禅文化に関する美術や資料を展示し、歴史・典籍においては、文学部日本史学科が収集した古文書などの多数の文献史料を展示している。

住 中京区西ノ京壺ノ内町8-1 無聖館4階
電 075-811-5181（代）
FAX 075-811-9664
URL http://www.hanazono.ac.jp/museum
時 4～7月・9～1月のみ開館10:00～16:00・土曜は14:00
休 日曜・祝日・大学休講日
料 無料
交 JR 円町駅から徒歩約8分／市バス 伯楽町、西ノ京塚本町から徒歩約5分

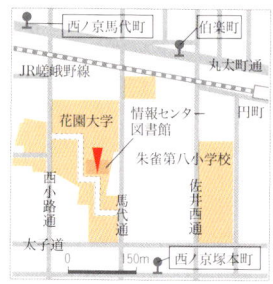

MAP<P239・C-6

白隠慧鶴 渡唐天神図（部分）

環境教育学習施設

かんきょうきょういく
がくしゅうしせつ

見どころ

子供にもわかりやすく、楽しく学べる施設見学で、環境問題への取り組みを勉強できる

京都市北部クリーンセンター見学風景

環境負荷の少ない持続可能なまちの実現に向けて

京都市では、リデュース・リユース・リサイクルを広く働きかけるため、施設の見学を受け入れている。

北部・東北部・南部の三つのクリーンセンターは、ごみを安全・安心に適正処理する施設。北部・南部の二つのリサイクルセンター（西部圧縮梱包施設、横大路学園は資源ごみを適正にリサイクルするための中間処理施設）、埋め立て処分地（エコランド音羽の杜）では、クリーンセンターでのごみの焼却で生じた灰や不燃物の埋め立て処分を行っている。廃食用油燃化施設は、市内の一般家庭・レストラン・食堂から出される廃食用油（使用済みてんぷら油）を原料として、京都市直営のごみ収集車と市バスの一部で利用している「バイオディーゼル燃料」を作っている。

京都市東部山間埋立処分地（エコランド音羽の杜）

いずれの施設も事前の予約が必要で、所要時間は約60〜150分。団体での見学のみ受け付けている。ただし現在、南部クリーンセンターは建て替え整備中のため施設見学を休止しているが、整備後は受け入れを開始する予定。

北部クリーンセンターでは、脱温暖化・循環型社会を構築するために何をすべきかを、市民の皆さんに学んでもらうことを大きなテーマとしている。特に未来の地球を担う子どもたちには、自分たち自身で考え、答えを見つけだし、実行してもらうことが重要。そこでアミューズメント性のあるストーリーを創り、実際の施設を見ながら環境の大切さを楽しく学べるように工夫している。

京都市東北部クリーンセンター

西エリア

太秦〜花園〜西京極

京都市北部
クリーンセンター
きょうとしほくぶくりーんせんたー

京都市北部資源
リサイクルセンター
きょうとしほくぶしげんりさいくるせんたー

- 住 右京区梅ヶ畑高鼻町27
- 電 075-873-3020　FAX 075-873-3021
- http://www.city.kyoto.lg.jp/menu1/category/
  1-7-1-2-0-0-0-0-0.html
- 時 朝9:30～、昼13:30～見学開始（要予約）
- 休 月・土・日曜
- 料 無料
- 交 市バス 高鼻町から徒歩約5分

京都市北部クリーンセンター
京都市北部資源リサイクルセンター

京都市東北部
クリーンセンター
きょうとしとうほくぶくりーんせんたー

- 住 左京区静市市原町1339
- 電 075-741-1003　FAX 075-741-1033
- http://www.city.kyoto.lg.jp/menu1/category/
  1-7-1-4-0-0-0-0-0.html
- 時 朝9:30～、昼13:30～見学開始（要予約）
- 休 月・土・日曜
- 料 無料
- 交 叡電 市原駅から徒歩約20分

京都市東部
山間埋立処分地
（エコランド音羽の杜）
きょうとしとうぶさんかんうめたてしょ
ぶんち（えこらんどとおとわのもり）

- 住 伏見区醍醐上山田1
- 電 075-572-8465　FAX 075-575-3031
- http://www.city.kyoto.lg.jp/menu1/category/1-7-2-0-0-0-0-0-0.html
- 時 9:30～15:00（要予約）
- 休 土・日曜
- 料 無料
- 交 地下鉄東西線 小野駅2番出口から徒歩約20分

京都市南部
クリーンセンター
きょうとしなんぶくりーんせんたー

- 住 伏見区横大路八反田29
- 電 075-611-5362　FAX 075-612-5235
- http://www.city.kyoto.lg.jp/menu1/category/1-7-1-3-0-0-0-0-0.html
- 時 9:00～12:00、13:00～16:30（要予約）
- 休 土・日曜
- 料 無料
- 交 市バス 南横大路から徒歩約10分

京都市南部資源
リサイクルセンター
きょうとしなんぶしげんりさいくる
せんたー

- 住 伏見区横大路千両松町447
- 電 075-621-7075　FAX 075-621-7076
- http://www.city.kyoto.lg.jp/kankyo/page/0000147600.html
- 時 9:00～15:00（要予約）
- 休 土・日曜
- 料 無料
- 交 市バス 南横大路から徒歩約10分

京都市廃食用
油燃料化施設
きょうとしはいしょくようゆねんりょ
うかしせつ

- 住 伏見区横大路千両松町447
- 電 075-604-5880　FAX 075-604-5884
- http://www.city.kyoto.lg.jp/kankyo/page/0000065549.html
- 時 13:30～16:00（要予約）
- 休 金・土・日曜
- 料 無料
- 交 市バス 南横大路から徒歩約10分

クイズ Q

北部クリーンセンターの
屋上に設置されている、
あるエコなものとは何？
───── 答えは現地で発見！

京都市 嵯峨鳥居本 町並み保存館

きょうとし
さがとりいもと
まちなみほぞんかん

見どころ

明治時代の建築当初のままに復元し、町家の姿と地域の様子を今に伝え残していく

奥嵯峨の情緒を保存し伝えていく

17世紀ごろから愛宕神社の門前町として発展し、周辺の美しい自然を背景に伝統的な民家が並ぶ嵯峨鳥居本地区。この町並み保全への理解を深めてもらうために、保存館が設立された。

建物は明治時代初期に建てられた中2階建て住居。この地で空き家になっていたのを復元・整備したもので、表構えは中2階の土塗りの虫籠窓、屋根には煙出し、格子、ばったり床几、駒寄せが見えている。内部は、通り庭、おくどさんと呼ばれるかまど、今なお水がわく井戸などの見学ができる。また、実測調査や地域の古老の聞き取り調査によって、1930年ごろの様子を再現した嵯峨鳥居本地区の精巧な模型や、町並み保存についてのパネル展示など、当時を伝える資料も展示されている。

ばったり床几に腰をかけて休憩する人もおり、嵯峨野散策のひと休みスポットとしても人気である。

住 右京区嵯峨鳥居本仙翁町8
電 075-864-2406
FAX なし
URL http://www.city.kyoto.lg.jp/
tokei/page/0000185265.html
時 10:00〜16:00（入館は15:30まで）
休 月曜（祝日の場合は翌日）・12/26
〜1/6
料 無料
交 京都バス 鳥居本から徒歩約3分

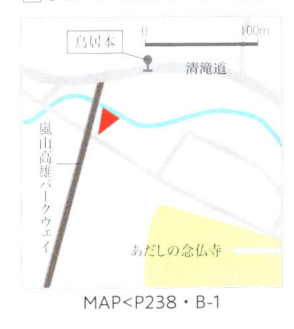

MAP<P238・B-1

西エリア 嵐山〜松尾

クイズ **Q**

町並み保存館入り口にある椅子の名前は何?
—— 答えは現地で発見!

191

博物館
さがの人形の家

はくぶつかん
さがのにんぎょうのいえ

盃運びからくり人形

見どころ

絶品といわれる清水の手ひねり人形など、京都で作られた約4000点が登録有形民俗文化財

江戸～昭和初期の古人形専門博物館

　20万点前後の人形を所蔵。白い肌の優美さの中に稚児の愛らしさが漂う「御所人形」は古都京都を代表する人形。賀茂神社の雑掌（種々の雑務を扱った人）による3cmほどのかわいい「加茂人形」は、木の根っ子などを利用して木目込み方式で作られている。また、木彫りに金彩を用い、独特の技法で絢爛美麗なことから人形の王様といわれる「嵯峨人形」は、初期のものは憂いを含んだ雰囲気で心を打つ。そしてロボットのルーツという「座敷からくり人形」は、研究員の説明と実演によって、からくりの仕組みを知るとともに、科学の原点にふれる楽しさが感じられる。そのほか「伏見人形」を原点とする各地の郷土人形も所蔵。

　2月中旬～4月初旬までは、毎年「雛展」が開催され、公家雛、武士や一般庶民が好んだ雛人形と雛道具が展示される。

住 右京区嵯峨鳥居本仏餉田町12
電 075-882-1421
FAX 075-882-1421
URL http://www.sagano.or.jp/
時 2月中旬～5月末・9月中旬～12月上旬のみ開館 10:00～17:00
休 月曜（祝日の場合は翌日）・夏季休館（6月上旬～9月中旬）・冬季休館（12月中旬～2月中旬）
料 一般800円・中～高校生500円・小学生200円
交 市バス、京都バス 嵯峨釈迦堂前から徒歩約10分／京都バス 護法堂弁天前から徒歩約5分

MAP<P238・B-2

小鍛冶

クイズ Q

西行法師が岩に腰を下ろして風呂敷包みを背負う伏見人形の「富士見西行」。これは何のまじないに用いられたものか。

—— 答えは現地で発見！

想い出博物館

おもいで
はくぶつかん

見どころ

明治初めのダルマ型自転車・日本のキャラクター第一号正チャン像自動販売機！のお披露目

明治開化ガール

コレクションが語る近代日本
幕末から原爆投下まで

　1853（嘉永6）年、アメリカのペリー艦隊の上陸により始まった開国。明治維新の文明開化により、近代日本の幕が開く。この大きなうねりが一般市民の生活にどのように影響したかを物語るメジャー、マイナーを問わない数々のコレクションを集結。特に女性の飛躍には目を見張るものがあり、自転車で走る明治の開化ガール、洋装で銀座を闊歩する大正のモダンガールの姿が注目される。

　1945（昭和20）年8月6日、世界初の原爆投下により、一瞬にして大都市広島が廃墟に。そのがれきの一片にAtom HIROSHIMAの英文字と原爆ドームの絵を描き、アメリカ兵へのお土産として売った「瓦」。空腹をしのぐための知恵。

　幕末から昭和まで、独自の感性で収集し、監修した約3000点のコレクションが近代の日本人を浮き上がらせる。

- 🏠 右京区嵯峨二尊院門前往生院町6-5
- ☎ 075-862-0124(携帯)
- 📠 なし
- 🖥 http://www.kewpie-jp.com/official/officialshop.html
- 🕐 11:00〜17:00(入館は16:30まで)
- 📅 2019年11月の金・土・日曜以外休館。開館は年に1回程度。2020年以降は未定
- 💴 大人400円・小〜高校生200円
- 🚌 市バス、京都バス 嵯峨釈迦堂前から徒歩約10分

MAP<P238・B-2

西エリア
嵐山〜松尾

ペリー司令官

原爆瓦みやげ

クイズ **Q**

前輪が大きく後輪が小さな自転車は何というか。

―――― 答えは現地で発見！

193

大河内
山荘庭園

おおこうち
さんそうていえん

見どころ

一番高い場所にある月香亭からは辺り一帯、遠くは比叡山まで見渡すことができる

名優自らの手で造り上げた名庭園

　百人一首で有名な小倉山の南面2万㎡の斜面を敷地に持つ大河内山荘庭園。昭和の時代劇俳優・大河内傳次郎が34歳から手がけ始め、64歳で亡くなるまで30年の歳月を費やして造り続けた別荘庭園である。比叡山や東山三十六峰、双ヶ岡、嵐山、保津峡を随所から眺めることができ、その雄大な景色に魅せられたという。

　嵯峨野の竹林の小径を抜けていくと、入り口の大きな黒い門に到着する。園内は回遊式庭園で、植栽の合間に石灯籠が立っている。順路を進むと、寝殿造・書院造・数寄屋造を融合した大乗閣、持仏堂、草庵風の茶室・滴水庵、そして山の頂上近くの月香亭へたどり着く。ここは非常に見晴らしがよく、しばらく座って眺めていたくなるほど。最後は大河内傳次郎の資料館へ。パネル展示があり、往時の姿を見ることができる。

住 右京区嵯峨小倉山田淵山町8
電 075-872-2233
FAX 075-872-2253
休 なし
時 9:00～17:00
休 無休
料 一般1,000円・
　小～中学生500円（抹茶付）
交 JR嵯峨嵐山駅、嵐電 嵐山駅から徒歩約20分／嵯峨野観光鉄道トロッコ嵐山駅から徒歩約3分／市バス、京都バス 野々宮から徒歩約10分
駐 あり（無料）

MAP<P238・C-2

クイズQ

大河内傳次郎の当たり役といえば何?

—— 答えは現地で発見!

嵯峨嵐山
文華館

さがあらしやま
ぶんかかん

見どころ

畳ギャラリーでの美術鑑賞。
2階から楽しめる嵐山・大堰
川の眺望

畳ギャラリー

嵯峨嵐山の地で小倉百人一首と日本画の魅力を紹介

　11年間にわたり、国内唯一の百人一首専門ミュージアムとして親しまれてきた「小倉百人一首殿堂 時雨殿」が2018年11月1日に「嵯峨嵐山文華館」としてリニューアルオープン。

　さまざまなかるたのコレクションや100人の歌人を紹介する可愛らしい「歌仙人形」などにより百人一首の歴史や魅力を紹介する常設展示に加え、江戸時代から明治時代に活躍した京都出身の画家たちを中心とした日本画の企画展示を年4回開催する予定。企画展示はこれまであまり知られていない名品を鑑賞できるチャンス。

　1階には庭に面したカフェがオープンし、軽食やオリジナルのスイーツを楽しむことができる。ミュージアムショップでは展示品にちなんだグッズや土産に最適な品々を販売。入館者が見学可能なかるた会や、識者を招いての講演会など、さまざまなイベントも予定している。

住 右京区嵯峨天龍寺芒ノ馬場町11
電 075-882-1111
FAX 075-882-1103
⟨web⟩ http://www.samac.or.jp/
時 10:00～17:00
休 火曜（祝日の場合は翌日）
　 その他館指定日
料 一般900円・高校生、身障者500円・小～中学生300円
交 嵐電 嵐山駅から徒歩約5分／市バス 嵐山天龍寺前から徒歩約5分

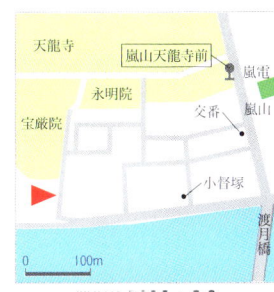

MAP▶P238・C-2

西エリア

嵐山〜松尾

エントランス

外観

クイズ Q

嵯峨嵐山文華館の前
を流れる川の名前は?
—— 答えは現地で発見!

195

嵐山
モンキーパーク
いわたやま

あらしやま
もんきーぱーく
いわたやま

見どころ

売店で餌を買ったら、休憩所の中から柵ごしにサルに餌を与えることができる

柵なしで野生のサルと出会う

　京都・嵐山は昔から人々に親しまれてきた日本でも有数の景勝地。嵐山連峰のひとつ、岩田山で野生のニホンザルの餌付けを始め、1957（昭和32）年から一般公開された約6000㎡のモンキーパークがある。サルと人がお互いに安全な信頼関係を保てるよう「人間がサルに危害を加えない」ルールが徹底された結果、サルたちが人間を怖がることも攻撃することもなくなった。現在130匹の野生のニホンザルが伸び伸びと暮らしており、その様子を柵なしで観察できるのが魅力である。売店で餌を買って与えることもできるし、時間が合えば職員が餌付けをしている様子も眺められる。春には生まれたばかりの子ザルを見かけることもある。

　休憩所は展望台になっていて、比叡山をはじめ、京都市内を一望できる。嵐山を訪れた際にはぜひ一度立ち寄ってみては。

住 西京区嵐山中尾下町61
電 075-872-0950
FAX 075-872-0950
URL http://www.monkeypark.jp
時 9:00〜16:30（山頂は17:00まで）・10/1〜3/14は9:00〜16:00（山頂は16:30まで）
休 無休（但し、大雨、台風などの場合は休園）
料 一般550円・4歳〜中学生250円
交 阪急 嵐山駅から徒歩約5分／嵐電 嵐山駅から徒歩約5分／市バス 嵐山公園、阪急嵐山駅前から徒歩約5分

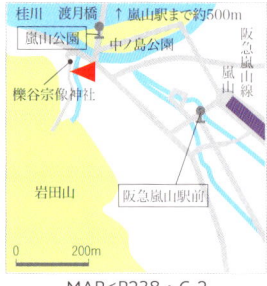

MAP<P238・C-2

クイズ Q

お猿の寿命は平均何年ぐらい？
―――― 答えは現地で発見！

京都嵐山オルゴール博物館

きょうとあらしやま
おるごーる
はくぶつかん

見どころ

居眠りをして慌ててランプを
点けるオートマタ。ヴィシー
「ピエロ・エクリヴァン」1895
年

優美なランプを灯した時代へ

　スイスのオルゴールメーカー・リュージュ社の創業者で世界有数の収集家ギド・リュージュ氏のコレクションを引き継ぎ、総コレクション数2000点の中から100点以上を展示。時期によって展示内容を変更しながら解説、実演している。

　18世紀に時計職人アントア・ファーブルの手によって発明・製作された世界最古のオルゴールや、ナポレオンがオーストリア戦争の勝利を祝い、将官たちへのほうびとして作らせた「オルゴール付き嗅ぎ煙草入れ」、マリーアントワネットが愛したオートマタ「猿の楽団」など珍しい逸品を見ることもできる。オートマタとは自動人形のことで、ぜんまいを巻いて動かすと、音楽に合わせて人形が文字を書いたり楽器を演奏するしぐさを見せる。

　館内には、アンティークオルゴールを聴きながら食事ができるカフェやみやげ物のショップも併設している。

住 右京区嵯峨天龍寺立石町1-38
電 075-865-1020
FAX 075-865-1022
URL http://www.orgel-hall.com
時 3～12月 10:00～18:00（入館は17:30まで）　1～2月 10:00～17:00（入館は16:30まで）
休 火曜（祝日の場合は翌日）※但し、不定休日もあるためHPまたは電話で確認を。
料 一般1,000円・大学生700円・中～高校生600円（制服の場合500円）・小学生300円・修学旅行生500円※各種割引プランあり
交 JR 嵯峨嵐山駅より徒歩約10分／嵐電 嵐山駅から徒歩約5分／市バス、京都バス 野々宮からすぐ

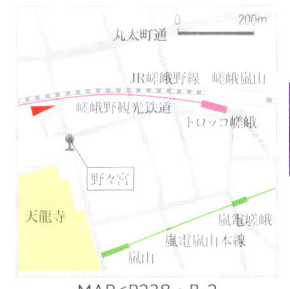

MAP<P238・B-2

卵を抱えた少女

クイズQ

世界最古のオルゴールは西暦何年に作られたものか。
—— 答えは現地で発見！

西エリア 嵐山～松尾

清凉寺霊宝館

せいりょうじれいほうかん

見どころ

阿弥陀如来三尊像の阿弥陀如来像（国宝）は「光源氏移し顔」ともいう

平安～鎌倉期に造られた仏像の宝庫

　清凉寺は嵯峨釈迦堂と呼び親しまれているように、本尊は釈迦如来立像。この仏像は奈良・東大寺の僧・奝然が宋より持ち帰ったもの。目に黒い珠、耳に水晶をはめ、螺髪ではなく縄状の髪、肩から流れるような美しい流水紋を描く衣をまとっているのが特徴で、インド・西域地方の影響が強く見られる。

　霊宝館は、毎年春季・秋季に特別公開が行われ、数々の寺宝を見ることができる。1階には源氏物語の光源氏のモデル、源融の供養のために造られた国宝「棲霞寺本尊阿弥陀三尊像」のほか、重要文化財などの仏像を安置。2階には、本尊・釈迦如来立像の胎内に納入されていた「瑞像造立記」などの文書、経典、絹製の五臓六腑の模型などが展示されている。

住 右京区嵯峨釈迦堂藤ノ木町46
電 075-861-0343
FAX 075-861-0310
URL http://seiryoji.or.jp/
時 4～5月・10～11月のみ開館 9:00～17:00（入館は16:30まで）
休 開館中無休
料 本堂・庭園または霊宝館のみ一般400円・中～高校生300円・小学生200円／本堂・庭園・霊宝館 一般700円・中～高校生500円・小学生300円
交 JR嵯峨嵐山駅から徒歩約15分／嵯峨野観光鉄道 トロッコ嵯峨駅から徒歩約15分／市バス、京都バス 嵯峨釈迦堂前からすぐ
駐 あり（有料）

MAP<P238・B-2

クイズ **Q**
方丈前の庭園は誰の作と伝えられているか。
―――答えは現地で発見！

大覚寺霊宝館

だいかくじれいほうかん

見どころ

室町・江戸時代に造られた「五大明王像」。このうち3躯が重要文化財である

皇室ゆかりの寺宝が並ぶ嵯峨野の古刹

　平安初期、嵯峨天皇が檀林皇后とのご成婚の新室として建立された離宮・嵯峨院。これが大覚寺の前身である。876（貞観18）年に嵯峨上皇の仙洞御所を大覚寺と改め、恒寂入道親王を開山として開創。鎌倉〜南北朝時代には大覚寺統（南朝）の御所となり、南北朝の講和の舞台になった。幕末まで、皇室関係者が代々門跡を務めた門跡寺院である。戦国時代に応仁の乱の災禍に遭い堂宇のほとんどを消失、寛永年間（1624〜44）に現在見られるような形に再建した。生け花発祥の花の寺であり、「いけばな嵯峨御流」の総司所（家元）でもある。

　霊宝館では、毎年春と秋に約2カ月ずつテーマを設けて「特別名宝展」を開催。大覚寺本尊で平安後期の仏師・明円による「五大明王像」、室町・江戸時代の「五大明王像」、「愛染明王坐像」や桃山時代に描かれた狩野山楽の襖絵「牡丹図」や「松鷹図」、渡辺始興の「兎図」などの絵画をはじめ貴重な書物・絵画・仏像など多くの宝物を所蔵し、公開している。（テーマによって公開内容は異なる）

住 右京区嵯峨大沢町4
電 075-871-0071
FAX 075-871-0055
URL https://www.daikakuji.or.jp
時 企画展開催時のみ開館 9:00〜17:00（入館は16:30まで）
休 開催中無休（展示替えなどのため休館することがある）
料 霊宝館入館料300円／別途拝観料 大人500円・小〜高校生300円
交 市バス、京都バス 大覚寺からすぐ
駐 あり（有料）

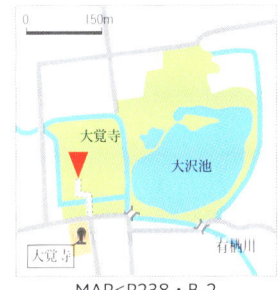

MAP<P238・B-2

西エリア 嵐山〜松尾

過去の展示より

クイズQ

大玄関に飾られている重要文化財の襖絵の作者は誰？

―― 答えは現地で発見！

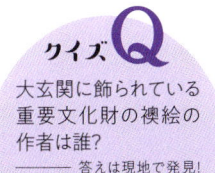

佛教大学 宗教文化 ミュージアム

ぶっきょうだいがく
しゅうきょうぶんか
みゅーじあむ

見どころ

考古遺物・寄託仏像群・民俗資料などを展示し、宗教文化の多様性について紹介している

🏠 右京区嵯峨広沢西裏町5-26
☎ 075-873-3115
📠 075-873-3121
🖥 http://www.bukkyo-u.ac.jp/facilities/museum
🕙 10:00～17:30（入館は17:00まで）
🈳 日曜・祝日・大学が定める日 ※特別展開催中は変更する場合がある
💰 無料
🚃 市バス 広沢池・佛大広沢校前からすぐ、山越から徒歩約13分
🅿 あり（無料）

MAP<P238・B-3

多様な宗教文化を身近に

　宗教文化を理解するための研究と公開を目的に開館した大学博物館。平常展示では、佛教大学園部校地から出土した甲冑や勾玉などの考古遺物、寄託された仏像群や民俗資料を入れ替えながら展示。

　春期・秋期・冬期に開催する特別展・企画展では特定のテーマを設けて宗教文化に対する調査研究成果を公開している。

　さらに、併設する宗教文化シアターでは、無形文化遺産に関する調査・収集・研究の成果として、神楽や狂言、念仏踊りといった民俗芸能や地域に伝わる伝統文化に関する公演、祭礼の記録映像などの上映会を年3～5回程度開催している。

クイズ **Q**

入口を入った正面にある野外展示物は何？
—— 答えは現地で発見！

嵯峨美術大学・嵯峨美術短期大学附属博物館

さがびじゅつだいがく・
さがびじゅつたんき
だいがくふぞくはくぶつかん

人の心を刺激する造形の面白さ

　多種多様な"造形の面白さ"を知ることが、新しい創造の糧になるという理念の下に開設された。前身の嵯峨美術短期大学時代からの収集・寄贈により所蔵する郷土玩具・美術品・工芸品約4500点を中心に、年数回の企画展で一般に公開し、学生の制作活動も刺激している。

　現代作家の絵画・工芸品のほか、所蔵品の半数近くを占める郷土玩具は、京都をはじめ全国から集められたもので、2000点以上にもなる。希少なものが多く、中にはすでに廃絶してしまったものもあるため、地域の歴史や伝統文化に根ざした貴重な民俗資料となっている。また、明治〜昭和初期に京都を中心に制作された輸出用の扇「貿易扇」も珍しく、約1500点ほどを所蔵。海外向けとあって日本の伝統柄ではなく西洋的なモチーフが描かれているのが興味深い。

住 右京区嵯峨五島町1本部キャンパス研究棟1階
電 075-864-7898
FAX 075-881-7133
URL http://www.kyoto-saga.ac.jp/art_institution
時 10:00〜17:00
休 日曜・学校諸行事、夏季休暇、年末年始等
料 無料
交 嵐電 車折神社駅から徒歩約8分／市バス 車折神社前から徒歩約5分

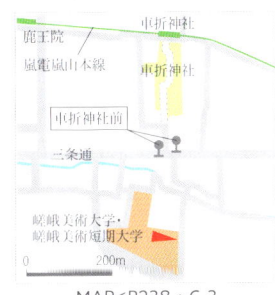

MAP<P238・C-3

西エリア
嵐山〜松尾

クイズQ

博物館は研究棟の1階にあるが、この研究棟は何階建てか。
──── 答えは現地で発見!

松尾大社 神像館・お酒の資料館

まつのおたいしゃ
しんぞうかん・
おさけのしりょうかん

住 西京区嵐山宮町3
電 075-871-5016
FAX 075-871-3434
http://www.matsunoo.or.jp
時 9:00〜16:00（入館は15:30まで）
休 無休
料 神像館・松風苑 一般500円・中〜高校生400円・子ども300円
交 阪急 松尾大社駅から徒歩約3分／市バス、京都バス 松尾大社前から徒歩約3分
駐 あり（有料）

MAP<P238・D-3

女性像（市杵島姫命）

松尾さんと慕われる洛西の古社

京都洛西の総氏神として、また古来より開拓・治水・土木・建築・商業・文化・寿命・交通・安産の守護神として崇敬を集め、特に醸造の祖神として名高く、全国の酒造メーカーをはじめ、味噌・醤油・酢などの製造・販売業者が頻繁に訪れる。

神像館には、一木造りで等身大の神像が3体安置されている。老年男性像が御祭神・大山咋神、女性像は市杵島姫命、壮年男性像は御子神であるともいわれ、日本に現存する最古で最大級の神像である。このほかにも摂・末社に祀られていた女神像、男神像、僧形神像、計18体も常時展示している。

お酒の資料館には、各酒造メーカーから寄贈された酒造りの道具や300枚以上もの銘酒ラベル、徳利・杯などを並べている。道具の中には、現在では使われなくなった物もあり、たいへん貴重な資料となっている。

京都花鳥館

きょうとかちょうかん

マイセン窯 勿忘草・鳥飾りポプリポット 一対（1880年頃）

花と鳥であふれる癒やしの空間

　花と鳥をメーンテーマにした美術館。西館にはドイツが誇る「アンティーク・マイセン」と呼ばれる磁器の名品を、東館には花鳥画の第一人者、上村淳之画伯の日本画作品を展示している。マイセンも上村作品も、理事長夫妻が長年情熱を込めて集めてきた珠玉の品々。

　アンティーク・マイセンは、1700～1800年代に、王侯貴族のために作られた西洋の白磁。花と鳥が施されたものばかりをコレクションしている。中でも「スノーボール」「勿忘草（わすれなぐさ）」は、小さく愛らしい花をモチーフとした器や飾り壺のコレクションで、世界的にも希少な品ぞろえとなっている。

　もう一つのコレクション、花鳥画を描く上村淳之は、祖母・上村松園、父・上村松篁という日本画の大家・上村家の三代目。自宅の庭で飼育する鳥を観察して描かれているため、写実的でありながら、詩情あふれる優雅な作品が特徴。

住 西京区松室山添町26-24
電 075-382-1301
FAX 075-382-1301
URL http://www.kachokan.jp
時 10:00～17:00（入館は16:30まで）
休 月曜（祝日の場合は翌日）
料 一般1,500円・中～大学生1,200円
交 阪急 松尾大社駅から徒歩 約8分／市バス 松室北河原町から徒歩約3分
駐 あり（無料）

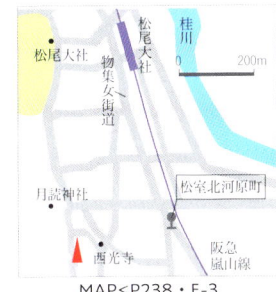

MAP<P238・E-3>

上村淳之 雪椿（部分）

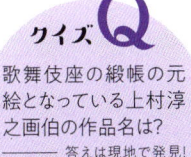

クイズ Q

歌舞伎座の緞帳の元絵となっている上村淳之画伯の作品名は？
—— 答えは現地で発見！

203

山口家住宅
苔香居

やまぐちけじゅうたく
たいこうきょ

見どころ

台所の大きなおくどさんは今
も使える状態で、催し事など
に使用されている

住 西京区山田上ノ町25
電 075-392-4533
FAX 075-384-2871
URL http://taikou-kyo.com
時 10:00～16:00（要予約）
休 不定休
料 500円
交 阪急 上桂駅から徒歩約10分

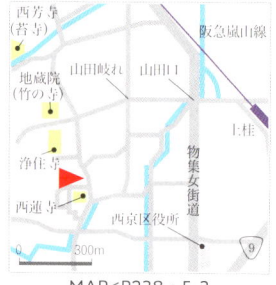

MAP<P238・E-3

茅葺き屋根の15mある長屋門

旧家に伝わる暮らし

　松尾山田一帯は、平安時代の公家の葉室氏の荘園があった
場所。その家の旧臣を務めていた山口家は400年続く旧家。江
戸時代には山田村の庄屋も務めた家である。

　苔香居とは、苔の香りのする住まいという意味で、一面杉
苔など数十種類の苔で覆われた美しい庭があり、秋には紅葉
との見事なコントラストを描き、季節ごとに咲く花々も堪能
できる。

　江戸時代後期に建てられた茅葺き屋根の長屋門が立ち、同
時期の母屋と明治期の座敷棟、蔵、茶室があり、3棟が国の登
録有形文化財に。大正時代から代々伝わる婚礼衣装があり、
黒・赤・白と3枚の着物にそれぞれ松竹梅が描かれ、3枚を重
ねて着る「3枚重ねの婚礼衣装」などを所蔵する。

クイズ Q

茅葺き屋根は何年ほど
持つか。
───── 答えは現地で発見！

現在も活躍する五つくど

数十種類の苔で覆われている庭

善峯寺
文殊寺宝館

よしみねでら
もんじゅじほうかん

日本文化を再発見できる宝物

1029（長元2）年創建の古刹。浄土教の普及に貢献した恵心僧都源信の高弟・源算上人の開山で、西国三十三所観音霊場第二十番札所である。全盛期には、山一面に52もの堂宇を持つ大伽藍であったが、応仁の乱で衰退。1692（元禄5）年に再建を果たしたのが徳川家五代将軍・綱吉の生母・桂昌院である。

文殊寺宝館には、1200点余りの彫刻・絵画・工芸・染織・古文書などを所蔵。多くは創建以来の寺宝であり、「不動明王立像」や「聖観音立像」などの仏像、「大元帥明王像」、「千手観音二十八部衆像」などの絵画などがある。

また徳川綱吉と桂昌院にゆかりのものも多く、金工・木漆工・染織品・陶磁器・ガラス器などの工芸品は技工を駆使した水準の高いものばかりで、元禄時代を代表する文化財の宝庫となっている。

住 西京区大原野小塩町1372
電 075-331-0020
FAX 075-332-8342
URL http://www.yoshiminedera.com
時 4・5・6・10・11月の土・日曜・祝日 9：00〜16:30（年により開催期は変更の場合あり）
休 開館中無休
料 入山料 一般500円・高校生300円・小〜中学生200円
交 阪急バス 善峯寺から徒歩約8分
駐 あり（有料）

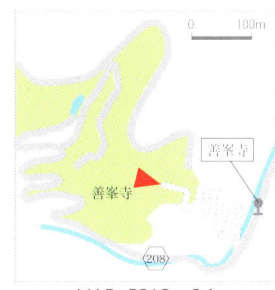

MAP ☞P242 C-1

西エリア
洛西

クイズQ
重要文化財に指定されている仏画は何か。
—— 答えは現地で発見！

205

桂坂野鳥遊園

かつらざかやちょうゆうえん

見どころ

100種類もの鳥と出会えるため、バードウォッチングを楽しむ人が後を絶たない

自然豊かな住宅街の野鳥の園

　日本で初めて住宅地に造営された野鳥遊園。桂坂の山すその恵まれた自然環境の中にあり、メジロ、キジバト、カワセミなど約100種類の野鳥が生息している。

　園内は2ゾーンに分かれていて、それぞれに集まる野鳥を観察したり、散策を楽しめる。野鳥たちの聖域「バードサンクチュアリ」ゾーンと、三つのルートからなるハイキングコース"鳥と遊ぶ道"が設けられた「裏山」ゾーンである。この「バードサンクチュアリ」ゾーンはさらに「池や湿地のある」「池の中の浮島」「平地」の三つのゾーンに分かれており、野鳥が主役となる環境が整えられている。また園内には観察小屋「観鳥楼」があり、自然の中で自由に過ごす野鳥の姿が観察できる。

　ミズバショウやカキツバタ、キキョウの花が咲き、秋には鮮やかな紅葉など、四季折々の美しい景色にも注目。

住 西京区御陵北大枝山町1-100
電 075-332-4610
FAX 075-332-4610
URL http://www.fureaikaikan.com/yacho.html
時 10:00～17:00
　（入館は16:00まで）
休 月・火曜（祝日を除く）・年末年始
料 無料／ものづくり体験館 入館料100円・体験料200円
交 市バス桂坂小学校前、花の舞公園前から徒歩約5分
駐 あり（無料）

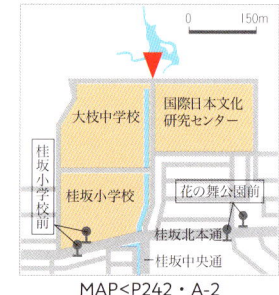

MAP<P242・A-2

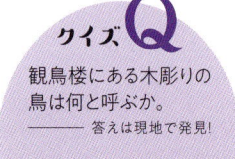

クイズ Q

観鳥楼にある木彫りの鳥は何と呼ぶか。
—— 答えは現地で発見！

京都市立
芸術大学
芸術資料館

きょうとしりつ
げいじゅつだいがく
げいじゅつしりょうかん

住 西京区大枝沓掛町13-6
電 075-334-2232
FAX 075-333-8533
URL http://libmuse.kcua.ac.jp/muse/
時 9:00〜17:00
休 月曜(祝日の場合は翌日)
料 無料
交 京阪京都交通バス 芸大前から徒
　歩約2分

MAP<P242・B-2

岡本神草　口紅(1918年)

京都府画学校以来の歴史ある作品群

　1880(明治13)年、京都御苑に開校した京都府画学校を前身に、約140年の歴史を受け継ぐ大学が、芸術的見地から収集してきた芸術資料を保存管理し、一般に公開している美術系の大学博物館。

　明治時代の画家・田能村直入から絵画・文具・茶器類を寄付されたことを皮切りに収集が始まり、日本画・図案・洋画・東洋画・模本・版画・陶磁器・染織品・民俗資料・土佐派絵画資料・田村宗立旧蔵粉本など、卒業生の作品・参考品合わせて約4000件を所蔵している。土田麦僊や村上華岳など京都の近代美術の発展に深く関わった卒業生らの作品、また、絵画教育の資料とされた模本・教員手本画など、学校という組織ならではの収集内容に興味が注がれる。模本・粉本と呼ばれる下絵類についても関心が高まっており、図録化や収蔵品展での公開が行われている。

西エリア

洛西

色絵七宝透文
手焙(江戸時
代中期)

207

高田クリスタル ミュージアム
（鉱物と結晶の博物館）

たかだくりすたる
みゅーじあむ
こうぶつとけっしょうの
はくぶつかん

京都で採れた水晶

きらめく鉱物と日本列島の地質

　日本列島は国土の面積は狭いが、地質は多様性に満ち、鎌倉時代～江戸時代には世界でも有数の金や銀の産出国であった。明治から昭和にかけては日本に数千以上の鉱山があり、金・銀・銅・亜鉛などが大量に採掘され日本の高度経済成長を支えた。さらに、高度経済成長期には建築資材などとして各地の山々から岩石が採掘されたが、そこからも美しい鉱物が多数産出した。

　館長の髙田雅介氏は、子供のころから国内の鉱山を訪ね、産出した美しい鉱物やその結晶などを収集してきた。こうした収集物がミュージアムのコレクションと展示標本の基本になっている。残念なことに、日本では、ほとんどの資源が掘り尽くされて鉱山が廃坑となり、標本は採集ができなくなった。

　当館では、鉱物や地質、岩石などを広く知ってもらうためにさまざまな講座・講演会を実施している。

住 西京区大原野灰方町172-1
電 075-331-0053
FAX 075-331-2064
URL http://www7b.biglobe.ne.jp/~takada-crystal/
時 10:00～16:00
休 月・火・水曜　臨時休館あり
料 大人300円・高～大学生200円・小～中学生100円
交 市バス 西竹の里町から徒歩約10分／京阪京都交通 灰方からすぐ／阪急バス 灰方から徒歩約2分
駐 あり（8台まで・無料）

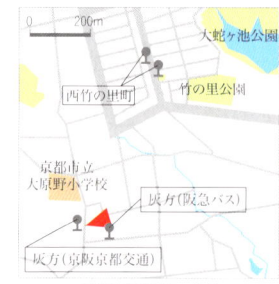

MAP<P242・C-2

鉱物の展示

西山の岩石（併設のカフェの前）

クイズ Q

2016年に日本地質学会が決めた京都の鉱物とは何か。

―――― 答えは現地で発見！

竹の資料館
（京都市洛西竹林公園）

たけのしりょうかん
（きょうとしらくさいちくりん
こうえん）

見どころ
建築素材としての美しさを持つ京銘竹は、種類豊富で模様や形が個性的なものが多い

資料館外観

竹を文化と生態の両面から見る

　今では洛西ニュータウンが広がる西山丘陵は、その昔ほとんどが竹林で覆われていた。竹林の伐採に伴い竹と深くかかわってきた地域の歴史が失われてしまうと懸念されたことなどから、約5000㎡の広大な竹林公園が建設され、竹のすべてがわかる博物館が設立された。

　床から天井まで壁一面を埋めるように並ぶ「京銘竹」とは、京都の伝統技術で作られ、建築や装飾品などに用いられる竹材のこと。図面角竹・白竹・ゴマ竹・亀甲竹などがある。フィラメントにマダケを使った「エジソン電球の復元模型」展示や、18枚のパネルで竹の素顔・特徴・使われ方などがわかりやすく説明してあるほか、珍しい竹の種や、竹の排水溝なども展示されている。京銘竹や竹工芸品を用いて建てられた茶室「竹風軒」では、茶会が催されることもある。

　生態園は回遊式庭園となっており、110種類もの竹・笹が集められ、竹林美観賞と生態観察ができる。

住 西京区大枝北福西町2丁目300-3
電 075-331-3821
FAX 075-331-3821
URL http://www.rakusai-nt.com/tikurin
時 9:00〜17:00
　（入園は16:00まで）
休 水曜・12/29〜1/3
料 無料
交 市バス 南福西町から徒歩約5分
駐 あり（無料）

MAP<P242・B-3

園内小径

展示室

クイズ Q
記帳台に置かれた竹製ペン立ての竹の種類は何か。
―― 答えは現地で発見！

西エリア 洛西

京北さんさと民俗資料室

けいほくさんさと
みんぞくしりょうしつ

見どころ

北山杉に囲まれた京北地区の、歴史の深さを知るさまざまな手がかりとなる史料

山仕事の道具類

人々の営みと町の歴史を伝える

　京北町と京都市が合併したことにより、京北地域の教育財産や民俗的資料が散逸・消失してしまうことを懸念し、保存と活用を目的とする「京北さんさと民俗資料室」を開設。京北地域の文化財史料を展示する。

　そのうち「京北の文化財」では、昔から林業を生業としてきたこの地域が、平安京造営に寺院建立の用材を供給したことや平安京に米を運んでいたことを示す資料、白鳳～平安時代にあった周山廃寺跡から出土した瓦、各社寺に安置されている仏像の写真パネル、租税台帳など数々の古文書が展示されている。

　また「京北の学校の歴史」では、七つの旧小学校（周山・細野・宇津・矢代・黒田・山国・弓削）の幕末～1999（平成11）年の学校統合までの史料、当時の教科書、学内風景などの写真パネルを展示している。民俗的資料（農業・林業）は旧細野小学校で展示。

住 右京区京北周山町上寺田1-1
　京北合同庁舎3階
電 075-852-0774
　（生涯学習部京北分室）
FAX 075-852-0774
P なし
時 10:00～16:00
　（入館は15:30まで）
休 土・日曜・祝日・年末年始
料 無料
交 JRバス 京北合同庁舎前からすぐ
駐 あり（無料）

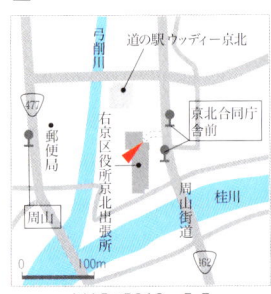

MAP<P242・E-5

筏の模型に

クイズ Q

京北から筏で運ばれた材木が到着した場所はどこか。
——— 答えは現地で発見！

丹波マンガン記念館

たんばまんがん きねんかん

見どころ

坑内では、放散虫化石の入った珪岩や、断層、鉱石をみることができる

日本で唯一のマンガン見学鉱山

　マンガンは鉄に混ぜると鉄を硬くする性質から、戦時中は大砲の砲身や銃身などを作るために使われた。日本では第二次世界大戦中、強制連行などにより朝鮮人や被差別部落の人たちがマンガン鉱山で働かされた。記念館はこうした過酷な採掘労働を強いられた人たちの歴史を伝えるために設立した。

　記念館の運営理念は①人権意識の向上や平和に寄与する平和人権記念館とする②丹波マンガンが日本の産業に貢献したことを学べる産業記念館とする③マンガンに関する資料を収集して自然科学記念館とする―の3点。鉱石や採掘運搬用具、写真などを展示して、丹波マンガン採掘の様子を再現している。また地下3000mの鉱山見学や火打石体験などのコースもある。

住 右京区京北下中町東大谷32番地
電 075-854-0046 (冬季休暇中は075-854-0307)
FAX 075-854-0234 (冬季休暇中は075-854-0140)
URL http://tanbamangan.sakura.ne.jp/
時 10:00～17:00 (入館は16:30まで) 開館は3/16～12/14
休 水曜 (祝日の場合は翌日)・冬季 (12/15～3/15)
料 大人 (一般) 1,200円・小～中学生800円
交 JRバス 周山から乗り換えで京北ふるさとバス 下中から徒歩約10分
駐 あり (無料)

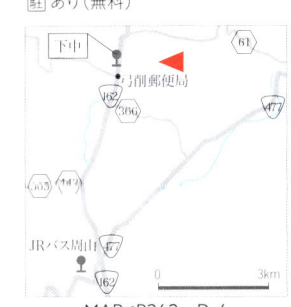

MAP<P242・D-4

西エリア 京北

クイズ Q

記念館入り口にある牛車のことを何と呼ぶ？
――― 答えは現地で発見！

211

うるしの豆知識

うるしは日本、中国、朝鮮半島、東南アジアで発達した漆芸の素材である。その歴史は古く、縄文時代末期には日本独自のうるし文化が存在していたことが数々の出土品から分かる。仏教の伝来とともに大陸の漆芸品が日本に伝わり、それを機に日本の漆芸が著しい発展を遂げる。装飾的で高度な技法が発達し、海外でも高い評価を得た。日本の漆芸は「ジャパン」と呼ばれ珍重されるようになった。

うるしの採取

ウルシの木は東南アジア、中国、朝鮮、日本などに生育する落葉喬木で、その幹を横に傷つけて、にじみ出る樹液を採取する。これを「掻き取り」という。

10年程経った木1本から採取できる量は茶碗1杯ほどで、漆が大変貴重であることが分かる。不純物を綿に含ませて濾過したうるしを「生漆」といい、これを加熱しながら撹拌して精製する。

現在、国産漆は減少の一途をたどっており、流通している漆全体のわずか3パーセントという極めて稀少なものになっている。

素地について

うるしはあらゆる素材に塗ることができる。

とりわけ木材と相性がよく、木材を素地とする場合は木胎という。このほか、椿胎（細長いテープ状の木や竹をずらして張り重ね器型にするもの）、一閑張りで有名な紙胎、竹を編んで成型する藍胎、金属を素地とする金胎などがある。乾漆は麻布を型に貼り重ねて成形し、最後に型からはずし胎（素地）とする。この技法で仏像などが造られた。

京漆器の特徴

全国の漆器産地の中でも、京漆器の特徴は薄い木地を使って、入念な下地を施した上に華麗で繊細な蒔絵を描くところにある。下地は砥の粉という風化した粘板岩や頁岩を微細な粉末にしたものを塗り重ねて作るが、この砥の粉は京都山科の特産品だった。

漆器などの表面に金や銀の粉を蒔くことで装飾する蒔絵の技法は奈良時代に生まれたとされ、平安時代以来1200年の歴史と技法を受け継いできた。茶の湯とともに、「わび、さび」という内面的な美しさも加えて、漆器はさらに発展していく。

とりわけ、その美の結実の一つとして、高台寺蒔絵がある。豊臣秀吉の正室ねねが開いた高台寺には、桃山美術の粋というべき高台寺蒔絵が所蔵されている。黒漆を背景に金の平蒔絵、絵梨地、針描など、多くの技法を組み合わせて作られている。自由で斬新なデザインは、戦国武将たちの好みだったのかもしれない。

蒔絵の美は千年の時を超えて今に引き継がれる。

写真は高台寺蒔絵（高台寺掌美術館　P162）

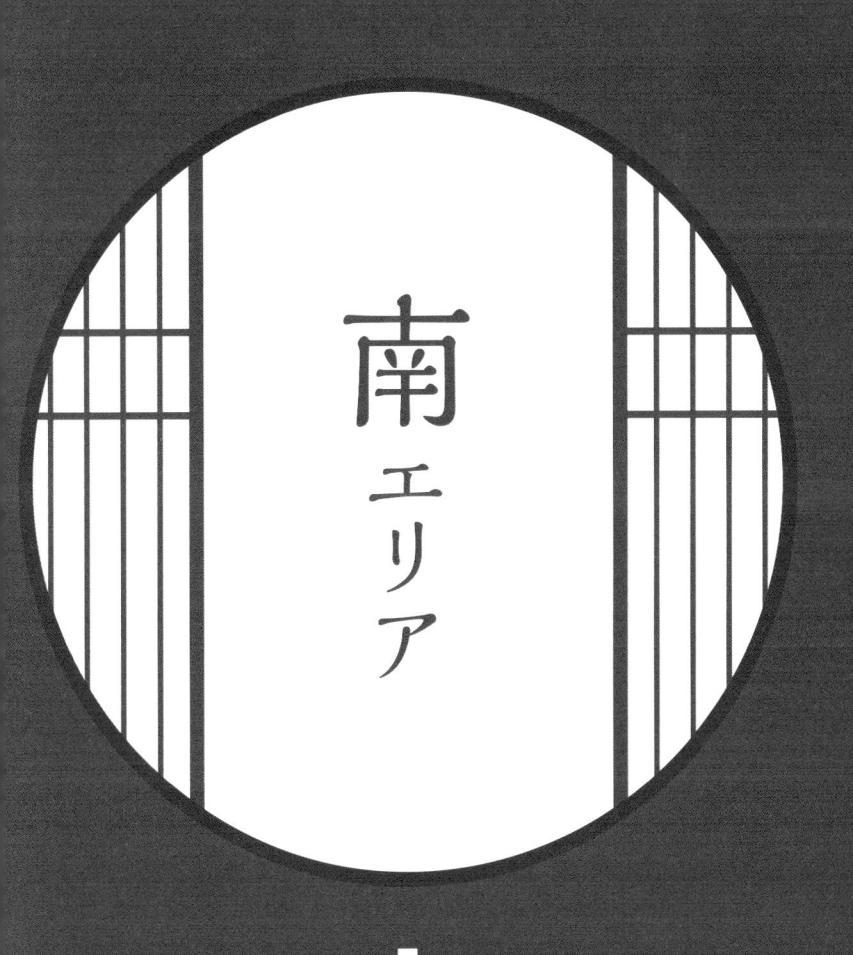

南 エリア

■ 藤森〜中書島

城南宮神苑 水石亭

じょうなんぐうしんえん
すいせきてい

曲水の宴

見どころ

『源氏物語』ゆかりの植物をは
じめ約100種、植物、花々が
神苑を彩り、王朝の雅を再現
している

平安王朝の趣きを今に伝える庭園

　平安遷都の際、都の南方に鎮まり国を守護する神社として創建。方除けのご利益があり、普請・造作・転宅・旅行・交通安全などを願って全国からの参拝者が絶えない。平安時代後期、白河上皇が交通の要衝であり水辺の景色の美しいこの鳥羽の地に壮大な離宮を造営して院政を開始したため、政治・文化の中心地となった。『平家物語』の舞台でもある。

　境内は、五つの庭からなる神苑・楽水苑が本殿を取り囲むように広がり、四季を通じてさまざまな景色を見せている。離宮の築山と伝わる「春の山」、池を擁し野趣あふれる「平安の庭」、錦鯉が遊ぶ「室町の庭」、広々とした明るい「桃山の庭」、離宮時代を表す枯山水様式の「城南離宮の庭」である。また、苑内の水石亭では、城南宮や鳥羽・伏見の地をテーマにした特別展を行っている。

伏見区中島鳥羽離宮町7
075-623-0846
075-611-0785
http://www.jonangu.com/
9:00〜16:30（受付は16:00まで・水石亭は企画展開催時のみ）
神苑 無休／水石亭 企画展開催中は無休
神苑 一般600円・小〜中学生400円
地下鉄烏丸線、近鉄 竹田駅6番出口から徒歩約15分／市バス 城南宮東口から徒歩約3分／JR京都駅八条口よりらくなんエクスプレスバス約15分、平日は油小路城南宮、土日祝は城南宮前から徒歩約3分
あり（無料）

MAP<P240・A-3

桃山の庭

室町の庭

京セラ美術館・京セラファインセラミック館

きょうせらびじゅつかん・
きょうせら
ふぁいんせらみっくかん

美術館内

美の殿堂と最先端技術の現場

　本社ビル1階に京セラ美術館、2階に京セラファインセラミック館を有する、京セラの文化施設。

　京セラ美術館は、ピカソの銅版画「347シリーズ」（347点の連作であることからこの名称で呼ばれる）や、東山魁夷、平山郁夫などの現代日本画、梅原龍三郎や吉井淳二などの洋画、中村晋也、船越保武の彫刻、エミール・ガレなどの仏・ナンシー派の作家や日本の切子ガラスにも影響を与えたといわれる中国・清朝時代「乾隆ガラス」などを所蔵・展示している。また、折々に企画展も催している。

　京セラファインセラミック館では、現代の先端技術の一つであるファインセラミックスの技術や製品の発展の歴史を多くの製品群によって紹介している。前史としての縄文土器から今日に至る焼き物の歴史をたどって、最先端のファインセラミックスへとつながる陶磁器の進化が理解できるように展示している。

伏見区竹田鳥羽殿町6
　京セラ株式会社本社ビル1・2階
電 075-604-3518（直通）
FAX 075-604-3501
http://www.kyocera.co.jp/art
時 10:00～17:00
休 土・日曜・祝日・会社休業日
　※美術館は展示入替のための臨時休館あり
料 無料
交 地下鉄烏丸線、近鉄 竹田駅から徒歩約20分／市バス パルスプラザ前からすぐ
駐 あり（無料）

MAP<P240・B-3

ピカソ作品

ファインセラミック館

朝日新聞
京都工場

あさひしんぶん
きょうとこうじょう

見どころ

読者ホールには、昭和初期の
活版印刷の道具、当時の写真
パネルなどが展示されている

新聞印刷の最新技術と環境保全

　平安時代には貴族の別荘地に、江戸末期には幕末の大舞台
に、現在は京の酒処として有名な伏見。ここに、京都・滋賀・
大阪の一部（北摂）・福井へ毎日のように配達される朝日新聞
を朝夕印刷している京都工場がある。

　高速道路などの整備が進み、新聞をより早く届けるための
条件が整っていることが伏見を選んだ理由で、1時間あたり
18万部の印刷が可能な大型輪転機と、ITを駆使した最先端の
CTP（Computer To Plate）システムによってさらに印刷時間が
短縮されるようになった。フィルム現像・廃棄処理が不要と
なっているのも特長である。

　こういった京都工場の様子を見学することができる。その
日の夕刊を実際に印刷する現場や、読者ホールの見学もある。
刷りたての夕刊や見学記念新聞、ボールペンをお土産にもら
える。

住 伏見区横大路下三栖城ノ前町
　23-3
電 075-603-3213
FAX 075-603-3218
HP http://www.asahi.com/
　shimbun/kengaku/kyoto.html
時 12:10〜13:20・13:50〜15:00 ※見
　学希望日の3日前までに要予約
休 日曜・祝日・年末年始
料 無料
交 京阪 中書島駅から徒歩約20分／
　市バス 下三栖からすぐ
駐 あり（無料・見学申し込み時に予
　約）

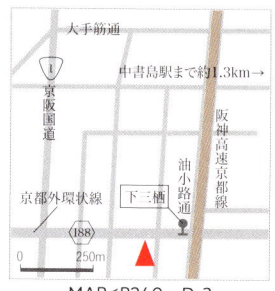

MAP<P240・D-3

三栖閘門
資料館

みすこうもん
しりょうかん

舟運の歴史を伝えるランドマーク

　閘門とは、二つのゲート内の水位を調整することで水位の違う二つの川を繋ぎ、船の往来を可能にする施設。1922（大正11）年の宇治川観月橋～三栖間の築堤工事などによって、宇治川と濠川に水位差が生じて船の通行ができなくなってしまったため、この二つの川の合流地点に閘門を設置し、宇治川・淀川における舟運の一拠点として活躍していた。宇治川では、江戸時代には十五石舟・三十石船、明治時代には蒸気船（外輪船）が運行していたという。道路・鉄道の発達にともなって1962（昭和37）年に役割を終えた。

　資料館の建物は、かつての閘門操作室を整備。動く模型を使って閘門の仕組みをわかりやすく解説し、また秀吉以来の治水と港町としての伏見の歴史をパネルを使って紹介している。現在は十石舟・三十石船が復活し、資料館まで船で訪ねることができる。

住 伏見区葭島金井戸町官有地
電 075-605-5478
FAX なし
URL http://www.misu-museum.jp
時 9:00～16:30（入館は16:15まで）
休 祝日を除く月曜・年末年始
料 無料
交 京阪 中書島駅から徒歩約10分

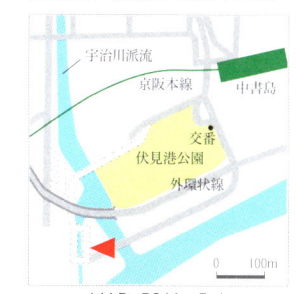

MAP<P241・E-4

月桂冠
大倉記念館

げっけいかん
おおくらきねんかん

伏見で楽しむ酒造りの工程と歴史

　京の酒処・伏見で、1637（寛永14）年に笠置屋として創業。1909（明治42）年に建造した酒蔵を改装し、伏見の酒の造り方・材料・歴史などをわかりやすく紹介している。

　貴重な酒造道具類は実際に使われていたものばかりで、京都市指定・有形民俗文化財でもある。全6120点のうち約400点を酒造りの工程に従って展示している。また、出荷用具、こも樽、珍しい瓶、昔の看板など広告用品なども展示し、月桂冠の創業からの歴史や周辺地域の移り変わりの様子も紹介している。

　見学の後は、ロビーで月桂冠の吟醸酒・大吟醸・プラムワインの3種類を試飲する「きき酒体験」が待っている。

　隣の酒香房では、酒が醗酵している様子を見学することができる（要予約）。

住 伏見区南浜町247
電 075-623-2056
FAX 075-612-7571
URL http://www.gekkeikan.co.jp/enjoy/museum
時 9:30〜16:30（受付は16:15まで）
※酒香房の見学は前日までに要予約
休 お盆・年末年始
料 一般400円・中〜高校生100円（純米吟醸酒180ml1本付き、未成年は「月桂冠大倉記念館のオリジナル絵はがき（5枚組）」）
交 京阪 中書島駅から徒歩約5分
駐 あり（無料）

MAP<P241・D-4

京エコロジー
センター

（京都市環境保全活動センター）

みやこえころじーせんたー
（きょうとしかんきょう
ほぜんかつどうせんたー）

見どころ

木のぬくもりに触れることが
できる「木のおもちゃひろ
ば」。未就学児から楽しむこ
とができる

京都議定書が誕生した地・「京都」で
暮らしの中で出来るエコについて学ぶ

　「地球温暖化防止京都会議（COP3）」を記念して、2002（平成
14）年に開設された環境学習や環境保全活動の輪を広げるた
めの拠点施設。

　「見て、触れて、感じる」体験型の展示があり、世界規模の
地球温暖化の問題から身近なごみの問題まで楽しく学ぶこと
ができる。

　1階、2階の展示コーナーは、地球規模での環境問題から、
京都ならではのエコロジーの知恵まで、体験型で学べる展示
がある。3階には、絵本から専門書まで環境に関する蔵書が
揃った「かんきょう図書コーナー」、木のおもちゃひろば、交
流スペース、貸会場がある。屋上には、人と自然の関わり方
を学ぶ場として、田畑やビオトープがある。また、建物全体
がエコな展示となっており、太陽光発電、雨水利用、地熱利
用、高断熱外壁をはじめ、省エネルギー、自然素材の活用な
どさまざまな工夫を見学することができる。

　環境ボランティアによる館内の案内や、環境学習プログラ
ムを利用することもできる。

住 伏見区深草池ノ内町13
電 075-641-0911
FAX 075-641-0912
HP http://www.miyako-eco.jp
時 9:00～21:00（展示室・木のおも
　ちゃひろば・屋上は17:00まで）
休 木曜（祝日の場合は翌日）・
　年末年始
料 無料※団体での見学で案内を希
　望される場合は、要事前申込
交 地下鉄烏丸線、近鉄 竹田駅3番
　出口から徒歩約12分／京阪 藤森
　駅から徒歩約5分／市バス 青少
　年科学センター前からすぐ
駐 なし

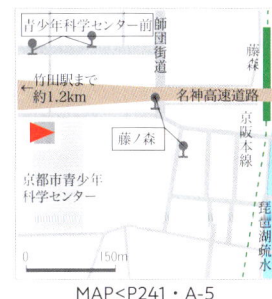

MAP<P241・A-5

クイズ Q

地球温暖化の原因とな
る物質で最も排出量が
多いのは何?

―――答えは現地で発見!

南エリア
藤森～中書島

京都市
青少年
科学センター

きょうとし
せいしょうねん
かがくせんたー

青少年科学センター全景

好奇心から始まる科学への理解

「しゃべるティラノサウルス」「カラフル光ラボ」「人間万華鏡」など大迫力の体験型展示品をとおして、幼児から大人まで楽しみながら理科・科学を学べる施設。「プラネタリウム」ではオリジナル番組を生解説。岩石や草花が並ぶ屋外園の「チョウの家」では沖縄のチョウを観察できる。乳幼児が遊べる「親子ふれあいサイエンスルーム」も併設。土日祝などは「サイエンスタイム」「楽しい実験室」などのイベントも充実している。

今年度は新たにスイッチにふれると実物の元素などが現れる「実物元素周期表」や、生きもののくらしぶりを実際の標本を観察しながら研究できる「いきもの研究室」など、当センターオリジナルの展示品も公開中。さらに、地球環境問題を立体的・視覚的に学べるシステム「ダジック・アース」を活用した新展示品の公開も始まった。祝日には特別イベントとして当日気軽に参加できる科学工作教室を開設。

青少年科学センター展示場

住 伏見区深草池ノ内町13
電 075-642-1601
FAX 075-642-1605
JR http://www.edu.city.kyoto.jp/science
時 9:00〜17:00（入館は16:30まで）
休 木曜（祝日の場合は翌日）・12/28〜1/3
料 一般510円・中〜高校生200円・小学生100円／プラネタリウム観覧料は別途。土・日曜は、京都市内に住所または通学先を有する小〜高校生・民族学校の児童・生徒の料金は無料。（祝日と振替休日は有料）
交 京阪 藤森駅から徒歩約5分／市バス 青少年科学センター前、藤ノ森から徒歩約1分
駐 あり（無料）

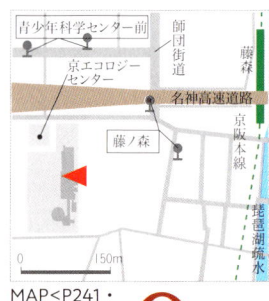

MAP<P241・A-5

クイズ Q

左図にあるプラネタリウムのマスコットキャラクターは○○○ちゃん。
―― 答えは現地で発見!

伏見城跡
出土遺物
展示室

ふしみじょうし
しゅつどいぶつ
てんじしつ

見どころ

大名屋敷の家紋入りの金箔瓦は非常に珍しいもの。今もわずかに金箔が残っている

瓦が伝える伏見城の栄華

伏見は、豊臣秀吉によって伏見城が築かれると、川に港が設けられて大坂への船運が発達、城下町として栄えた町。御香宮神社の周辺には毛利長門・松平筑前・羽柴長吉など大名ゆかりの町名が多く、大名屋敷が立ち並んでいたこともうかがえる。

御香宮神社の社務所の一角に、伏見城跡出土遺物展示室がある。展示されているのは大名屋敷などの瓦であり、下水道工事や伏見城の遺構調査の際に出土したものの一部である。大名の家紋入りの金箔瓦、伏見城の鯱の断片、精巧な亀甲飾りの瓦など100点余りがある。これらは、同神社の先代宮司をはじめとした有志が1973（昭和48）年に立ち上げた「伏見城研究会」が調査と保存に乗り出して集めたもの。

神社には、他にも伏見城の遺構がある。移築されたとされる伏見城西人手門は神社の神門となり、国の重要文化財に指定。

拝殿は伏見城の車寄だったといわれている。

住 伏見区御香宮門前町174 御香宮神社内
電 075-611-0559
FAX 075-623-0559
休 なし
時 9:00～16:00（入室は15:30まで）
休 不定休
料 無料
交 近鉄 桃山御陵前駅から徒歩約5分／京阪 伏見桃山駅から徒歩約5分／市バス 御香宮前から徒歩約2分
駐 あり（有料）

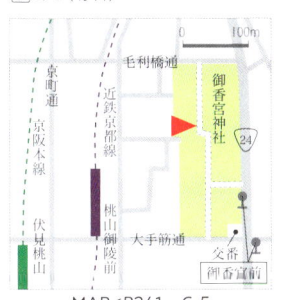

MAP<P241・C-5

藤森神社 宝物殿

ふじのもりじんじゃ
ほうもつでん

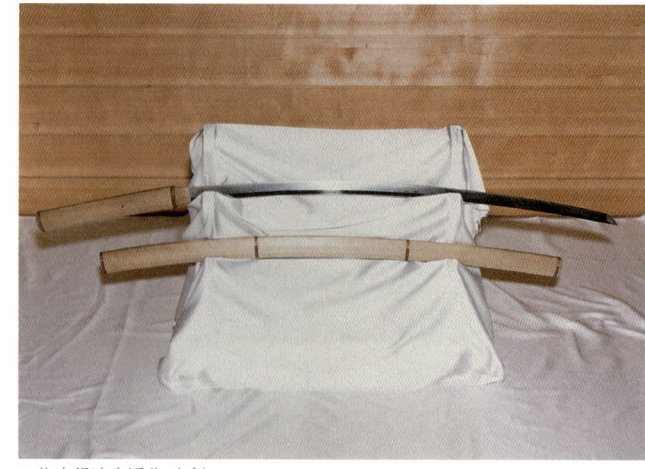

三條小鍛冶宗近作 宝剣

勝負に勝つことを願って奉納

　平安遷都以前より祀られている古社。203（摂政3）年、神功皇后がこの地に軍旗や武具を埋め、塚を作り、神まつりしたのが始まりといわれている。桓武天皇は藤森神社を弓兵政所（ゆずえまんどころ）とした。また、5月5日の藤森祭は武者行列が練り歩くことで有名だが、端午の節句に武者人形を飾る風習はこの行事に由来するという。この日は駈馬神事も行われ、一字書き、藤下がり、さか乗りなどの馬上妙技が披露されている。これらのことから今日では勝運と馬の守り神といわれ、競馬関係者や競馬ファンの参拝者も少なくない。

　宝物殿には、大鎧や刀、大筒などの武具、武器類を中心に社宝100点余りを所蔵・常設展示している。他に、宮司のコレクションである馬の博物館を併設し、日本各地の馬の郷土玩具や世界各国の馬のミニチュアを展示している。

住 伏見区深草鳥居崎町609
電 075-641-1045
FAX 075-642-6231
URL http://www.fujinomorijinjya.or.jp
時 9:00〜17:00（入館は16:45まで）
休 5/1〜5・神社諸行事開催時
料 志納金
交 京阪 墨染駅から徒歩約7分／市バス 藤森神社前からすぐ
駐 あり（有料）

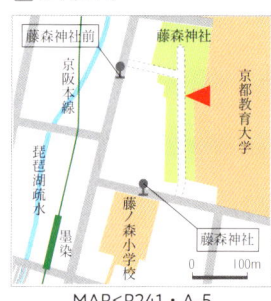

MAP<P241・A-5

馬の博物館

紫糸威大鎧

京都教育大学 教育資料館 まなびの森 ミュージアム

きょうときょういくだいがく
きょういくしりょうかん
まなびのもり
みゅーじあむ

見どころ

「ジャイロコンパス説明器」。
（1929年島津製作所）など初
期の理化学実験器具が並ぶ

135年間以上にわたる学校資料

　ミュージアム設立の発端は、校舎の耐震改修工事の際、理学科工作室などから古い教材・教具が大量に発見されたことから。そこで、それらに加え、1876（明治9）年に京都府師範学校として創立以来所蔵してきた考古学上の発掘品・美術作品・楽器など、および135年以上にわたる大学の歴史資料も加えて整理し、学術研究や学校教育、社会教育に役立てるために構想が練られ、2011（平成23）年に開館した。

　所蔵品は、200点以上の理化学実験器具、動植物や岩石の標本、古代エジプトのミイラの一部、絵画、書、彫刻、楽器、歴史文書、考古品などであり、一部を常設展示している。また毎年秋には企画展を開催することで、京都教育大学ゆかりの文化や歴史を発信している。

　建物は1897（明治30）年に建てられた陸軍第十九旅団司令部で、その後職員会館などに使われていたが、貴重な戦争遺跡であることから可能なかぎり当時の姿に復元した。

🏠 伏見区深草藤森町1
☎ 075-644-8176
📠 075-644-8182
🖥 https://www.kyokyo-u.ac.jp/
　museum/
🕐 不定期開館。詳しくは資料館
　ホームページ参照
💴 無料
🚃 JR JR藤森駅から徒歩約3分／京
　阪 墨染駅から徒歩約7分／市バ
　ス 教育大学前からすぐ

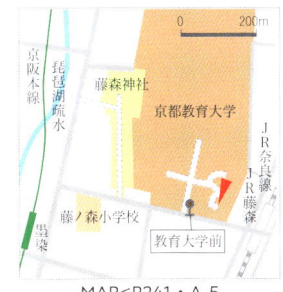

MAP<P241・A-5

JR稲荷駅
ランプ小屋

じぇいあーるいなりえき
らんぷごや

見どころ

ランプ小屋内には、今でも壁や床に染みこんだ石油の匂いが漂っている

住 伏見区深草稲荷御前町
　JR稲荷駅構内
電 0570-00-2486
　（JR西日本お客様センター）
FAX なし
URL http://guide.jr-odekake.net/
　spot/4898
時 10:00～15:00（7日前までに要予約）
休 無休
料 無料（JR利用者以外は入場券が必要）
交 JR稲荷駅からすぐ

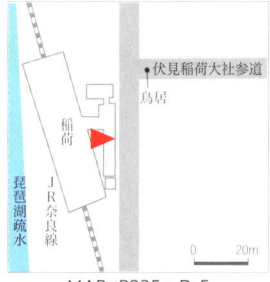

MAP<P235・D-5

国鉄時代を知る最古級の遺構

　1879（明治12）年に開通した旧東海道線は、京都駅を出て稲荷駅を通って旧大津駅（現・膳所駅）へ至っていた。この当時、駅舎の内外の照明はもちろん、機関車の前照灯や客車の尾灯、車内灯などはすべて石油ランプだった。そのため、これらの灯具の整備・保管や油類の保管をする照明器具基地としてランプ小屋が建てられたのである。たった8㎡ほどの小さな小屋でありながら、油類を取り扱うということから、燃えにくく頑丈なイギリス積みのレンガ造りとなっている。現在は、当時使われていた手提げランプ、合図灯、尾灯など歴代のランプ類や、先行板、時刻表、腕木式信号機と双頭レールなど、貴重な資料数十点が展示され、鉄道の歴史を物語っている。現存する国鉄時代の建物では最古級の遺構として、準鉄道記念物に指定されている。

森林
総合研究所
関西支所　森の展示館

しんりんそうごうけんきゅうしょ
かんさいししょ
もりのてんじかん

楽しみながら森を知る

　森林総合研究所関西支所の主な研究成果のパネル紹介、森林に生息する動物やナラ枯れ・マツ枯れを引き起こす昆虫の標本、セルロースナノファイバーやスギＣＬＴ（直行集成板）の標本、関西支所構内で撮影した生物のスライド映像などの展示をしている。そのほか、木材の重さ比べ、木材標本の顕微鏡での組織観察、当研究所が開発した装置で作成したいろいろな樹木の香り、森林用ドロップネット、飛ぶタネ、鳥の鳴き声ペンなども設置し、楽しみながら森林について学習できる体験型展示を行っている。また、関西支所で作成した広報誌やパンフレットなどを配架し無料配布している。

　なお、この展示館は年に数回開催するイベント「森林教室」や団体見学の会場として地域市民の方々に利用されている。

　隣接する樹木園では、メタセコイヤ並木をはじめとする国内外の針葉樹・広葉樹の樹木を多数観察することができる。

住　伏見区桃山町永井久太郎68
電　075-611-1201
FAX　075-611-1207
URL　http://www.ffpri.affrc.go.jp/
　　fsm/business/tenji-room/
　　index.html
時　9:00〜16:00（12:00〜13:00を除く）
休　土・日曜・祝日・年末年始
料　無料
交　近鉄 近鉄丹波橋駅から徒歩約
　　10分／京阪 丹波橋駅から徒歩
　　約10分／市バス 桃山中学前から
　　徒歩約8分
駐　あり（無料）

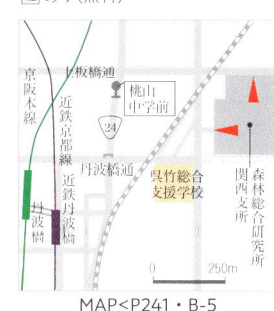

MAP<P241・B-5

クイズ Q

日本の国土面積のうち
約2/3は森林である。
○か×か?
—— 答えは現地で発見!

225

三十石船
月見館

さんじゅっこくぶね
つきみかん

見どころ

伏見の伝統工芸品・伏見人形
で作られた三十石船は、子供
のお土産にも人気だった

京～大坂を川で結んだ三十石船

　淀川の代名詞ともいえる三十石船。江戸時代に京都と大坂を結び、人々や荷物を運んだ平底の船で、4斗入り米俵が75俵も載せられたという。料理旅館月見館の玄関先に展示されている同寸大の三十石船は、宇治川を運行していた木造客船を、当時の資料を基に再現。

　館内の資料室には、三十石船に関わるさまざまな資料が展示されている。淀川水系に関する古文書や写真資料、模型が展示されているほか、1863（文久3）年に絵と文で書き表した記録書『淀川両岸一覧』、明治期の伏見・京橋と大阪・八軒家（天満橋）の発着場の写真、古地図、伏見人形、三十石船の乗船客を相手に飲食を販売していた「くらわんか舟」の遺物（皿・碗）などがある。

　庭園には当時の船頭が歌っていた「三十石船船唄」の歌碑がある。

住 伏見区桃山町泰長老160-4
電 075-611-0284
FAX 075-611-0286
URL http://www.tsukimikan.jp
時 11:00～16:30（入館は16:00まで）
休 無休
料 無料
交 京阪 観月橋駅からすぐ
駐 あり（無料）

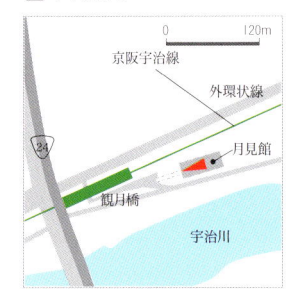

MAP<P241・D-5

乃木神社
宝物館

のぎじんじゃ
ほうもつかん

見どころ

大将直筆の書簡類、乃木将軍夫妻ご着用の服飾品などを常設展示

軍人、教育者として国民の尊崇を集めた
明治の傑人を祀る

　文武にわたる御功績この上なき乃木希典命とその賢夫人であられた乃木静子命を鎮め祀る神社で、1916（大正5）年9月に創建。

　樹齢3000年の台湾檜をもって建てられた神門や日露戦争の際、乃木大将が「第3軍司令部」として旅順攻囲戦の指揮を執り、約1年間起居されていた記念館などがある。

　宝物館は、創建と同時に建てられた蔵造り2階建の建物であり、館内には乃木大将御在世中の思いやり、気遣いの細やかさが伝わる直筆の書簡類をはじめ、将卒と苦難をともにされた軍人乃木大将を偲ぶ武具や乃木夫妻の生活ぶりを伺わせる質素な生活調度品などが展示されている。

住 伏見区桃山町板倉周防32-2
電 075-601-5472
FAX 075-601-5480
HP http://nogi-jinja.jp/web/
時 9:00～16:00
休 原則無休
　※施設点検のため臨時休館あり
料 一般100円・小学生50円
交 JR桃山駅から徒歩約10分／近鉄桃山御陵前駅から徒歩約10分／京阪桃山南口駅から徒歩約10分、伏見桃山駅から徒歩約15分
駐 あり（5台分・20分以内無料）

MAP<P241・C-6

227

京都橘中学校・高等学校 資料館

きょうとたちばなちゅうがっこう・
こうとうがっこう
しりょうかん

見どころ

伏見城跡から出土した「鬼瓦」や珍しい「金箔軒丸瓦」、「天目茶碗」が展示されている

学校の歴史と歴史遺物を紹介

　1902（明治35）年、京都女子手芸学校として京都市上京区の一民家からスタートし、後に京都橘女子高等学校、京都橘女子中学校と改称。そして、1985（昭和60）年に伏見桃山への全面移転と学園創立85周年を記念して資料館を開館した。展示内容は、学園関係の歴史資料と移転工事の際の出土遺物である。

　学園関係の資料は、創立以来の校内の様子や生徒たちを写した貴重な写真、明治時代の学籍簿、戦前戦後の教科書など。また、着物から袴、セーラー服、もんぺ姿から仏デザイナーのピエール・カルダンがデザインしたものまで同校の制服の変遷を表す人形が展示され、和洋裁学校時代から現代までの変化を興味深く見ることができる。出土遺物は、古墳時代の埴輪、奈良時代の須恵器など古代のものと、桃山時代に豊臣秀吉によって築城された伏見城の遺跡である。

住　伏見区桃山町伊賀50
電　075-623-0066
FAX　075-623-0070
URL　http://www.tachibana-hs.jp
時　9:00〜16:30
休　日曜・祝日・学校休業日・盆・年末年始
料　無料
交　JR桃山駅から徒歩約15分／京阪桃山南口駅から徒歩約5分／京阪バス 伊賀からすぐ

MAP<P241・D-6

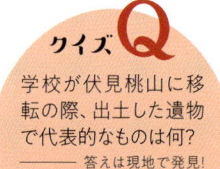

クイズQ

学校が伏見桃山に移転の際、出土した遺物で代表的なものは何？
—— 答えは現地で発見！

エリア別
ミュージアムマップ

社家・西村家庭園 ➡ P32

上賀茂神社

大田神社

高麗美術館 ➡ P31

賀茂川

加茂川中学校

紫竹小学校

玄以通

船岡東通

大宮通

堀川通

新町通

北山通

待鳳小学校

紙屋川

御土居史跡公園

今宮神社

今宮通

鳳徳小学校

北大路

ツラッティ千本 ➡ P26

佛教大学

千本通

大徳寺

大谷大学博物館 ➡ P35

大谷大学

金閣寺

船岡山

北大路通

茶道資料館・今日庵文庫 ➡ P33

紫明通

鞍馬口通

鞍馬口

京都府立堂本印象美術館 ➡ P20

千本釈迦堂 大報恩寺霊宝殿 ➡ P27

京都市考古資料館 ➡ P30

宝鏡寺門跡 ➡ P34

北野天満宮宝物殿 ➡ P25

織成館 ➡ P29

立命館大学

乾隆小学校

寺之内通

室町小学校

京菓子資料館（ギルドハウス京菓子）➡ P36

立命館大学国際平和ミュージアム ➡ P21

平野神社

千本釈迦堂

北野天満宮

五辻通

ハリス理化学館 同志社ギャラリー ➡ P37

今出川

紙屋川

京都佛立ミュージアム ➡ P24

今出川通

元誓願寺通

笹屋町通

ギャラリー紫織庵 ➡ P28

晴明神社

西陣織会館 ➡ P71

龍安寺　等持院

嵐電（京福電鉄）北野線 北野白梅町

箔屋野口 ➡ P68

虎屋 京都ギャラリー ➡ P79

大将軍八神社

一条通

水野克比古フォトギャラリー 町家写真館 ➡ P69

一条通

中立売通

樂美術館 ➡ P72

有斐斎弘道館 ➡ P74

大将軍八神社 方徳殿 ➡ P22

西陣くらしの美術館 冨田屋 ➡ P70

下長者町通

護王神社

高津古文化会館 ➡ P23

京都府庁

出水通

西大路通

天神川

天神道

御前通

七本松通

千本通

浄福寺通

智恵光院通

大宮通

堀川通

小川通

小路通

釜座通

新町通

室町通

烏丸通

北エリア（北山〜銀閣）・中央エリア（京都御所周辺）

表千家北山会館 ➡ P39

古田織部美術館 ➡ P40

京都府立陶板名画の庭 ➡ P42

京都工芸繊維大学
美術工芸資料館 ➡ P47

京都府立
植物園 ➡ P41

京都府立京都学・
歴彩館 ➡ P43

京都ギリシア
ローマ美術館 ➡ P44

相国寺
承天閣美術館 ➡ P38

井村美術館 ➡ P45

駒井家住宅（駒井卓・
静江記念館）➡ P50

京都造形芸術大学
芸術館 ➡ P52

旧三井家下鴨別邸 ➡ P46

京都大学百周年時計台
記念館歴史展示室 ➡ P49

北村美術館 ➡ P84

白沙村荘 橋本関雪
記念館 ➡ P53

京都大学総合
博物館 ➡ P48

ユキ・パリス
コレクション ➡ P54

黎明教会資料
研修館 ➡ P51

京都賞ライブラリー ➡ P85

古典の日記念
京都市平安京創生館 ➡ P107

京都アスニー

中央図書館

朱雀第二小学校

二条城北小学校

二条公園

二条中学校

朱雀高等学校

中京中学校

元離宮二条城 ➡ P115

神泉苑

二条城前

二條陣屋（重要文化財
小川家住宅）➡ P114

西大路御池

西高瀬川

西大路三条

朱雀第一小学校

おもちゃ映画
ミュージアム➡ P112

防城通

ニッシャ印刷歴史館➡ P108

阪急電鉄京都線

西院

西院

嵐電（京福電鉄）嵐山本線

大宮

四条大宮

壬生寺 文化財展観室・
歴史資料室 ➡ P110

京都 清宗根付館➡ P111

綾小路通

仏光寺通

高辻通

松原中学校

松原通

朱雀第三小学校

光徳公園

京都市立病院

京の食文化ミュージアム・
あじわい館 ➡ P109

光徳小学校

遠藤剛熈美術館
➡ P116

京都産業大学ギャラリー ➡ P113

五条通

京都リサーチパーク

丹波口

A　　　　　　　B　　　　　　　C　　　　　　　D　　　　　　　E

6

京都市歴史資料館 P81

新島旧邸 P82

頼山陽書斎
山紫水明處 P83

キンシ正宗・堀野記念館 P102

本能寺 大寶殿 P105

京都市役所

京都市役所前

島津製作所 創業記念
資料館 P106

京都市学校歴史博物館 P104

5

大宮御所

松本明慶佛像彫刻
美術館 P75

京都酒造会館 P76

益富地学会館
（石ふしぎ博物館）P78

京都御苑 P80

香老舗 松栄堂・薫
（香房見学・薫習館）P97

京指物資料館 P101

京都万華鏡ミュージアム
姉小路館 P99

京都文化博物館 P100

いけばな資料館 P98

宮井ふろしき・袱紗ギャラリー P91

福寿園京都本店
（福寿園京都ギャラリー）P103

佛光寺

護王神社

中信美術館 P73

安達くみひも館 P77

京都国際マンガ
ミュージアム P95

絹の白生地資料館
伊と幸ギャラリー P94

永楽屋 細辻伊兵衛商店
町家手試ギャラリー P90

ブリキのおもちゃと
人形博物館 P86

4

京都府庁

京都絞り工芸館 P87

京都伝統工芸館 P96

大西清右衛門
美術館 P89

京都生活工藝館
無名舎 P88

染・清流館 P92

京都芸術センター P93

下京中学校

烏丸
四条
五条

地下鉄烏丸線

地下鉄東西線

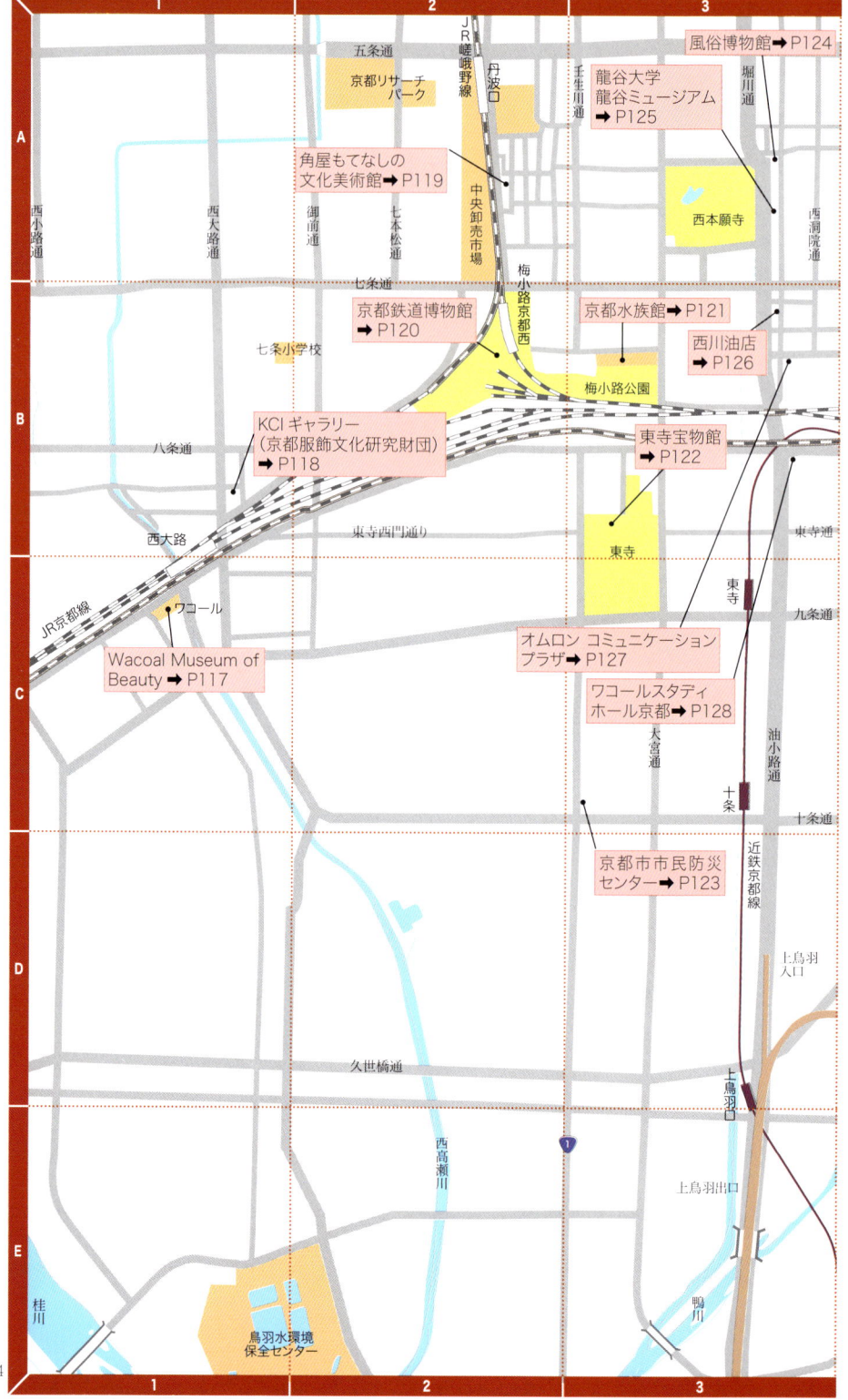

風俗博物館 ➡ P124

龍谷大学
龍谷ミュージアム
➡ P125

角屋もてなしの
文化美術館 ➡ P119

京都鉄道博物館
➡ P120

京都水族館 ➡ P121

西川油店
➡ P126

KCI ギャラリー
（京都服飾文化研究財団）
➡ P118

東寺宝物館
➡ P122

Wacoal Museum of
Beauty ➡ P117

オムロン コミュニケーション
プラザ ➡ P127

ワコールスタディ
ホール京都 ➡ P128

京都市市民防災
センター ➡ P123

五条通
京都リサーチ
パーク

JR嵯峨野線

丹波口

壬生川通

堀川通

西本願寺

西洞院通

西小路通

西大路通

御前通

七本松通

中央卸売市場

梅小路京都西

七条通

七条小学校

梅小路公園

八条通

西大路

東寺西門通り

東寺

JR京都線

ワコール

東寺

九条通

東寺通

油小路通

大宮通

十条

十条通

近鉄京都線

上鳥羽
入口

上鳥羽口

上鳥羽出口

久世橋通

西高瀬川

桂川

鴨川

鳥羽水環境
保全センター

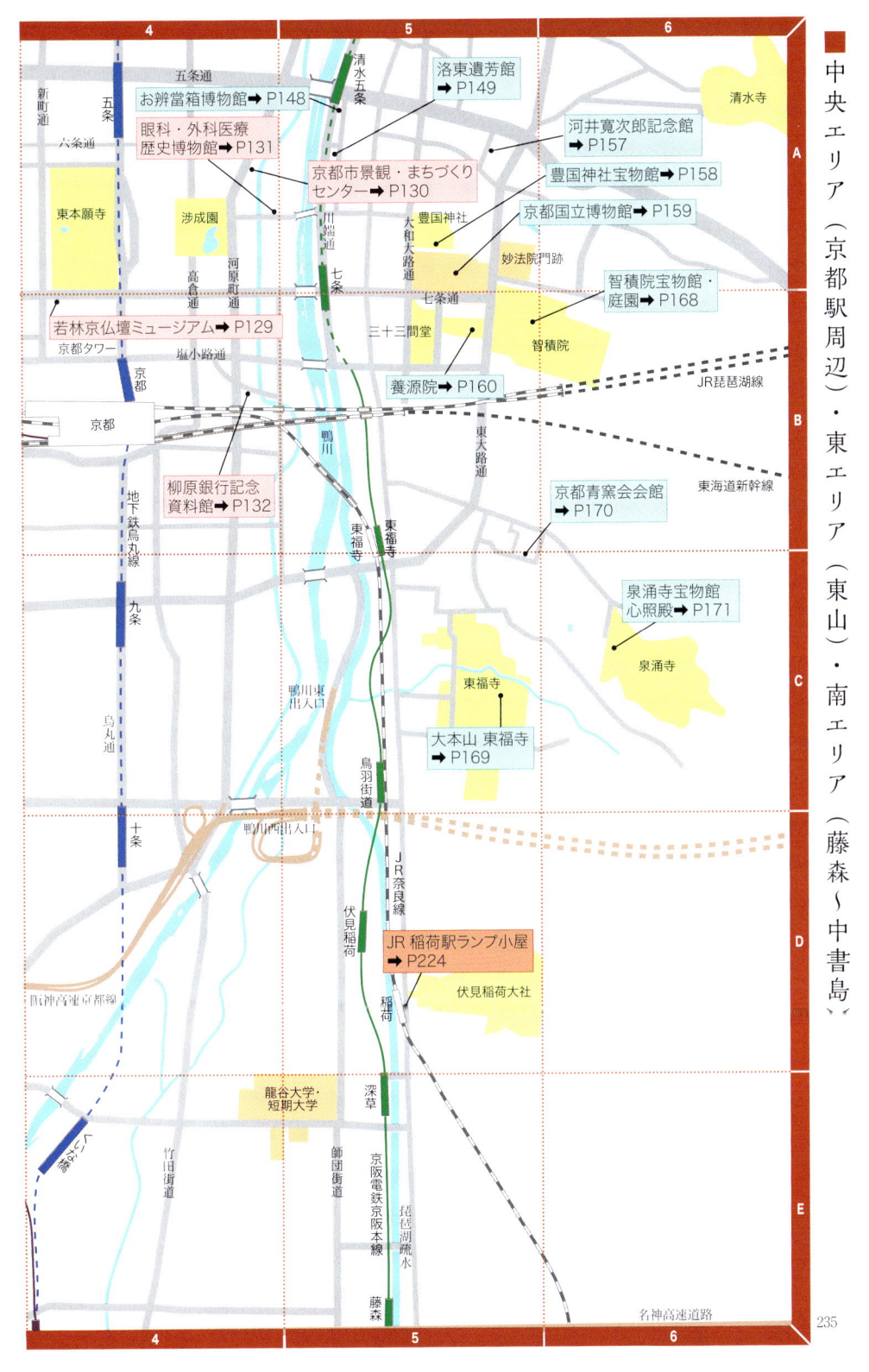

	4	5	6

五条通
清水五条
清水寺

洛東遺芳館 ➡ P149

お辨當箱博物館 ➡ P148

河井寬次郎記念館 ➡ P157

眼科・外科医療
歴史博物館 ➡ P131

京都市景観・まちづくり
センター ➡ P130

豊国神社宝物館 ➡ P158

京都国立博物館 ➡ P159

新町通
五条
六条通
東本願寺
渉成園
河原町通
高倉通
豊国神社
大和大路通
妙法院門跡
七条通

智積院宝物館・庭園 ➡ P168

若林京仏壇ミュージアム ➡ P129

京都タワー
京都
塩小路通
三十三間堂
智積院

JR琵琶湖線

養源院 ➡ P160

柳原銀行記念
資料館 ➡ P132

京都
地下鉄烏丸線
鴨川
東大路通
東海道新幹線

京都青窯会会館 ➡ P170

九条
東福寺
東福寺

泉涌寺宝物館
心照殿 ➡ P171

烏丸通
鴨川東
出入口
泉涌寺

東福寺

大本山 東福寺 ➡ P169

十条
鳥羽街道
鴨川西出入口

JR奈良線

阪神高速京都線
伏見稲荷

JR 稲荷駅ランプ小屋 ➡ P224

稲荷
伏見稲荷大社

龍谷大学・短期大学
深草
師団街道
竹田街道
京阪電鉄京阪本線
琵琶湖疏水

藤森

名神高速道路

京阪電鉄鴨東線

川端通

神宮丸太町

鴨川

三条

三条京阪

地下鉄東西線

東山

祇園四条

白川

京都大学

東一条通

吉田山

吉田神社

近衛通

東大路通

春日北通

熊野神社

丸太町通

琵琶湖疏水

平安神宮

冷泉通

野球場

二条通

京都市勧業館
（みやこめっせ）

仁王門通

神宮道

岡崎通

青蓮院門跡

知恩院

白川通

亀ヶ谷通

哲学の道

真如堂

金戒光明寺

疏水分流

永観堂

東山中学校・高等学校

南禅寺

蹴上

京都ハンディクラフト
センター ➡ P135

泉屋博古館
➡ P147

細見美術館 ➡ P134

京都市美術館
（通称：京都市京セラ美術館）➡ P141

京都伝統産業
ふれあい館 ➡ P136

京都市動物園
➡ P142

日図デザイン博物館
➡ P137

京都国立近代美術館 ➡ P140

藤井斉成会 有鄰館 ➡ P138

野村美術館 ➡ P146

琵琶湖疏水
記念館 ➡ P145

並河靖之七宝記念館 ➡ P139

無鄰菴 ➡ P143

ぎをん思いで博物館 ➡ P150

kokoka 京都市
国際交流会館
➡ P144

何必館・京都現代
美術館 ➡ P151

漢検・漢字博物館・
図書館（漢字ミュー
ジアム）➡ P155

京都祇園らんぷ美術館 ➡ P156

四条通

八坂神社

円山公園

花見小路通

長楽寺収蔵庫
➡ P165

高台寺掌美術館 ➡ P162

大和大路通

ねねの道

霊山観音

建仁寺

高台寺

霊山護国神社

安井金比羅宮

井伊美術館
➡ P153

金比羅絵馬館 ➡ P154

霊山歴史館 ➡ P166

二年坂

清水三年坂美術館 ➡ P164

松原通

清水坂

産寧坂

京都市文化財建造物
保存技術研修センター ➡ P163

六波羅蜜寺
文化財宝物館
➡ P152

五条坂

茶わん坂（清水新道）

清水寺

五条通

京都陶磁器会館
➡ P161

近藤悠三記念館 ➡ P167

236

一燈園資料館「香倉院」 ➡ P175

清水焼の郷会館 ➡ P172

小堀京仏具工房 京仏壇京仏具資料館 ➡ P173

京の田舎民具資料館 ➡ P176

京都市東部山間埋立処分地 ➡ P190

醍醐寺霊宝館 ➡ P174

御陵

山科

JR湖西線

JR琵琶湖線

京阪山科　山科

四宮　京阪京津線

追分

京都東IC

143

渋谷街道

安祥寺川

四ノ宮川

音羽小学校

音羽川小学校

山科川

西野小学校

東野

東海道新新幹線

1

百々小学校

地下鉄東西線

奈良街道

名神高速道路

新大石道

山科出入口

阪神高速京都線

旧安祥寺川

山科区役所

柳辻

山科川

外環状線

C

新山科浄水場

勧修寺

小野

随心院

醍醐天皇後山科陵

北醍醐小学校

35

醍醐西小学校

旧奈良街道

醍醐

醍醐寺

醍醐小学校

石田

日野道

京都市嵯峨鳥居本
町並み保存館➡ P191

大覚寺霊宝館
➡ P199

大沢池

大覚寺

佛教大学宗教文化
ミュージアム➡ P200

広沢池

堀川高校
グラウンド

一条通

嵐山高雄
パークウェイ

あだしの念仏寺

清滝道

清凉寺霊宝館
➡ P198

丸太町通

博物館さがの
人形の家➡ P192

祇王寺

滝口寺

清凉寺

嵯峨小学校

京都嵐山オルゴール
博物館➡ P197

想い出博物館
➡ P193

二尊院

嵯峨嵐山

保津川

常寂光寺

嵯峨野観光鉄道

トロッコ嵯峨

鹿王院

車折神社

トロッコ嵐山

天龍寺

嵐山

嵐電嵯峨

車折神社

有栖川

嵐山公園
（亀山地区）

宝厳院

嵯峨嵐山文華館➡ P195

嵐山小学校

二条通

大河内山荘庭園➡
P194

渡月橋

嵐山公園
中ノ島地区

京都嵯峨芸術大学
29

有栖川

法輪寺（嵯峨虚空蔵）

嵐山

嵯峨美術大学・
嵯峨美術短期大学
附属博物館➡ P201

嵐山モンキーパーク
いわたやま➡ P196

梅宮大社

松尾大社神像館・
お酒の資料館➡ P202

松尾大社

松尾
大社

阪急電鉄嵐山線

月読神社

京都花鳥館
➡ P203

西芳寺（苔寺）

物集女街道

山口家住宅 苔香居
➡ P204

桂中学校

西蓮寺

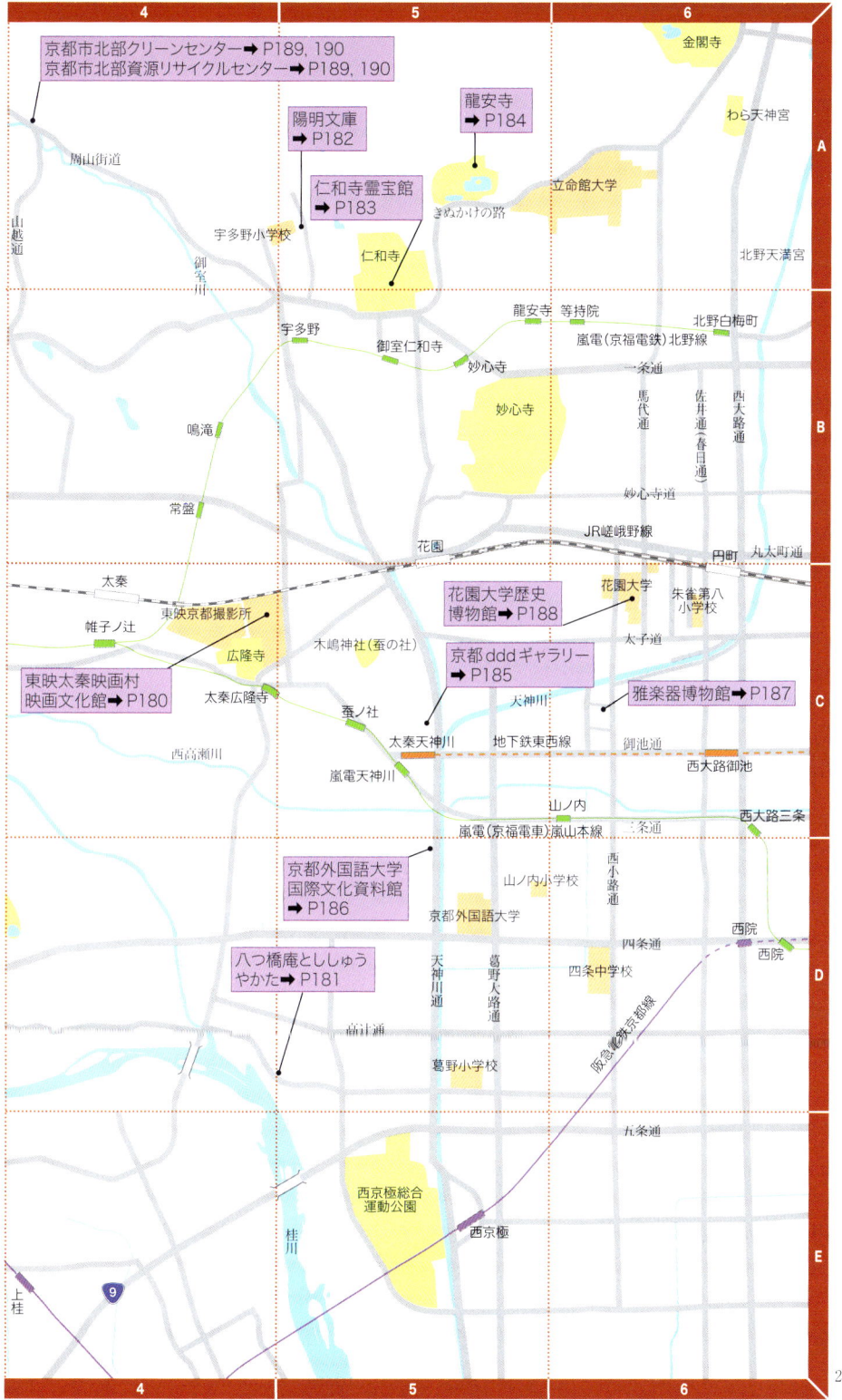

京都市北部クリーンセンター ➡ P189, 190
京都市北部資源リサイクルセンター ➡ P189, 190

陽明文庫 ➡ P182

仁和寺霊宝館 ➡ P183

龍安寺 ➡ P184

金閣寺

わら天神宮

立命館大学

きぬかけの路

仁和寺

宇多野小学校

北野天満宮

山越通

周山街道

御室川

宇多野

御室仁和寺

龍安寺　等持院

北野白梅町

風電（京福電鉄）北野線

妙心寺

鳴滝

妙心寺

一条通

馬代通

西大路通

佐井通（春日通）

常盤

妙心寺道

花園

JR嵯峨野線

円町　丸太町通

太秦

東映京都撮影所

花園大学歴史博物館 ➡ P188

花園大学

朱雀第八小学校

帷子ノ辻

広隆寺

木嶋神社（蚕の社）

京都dddギャラリー ➡ P185

太子道

東映太秦映画村
映画文化館 ➡ P180

太秦広隆寺

蚕ノ社

天神川

雅楽器博物館 ➡ P187

西高瀬川

太秦天神川　地下鉄東西線　御池通

嵐電天神川

西大路御池

山ノ内

西大路三条

嵐電（京福電車）嵐山本線

三条通

京都外国語大学
国際文化資料館 ➡ P186

山ノ内小学校

西小路通

京都外国語大学

四条通

西院

八つ橋庵としゅうやかた ➡ P181

天神川通

葛野大路通

四条中学校

四条通

西院

畑計通

葛野小学校

阪急電鉄京都線

五条通

西京極総合運動公園

桂川

西京極

9

上桂

239

| | 1 | 2 | 3 |

A

鳥羽水環境
保全センター

西高瀬川

桂川

名神高速道路

京都南IC

城南宮神苑水石亭
→ P214

城南宮

新城南宮道

城南宮道

城南宮北
出入口

鴨川

鳥羽離宮跡

B

京阪国道

京都南IC

パルスプラザ

京セラ

城南宮南
出入口

津知橋通

東高瀬川

京セラ美術館・京セラ
ファインセラミック館
→ P215

阪神高速京都線

丹波橋通

油小路通

C

D

伏見出入口

79

朝日新聞京都工場
→ P216

京都外環状線

188

桂川

13

大坂街道

京都南部資源リサイクルセンター → P189, 190

E

洛水中学校

京都市廃食用油燃料化施設 → P189, 190

京都市南部クリーンセンター → P189, 190

| | 1 | 2 | 3 |

竹田

近鉄京都線

藤森中学校

京エコロジー
センター ➡ P219

京都市青少年
科学センター
➡ P220

藤森神社宝物殿
➡ P222

藤森

琵琶湖疏水

京都教育大学

藤森神社

藤ノ森小学校

京都教育大学 教育資料館
まなびの森ミュージアム ➡ P223

JR奈良線

JR藤森

伏見

奈良街道

森林総合研究所
関西支所 森の展示館
➡ P225

墨染

京阪電鉄京阪本線

桃山中学校

濠川

丹波橋

近鉄丹波橋

桓武天皇
柏原陵

明治天皇
伏見桃山陵

御香宮神社

伏見城跡出土
遺物展示室
➡ P221

乃木神社宝物館
➡ P227

桃山
御陵前

伏見
桃山

人子筋通

油掛通

寺田屋

桃山

乃木神社

京都橘中学校・
高等学校

桃山南口

京阪電鉄宇治線

月桂冠大倉
記念館 ➡ P218

京都橘中学校・
高等学校資料館
➡ P228

中書島

観月橋

宇治川

三十石船月見館
➡ P220

伏見港公園

三栖閘門資料館
➡ P217

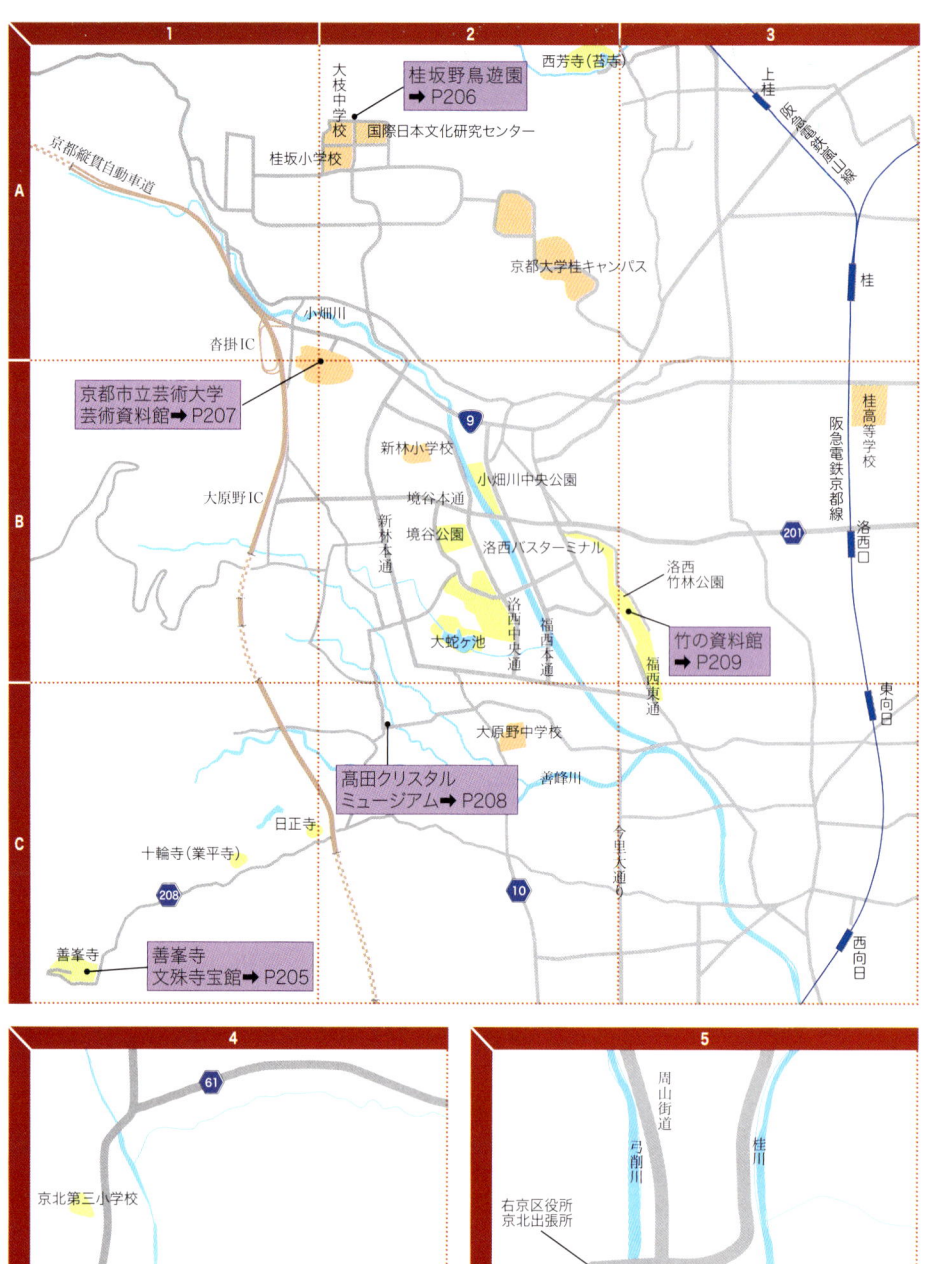

A

大枝中学校

桂坂野鳥遊園
→ P206

桂坂小学校

西芳寺（苔寺）

国際日本文化研究センター

京都縦貫自動車道

京都大学桂キャンパス

上桂

桂

阪急電鉄京都線

小畑川

沓掛IC

京都市立芸術大学
芸術資料館 → P207

9

桂高等学校

洛西口

201

B

新林小学校

境谷本通

小畑川中央公園

大原野IC

新林本通

境谷公園

洛西バスターミナル

洛西
竹林公園

大蛇ヶ池

洛西中央通

福西本通

竹の資料館
→ P209

福西東通

東向日

大原野中学校

斉峰川

今里大通り

高田クリスタル
ミュージアム → P208

日正寺

C

十輪寺（業平寺）

208

10

善峯寺

善峯寺
文殊寺宝館 → P205

西向日

61

京北第三小学校

弓削川

D

162

丹波マンガン記念館
→ P211

弓削自治会館

〒

福徳寺

周山街道

弓削川

桂川

右京区役所
京北出張所

E

京北第一小学校

京北さんさと民俗
資料室 → P210

477

162

高雄

6　7　8

F

G

H

I

貴船神社奥宮
貴船神社結社
貴船神社

鞍馬山霊宝殿 ➡ P56

361

鞍馬川

鞍馬寺本殿

多宝塔

由岐神社

鞍馬山ケーブル
山門

鞍馬

38

40

江文峠

寂光院 鳳智松殿（宝物殿）➡ P63

宝泉院
勝林院
律川
実光院
呂川

三千院 円融蔵 ➡ P64

108

里の駅 大原

鯖街道（若狭路）

貴船口　鞍馬小学校

貴船川

静原川

京都市東北部クリーン
センター ➡ P190

二ノ瀬

367

高野川

38

布原野小学校

市原

実相院 ➡ P59

史跡岩倉具視幽棲旧宅・
対岳文庫 ➡ P60

比叡山ドライブウェイ

川島織物文化館 ➡ P55

叡山電鉄
鞍馬線

京都民芸資料館 ➡ P58

二軒茶屋

岩倉中通

明徳小学校

岩倉川

38　40

京都精華大前

木野

岩倉

三宅八幡神社
絵馬展示資料館 ➡ P61

ガーデンミュージアム
比叡 ➡ P65

妙満寺

八幡前

ケーブル八瀬　叡山ケーブル

ロープウェイ
比叡

比叡山頂

京都精華大学
ギャラリー
フロール
➡ P57

圓通寺

鞍馬街道

宝ヶ池通

八瀬比叡山口

ケーブル
比叡

叡山
ロープウェイ

深泥池

宝ヶ池

国際会館

叡山電鉄叡山本線

三宅八幡

ルイ・イカール
美術館 ➡ P62

地下鉄
烏丸線

宝ヶ池

さくいん

取材・編集
京都新聞出版センター

デザイン・制作
京都新聞デザインセンター

特集・コラム監修協力
葵祭行列保存会
池坊中央研究所
公益財団法人祇園祭山鉾連合会
平安神宮
太田垣實
小川勝章
小嶋一郎
並木誠士
広江真由美

京都ミュージアム探訪

アートで知る・感じる・
京都市内の美術館・博物館・科学館・宝物館

2019年3月20日　　初版発行

発行者　　　　京都市内博物館施設連絡協議会
　　　　　　　京都市教育委員会
　　　　　　　〒604-8064
　　　　　　　京都市中京区富小路通六角下ル骨屋之町549（元生祥小学校内）
　　　　　　　TEL　075-251-0420
　　　　　　　FAX　075-213-4650
　　　　　　　http://www.kyohakuren.jp

編集制作・販売　京都新聞出版センター
　　　　　　　〒604-8578
　　　　　　　京都市中京区烏丸通夷川上ル
　　　　　　　TEL　075-241-6192
　　　　　　　FAX　075-222-1956
　　　　　　　http://www.kyoto-pd.co.jp/

印刷・製本　　株式会社図書印刷同朋舎

ISBN978-4-7638-0713-7　C0020￥1111E
ⓒ2019　Kyoto Shimbun Publishing Center
Printed in Japan